Dieses Buch ist der unveränderte Reprint einer älteren Ausgabe.

Erschienen bei FISCHER Digital
© 2016 S. Fischer Verlag GmbH,
Hedderichstr. 114, D-60596 Frankfurt am Main

Printed in Germany
ISBN 978-3-596-31000-5

Fischer

Weitere Informationen finden Sie auf
www.fischerverlage.de.

Zu diesem Buch

Alfred Lorenzer rekonstruiert den allmählichen Entwurf der Psychoanalyse aus der alten Heilkunde, der traditionellen Medizin und der naturwissenschaftlichen Psychiatrie – aus der Auseinandersetzung mit »Besessenheit«, »Wahn«, »Verrücktheit«, »zuchtloser Lebensführung« seit den ersten, religiös bestimmten Disziplinierungen »auffälligen Verhaltens«. Den Hauptteil des Bandes bildet die Erkundung der Vor- und Frühgeschichte des psychoanalytischen Verfahrens. Lorenzer erinnert an die Forschungen der französischen und der frühen deutschen Psychiatrie und grenzt dann die Definition des »Unbewußten« durch Janet von der (»inhaltlichen«) durch Breuer und Freud ab. Freud hat sich selbst als Naturwissenschaftler verstanden. Die Kritik dieses Selbstverständnisses hat in den letzten Jahren einige Bewegung in die Diskussionen über die Psychoanalyse gebracht. Ohne diese Kritik (und seinen eigenen Anteil daran) einzuschränken, beharrt Lorenzer auf der Bedeutung des naturwissenschaftlichen Ansatzes bei Freud: auf dem spannungsvollen Wechselspiel zwischen der Bereitschaft, zu verstehen, und der strengen Wissenschaftlichkeit des Begreifens, das einst die Umwälzung des Arzt-Patient-Verhältnisses eingeleitet hat: die Befreiung des Kranken zu seiner Selbstdarstellung. Fortan waren nicht mehr Anonymität und Bevormundung die Kennzeichen der therapeutischen Beziehung, sondern Intimität und freie Rede. Dieser erhebliche Wandel begründete einen neuen ärztlichen Erkenntnis- und Handlungsstil – den Schritt von der Ereignisdiagnose zur Erlebnisanalyse. Er setzt den Traum der Person von sich selbst wieder in seine Rechte ein und bringt dessen soziale Verletzungen zur Sprache.

Der Autor

Alfred Lorenzer, geboren 1922, ist Psychoanalytiker und war Professor für Soziologie an der Universität Frankfurt am Main. Wichtige Werke: *Die Wahrheit der psychoanalytischen Erkenntnis* (1974); *Das Konzil der Buchhalter* (1984, Fischer Taschenbuch Bd. 7340); (Hrsg.) *Kultur-Analysen* (1986, Fischer Taschenbuch Bd. 7334).

ALFRED LORENZER
Intimität und soziales Leid

Archäologie
der Psychoanalyse

FISCHER TASCHENBUCH VERLAG

FISCHER WISSENSCHAFT

Ungekürzte Ausgabe
Veröffentlicht im Fischer Taschenbuch Verlag GmbH,
Frankfurt am Main, Juni 1993

Lizenzausgabe mit freundlicher Genehmigung des
S. Fischer Verlags GmbH, Frankfurt am Main
© 1984 S. Fischer Verlag GmbH, Frankfurt am Main
Alle Rechte vorbehalten
Umschlaggestaltung: Buchholz/Hinsch/Hensinger
Druck und Bindung: Clausen & Bosse, Leck
Printed in Germany
ISBN 3-596-11749-6

Inhalt

Vorwort 7

Einleitung: Hundert Jahre Psychoanalyse 8
Die Säkularisierung des Wahns 17
Die Medizinalisierung der Besessenheit 37
Remystifizierung versus Szientifizierung 59
Liébeault, Bernheim, Charcot: die Hypnose und
die Macht der Ärzte 72
Die »moderne Behandlung der Nervenschwäche« im
Vorfeld der Psychoanalyse 84
Pierre Janet und die Entdeckung des Unbewußten . . . 99
Bertha Pappenheim oder Die Umkehrung des
Arzt-Patient-Verhältnisses 114
Freud – der Kampf um das Verstehen und die strenge
Wissenschaftlichkeit des Begreifens 136
Vorstufen einer hermeneutischen Erfahrungs-
wissenschaft 149
Das Unbewußte 164
Sexualität 177
Das Ende einer Illusion. Von der Ereignisdiagnose
zur Erlebnisanalyse 199

Quellenverzeichnis 215

Vorwort

Dieses Buch ist aus meiner Vorlesung im Wintersemester 1982/83 hervorgegangen und hält an deren Absicht fest, einen neuen Blick auf die Problemgeschichte der Psychoanalyse zu werfen und gleichzeitig die Argumentation in einer Anschaulichkeit zu entfalten, die wissenschaftlicher Literatur häufig fehlt. Auf Vollständigkeit der Literaturbelege wurde deshalb verzichtet – zugunsten einer exemplarischen Auswahl des Diskussionsstoffes, den ich ausführlich zitiert habe, damit der Leser die Triftigkeit meiner Schlüsse überprüfen kann.
Neben medizinischen, psychiatrischen und psychoanalytischen Quellen habe ich, zumal in den ersten Kapiteln, den medizingeschichtlichen Darstellungen anderer Autoren viel Platz eingeräumt. Schon allein dieses Vorgehen mag darauf hinweisen, daß es in dieser »Archäologie der Psychoanalyse« vordringlich nicht um das Erschließen neuer Fakten, sondern um neuartige Folgerungen geht. Die Struktur der Psychoanalyse soll aus ihrer Problemstellung heraus begriffen werden, was die Rekonstruktion der Vor- und Frühgeschichte der Psychoanalyse voraussetzt, gemäß dem Freudschen Ratschlag: »Man versteht die Psychoanalyse immer noch am besten, wenn man ihre Entwicklung verfolgt.« (1)*

Frankfurt am Main, September 1983   Alfred Lorenzer

---

* Die Ziffern in Klammern verweisen jeweils auf die nach Nummern geordneten Titel im Quellenverzeichnis am Schluß des Bandes. – Die Zitate aus den historischen Dokumenten wurden im Text eingerückt.

Einleitung: Hundert Jahre Psychoanalyse

Für eine genaue, an den Wurzeln ansetzende Untersuchung dessen, was Psychoanalyse ist, gibt es im gegenwärtigen Augenblick besondere Gründe. Gerade in jüngster Zeit ist eine Reihe neuer Freud-Biographien aufgetaucht. Das läßt vermuten, daß ein neues, neugieriges Verhalten dem Rätsel Psychoanalyse gegenüber entsteht, denn die Frage nach dem Leben des Entdeckers ist ja immer auch eine Frage nach dem Wesen der Entdeckung. Und wenn heute erneut über die »Psychoanalyse im Widerstreit« verhandelt wird, dann ist geltend zu machen, daß sich die Annahmen und Mutmaßungen über die Psychoanalyse nur aufklären lassen, indem man klarstellt, wie der Psychoanalytiker tatsächlich vorgeht und was er bewirkt. Freilich, die bloße Beschreibung dessen, was in der Psychoanalyse geschieht, tut es nicht. Vorab ist zu klären, aus welchen *Problemen* die Psychoanalyse erwachsen ist und wie sich der psychoanalytische Erkenntnisgegenstand gebildet hat.
Wie kritisch die gegenwärtige Neugierde für Psychoanalyse ist, verrät sich darin, daß in den letzten Jahren ein paar umfängliche Bücher erschienen sind, die mit der Neuigkeit aufwarten, die Originalität der Leistungen Freuds sei eine »Legende«. Insbesondere sind hier der kanadische Psychiatrie-Historiker Ellenberger mit seinem Buch *Die Entdeckung des Unbewußten* und der Amerikaner Frank Sulloway zu nennen, der unter dem Titel *Freud, Biologe der Seele* (2) eine dicke Monographie veröffentlicht hat, von der der renommierte Harvard-Historiker Donald Flemming behauptet: »im Grunde ist die gesamte Freud-Literatur damit überholt.« (3)
Nun, daß Freud kein »einsamer Held« und daß seine Gedankengänge nicht »absolut original« gewesen seien, ist immer wieder gesagt worden. Freuds Originalität war schon zu seinen Lebzeiten Gegenstand von allerlei gehässigen Unterstellungen, die ihn

sehr erbittert und beschäftigt haben. Und so verwundert es denn auch nicht, wenn der amerikanische Soziologe Robert Merton 1976 (4) davon spricht, Freud habe in seinen Werken mehr als 150mal zu Prioritäts-Fragen Stellung genommen, wozu Sulloway bemerkt: »Bezeichnenderweise träumte er sogar von Prioritätsgeschichten.« (5)
Es sind wohl nicht alle Einwendungen und Angriffe gänzlich unbegründet. Jedenfalls haben Ellenberger und Sulloway in einigen Punkten die Freud-Legende, an der Freud selbst mitgewirkt hat, plausibel korrigiert, so z. B. hinsichtlich der von Freud vertretenen Auffassung, daß die Entdeckung der Sexualität auf dem Grunde der Hysterie ein großer Tabubruch gewesen sei und er, Freud, »vereinsamt« sei, weil er mit diesem Thema »an den Schlaf der Welt gerührt« (6) habe. Die offiziöse Darstellung der Frühgeschichte, so, wie wir sie aus der Freud-Biographie von Jones und auch aus den Freudschen Selbsterklärungen kennen, stimmt offensichtlich nicht. Freilich sind auch die Uminterpretationen von Ellenberger und Sulloway nicht stichhaltig. Im übrigen ist anzumerken, daß Sulloway mit seiner Kritik der Freud-Legende Freuds Bedeutung keineswegs mindern will. Im Gegenteil, er beschließt seine Darstellung mit dem Geständnis, daß Freuds »kühner theoretischer Horizont und intellektueller Wagemut das Gebiet der Psychologie, wie sie in seiner Zeit existierte, von Grund auf verwandelte«. (7) Und wenngleich Ellenberger, hämischer als Sulloway, Einspruch erhebt dagegen, daß die großen Rivalen Janet und Moll in der Nachwelt so viel schlechter weggekommen sind als Freud (nämlich vergessen wurden), so gibt er doch zu: »es wäre von unschätzbarem Wert, den Ausgangspunkt der Freud-Legende und die Faktoren zu kennen, die zu ihrer gegenwärtigen Entwicklung geführt haben.« (8) Dies gilt auch für die Aufhellung der *Vorläufer* des psychoanalytischen Verfahrens. Die Psychoanalyse von ihrer Vor- und Frühgeschichte her zu studieren, rückt so ziemlich alles in ein neues Licht. Schon das Vorfeld ist ein Terrain mit vielen Überraschungen, nicht zuletzt der Überraschung, daß manches, was im Jahre 1981 als absolute Neuheit vorgestellt wird, so z. B. die gegenwärtig lebhaft verbreiteten Thesen von Alice Miller (9), in den entscheidenden Stücken Revenants, Schat-

ten der Problembewältigung aus der Zeit *vor* Freud sind. Der kühne Rückgang hinter das Jahr 1897 und die angebliche Fehlentwicklung damals läßt sich durchaus als Wiederbelebungsversuch an Auffassungen lesen, die schon vor Freud gescheitert sind.

Überblickt man die hundert Jahre, die seit dem Jahre 1882, nämlich seit dem Abschluß der Behandlung der Patientin Anna O. durch Breuer, vergangen sind, so gliedert sich diese Zeitspanne eigentümlicherweise in zwei ungefähr gleich große Abschnitte. Wir erkennen einen ersten Entwicklungsabschnitt, der bis in die dreißiger Jahre reicht und von Anfang an durch Spaltungen gekennzeichnet ist, denn auch der Bruch zwischen Freud und Breuer kann als Abspaltung gelten, die (abgesehen von allen persönlichen Beweggründen) sachlich begründet war, wenngleich man Zweifel hegen darf, ob Breuer sich so entschieden von der Sexualdeutung der Neurose abgegrenzt hat, wie Freud es später darstellte; die Tatsache jedenfalls bleibt bestehen, daß die Arbeitsgemeinschaft zwischen Freud und Breuer auseinandergebrochen ist, weil Breuer dem Freudschen Weg nicht folgen wollte. Ein ähnlicher Bruch vollzog sich in der Freundschaft zwischen Freud und Fließ. Auf diese beiden frühen Trennungen folgten dann ab 1909 die großen Dissidenzbewegungen: Adler, C. G. Jung, Stekel (den ich durchaus in diese Reihe aufnehmen möchte, obgleich seine Eigenartigkeit gewiß von ungleich geringerem Gewicht ist als die von Adler und Jung), später Rank, vielleicht Ferenczi und, nach Freuds Tod, die sogenannten Kulturisten, nämlich Fromm, Horney, Sullivan, sowie die Neopsychoanalyse Schultz-Henckes usw.

Bemerkenswert an dieser immerhin recht langen Reihe von Dissidenten ist, daß sie die Trennungen jeweils ausdrücklich als Abgrenzungen von der Freudschen Orthodoxie verstanden und sie theoretisch begründeten, wobei für die großen Abfallbewegungen der Adlerianer, Jungs und der Kulturisten der Stein des Anstoßes die Freudsche Triebtheorie war, die von ihnen durch eine persönlichkeitstheoretische Konzeption ersetzt wurde. Bei Adler geschah dies, indem die »Einheit« der Person betont wurde (daher dann ja auch die Bezeichnung »Individualpsychologie« unter Beachtung der traumatisch wirkenden Sozialbezie-

hungen); bei Jung ging es um »Individuation« als kulturellen Prozeß, wobei dem »Geist« wieder sein Recht werden sollte gegenüber dem »jüdischen Sumpf« der Triebdeutung, wie sich Jung in seiner berüchtigten Adresse nach der nationalsozialistischen Machtergreifung ausdrückte; bei den Kulturisten, z. B. bei Fromm, verliert die Lehre von der Triebbestimmtheit ihr Gewicht zwar nicht ganz, aber sie wird inhaltlich ebenso entleert wie bei Adler und Jung.
Interessant ist nun, daß bei all den scharf ausgeführten, durchprofilierten Theorieunterschieden Abkunft von der und Nähe zur Psychoanalyse nicht geleugnet wurden. Die Verwandtschaft drückte sich ja bereits in der Namengebung aus. So nannten sich die Individualpsychologen zunächst »Gesellschaft für freie Psychoanalyse«, so firmiert die Jungsche Richtung als »analytische Psychologie«, so hat die Schultz-Hencke-Schule sich als Neopsychoanalyse vorgestellt, so gaben die Kulturisten niemals den Anspruch auf, Psychoanalytiker zu heißen. Und auch die Daseinsanalyse hat sich, insofern sie therapierte, als Psychoanalyse verstanden. Doch wichtiger als diese Verwandtschaftsordnung und Etikettierung ist, daß in den wesentlichen Belangen der Ausbildung, der Lehranalyse, der Arbeit in kasuistischen Seminaren und der Kontrollanalyse die abgespaltenen Bewegungen weitgehend dem Modell der Psychoanalyse entsprechen. Vor allem hielt sich die therapeutische Praxis nahezu unverändert durch. Während die »Theoriedifferenzen« erheblich und einschneidend wurden, änderte sich das therapeutische Reglement kaum. Es wurde allenfalls, bei Adler und Jung, dadurch modifiziert, daß der Patient dem Analytiker gegenübersitzt. Die entscheidenden Praxispositionen jedoch – daß sich die Therapie als Erlebnisanalyse versteht und daß es in ihr um die Bearbeitung psychischer Konflikte geht – sind festgehalten worden.
War also die erste Hälfte des Jahrhunderts durch lebhafte Theoriekontroversen bei weitgehender Übereinstimmung in der therapeutischen Praxis bestimmt, so verhält es sich in der zweiten Hälfte genau umgekehrt. Nun entwickeln sich Psychotherapie-Verfahren, die allesamt durch völlig veränderte Praxisanordnungen gekennzeichnet sind:

Autogenes Training
Fraktionierte Aktivhypnose
Psychodrama
Gruppentherapie
Sensitivity Training
Encounter-Gruppen
Meditationsverfahren
Gestalttherapie
Nichtdirektive Gesprächstherapie
Primärtherapie
Familientherapie
Selbsthilfe-Gruppen
Verhaltenstherapie

So bunt und ausgeprägt sich diese und eine ganze Reihe anderer psychotherapeutischer Vorgehensweisen in der Praxis von der Psychoanalyse abheben, so geringfügig ist die theoretische Differenz zu ihr. Ihren Theoriekern bildet (abgesehen von der Verhaltenstherapie) eine mehr oder weniger modifizierte Persönlichkeitstheorie nach dem Muster der allgemein anerkannten psychoanalytischen Grundannahmen. Es hat gleichsam eine Einigung auf den einfachsten gemeinsamen Nenner stattgefunden.

Statt des *praktischen* Grundkonsenses, der die erste Hälfte des Jahrhunderts prägte, ist nun ein schlichter *theoretischer* Grundkonsens wahrnehmbar. Und selbst da, wo die Theorie sich schon deutlich ausgegrenzt und scharf profiliert hatte, wie etwa bei der Abspaltung der Adlerschen Individualpsychologie, kommt es zu einer merkwürdigen Wiederannäherung, die sich 1982 in der Adresse des Präsidenten der österreichischen Individualpsychologen zum Internationalen Kongreß für Individualpsychologie so ausdrückte:

»Wien, die Stadt, von der die Tiefenpsychologie, aber auch ihre Spaltung den Ausgang genommen haben, soll Ort der ›*Begegnung der Individualpsychologie mit anderen Therapieformen*‹ (Kongreßthema) und jener Annäherung werden, die jetzt für den Fortschritt ebenso notwendig ist wie seinerzeit die Trennung.« (10)

Interessanterweise stehen wir gegenwärtig nun aber an einer Wende, die eine dritte Etappe der Entwicklung eingeleitet hat.

Sie ist gekennzeichnet durch eine Krise der psychoanalytischen Theoriefundamente in der Psychoanalyse selbst. Unterhalb der Grundübereinstimmung, von der soeben die Rede war, unterhalb also des »common sense«, der sich hinsichtlich der Grundeinsichten der Psychoanalyse gebildet hat, spitzen sich in der anspruchsvollen Theoriediskussion heute kontroverse Positionen zu. Und zwar Positionen, die nicht wie in den vergangenen Jahrzehnten mehr oder weniger auf eine Ausziselierung psychoanalytischer Theoreme an dieser oder jener Stelle hinauslaufen, sondern in entscheidenden Punkten – jenen Punkten, die Freud selbst als essentiell für die Psychoanalyse ansah – den Konsens aufkündigen. Ich zitiere diese Essentials nach Freud:

»Die Annahme unbewußter seelischer Vorgänge, die Anerkennung der Lehre vom Widerstand und der Verdrängung, die Einschätzung der Sexualität und des Ödipuskomplexes sind die Hauptinhalte des Psychoanalyse und die Grundlagen ihrer Theorie, und wer sie nicht alle gutzuheißen vermag, sollte sich nicht zu den Psychoanalytikern zählen.« (11)

Diese Grundpfosten der Psychoanalyse werden nun angegriffen. So dementiert die Handlungstheorie von Roy Schafer Freuds Metapsychologie, so grenzt sich die Kohutsche Selbst-Psychologie von wichtigen Elementen der Entwicklungslehre ab und nimmt Alice Miller mit ihrem Buch *Du sollst nicht merken* dezidiert Abschied von der Triebtheorie, ohne zu zögern, dieses Buch Freud zu seinem 125. Geburtstag zu widmen. Aber das sind nur einzelne Beispiele. Johannes Cremerius schreibt: »So beklagt Anna Freud die Tatsache, daß es in der gegenwärtigen Psychoanalyse kaum ›einen einzigen theoretischen oder technischen Begriff gibt, der in der Literatur nicht von dem einen oder dem anderen Autor attackiert wird‹, als Beweis für die ›Existenz einer [...] anarchischen Phase der Psychoanalyse‹. Sie belegt ihre Auffassung mit dem Hinweis auf die Kritik an der freien Assoziation, an der Trauminterpretation, die ihre hervorragende Rolle an Übertragungsdeutungen habe abtreten müssen, und an der Übertragung, die nicht mehr als eine spontane Erscheinung im Denken und Verhalten eines Patienten verstanden werde, sondern als ein Phänomen, das absichtlich durch die Interpretation des Analytikers in die Situation eingeführt werde.« (12)

Natürlich wird man es mit Cremerius, der seinem Aufsatz den Titel »Psychoanalyse jenseits von Orthodoxie und Dissidenz« gegeben hat, begrüßen, daß es keine Exkommunikations-Verfahren mehr gibt: »Die psychoanalytische Gemeinschaft [...] hat sich in verschiedene Schulen und Gruppen aufgelöst, in denen mehr oder weniger starke Abweichungen von den Grundannahmen Freuds bestehen. Aber es gibt kein hohes Gericht mehr, das den ›Abweichlern‹ erklärt, sie ›sollten sich nicht (mehr) zu den Analytikern zählen‹. Seit der letzten, noch zu Freuds Zeiten stattgehabten ›Exkommunikation‹ (Reichs Ausschluß aus der IPV auf dem 13. Internationalen Psychoanalytischen Kongreß in Luzern 1934) ist ›dasselbe Dach‹, unter dem man ›mit größter Gemütsruhe zusammenbleiben könnte‹, so weit geworden, daß fast alles darunter Platz hat – weit mehr, als Freud je gewünscht haben würde.« (13)
Kein Zweifel, Exkommunikationen sind einer Wissenschaft unangemessen, ja, sie sind einer lebendigen Wissenschaft unwürdig. Allerdings bemißt sich die Lebendigkeit der Wissenschaft nicht zuletzt daran, ob gründliche Korrekturen der theoretischen Modelle gründlich debattiert werden. Man kann ja nicht die theoretische Basis beliebig an einer Stelle ändern und der Meinung sein, daß an allen anderen Stellen alles unbesehen beim alten bleiben könne. Zuallerletzt kann man sich dies in einer Wissenschaft leisten, die keine naiv-grobe Entsprechung im Feld der augenfälligen Erscheinungen kennt (anders als bei der Anatomie, die sich an Hand und Fuß orientieren kann). Kein Zweifel, schon die naturwissenschaftliche Psychologie als ein System von Konstruktionen hat gute Gründe, zu beachten, daß mit der Veränderung einer Hypothese sich im Geäst der Theorie insgesamt Verschiebungen ergeben. Erst recht gilt dies für eine interpretierende Wissenschaft, bei der ein Theoriestück mit dem anderen Theoriestück so eng verbunden ist, daß die stolze Fregatte kentert, wenn man glaubt, Ballast abwerfen zu dürfen, ohne zu bedenken, wie sich das aufs Ganze auswirkt. Zudem, der Gegensatz zu dogmatischer Starrheit ist nicht liberalistische Beliebigkeit, sondern kritische Auseinandersetzung mit dem bisher Gültigen, die Anstrengung, in dialektischer Arbeit aus der Spannung von Thesis und Antithesis zur Synthesis zu kommen.

Hundert Jahre Psychoanalyse. Das ist formal gesehen zwar nicht ganz korrekt, denn der Begriff Psychoanalyse taucht erst 1892 auf. Ich beziehe aber – aus einem Grunde, den ich noch ausführlich zu erörtern gedenke – in diese Zeitrechnung das kathartische Verfahren mit ein. Dessen Ursprung läßt sich genau dokumentieren. Er liegt zwischen 1881 und 1882, dem Jahr, in dem Breuer die Behandlung der Anna O. beendet hat.
Das Jahr 1882 hat in der Geschichte der Psychoanalyse noch eine andere gewichtige Bedeutung. In jenem Jahr hat Sigmund Freud das Laboratorium von Ernst Wilhelm von Brücke verlassen und damit seinen beruflichen Weg entscheidend verändert. Sehen wir uns die Etappen dieses Weges an:
1856 wurde Freud in Freiberg in Mähren geboren. Als kleines Kind kam er über Leipzig nach Wien. 1873, mit 17 Jahren, begann er das Medizinstudium, ein Studium, das damals sehr viel weniger reglementiert war als heute und dessen Verlauf der Student nach seinen eigenen Neigungen bestimmen konnte. Für Freud hieß das: Biologie, Physiologie und Anatomie. 1876 bereits führte er an der meeresbiologischen Untersuchungsstation in Triest eine Untersuchung über die Geschlechtsorgane der Aale durch. 1877 trat er in das physiologische Institut von Professor von Brücke ein, ein wissenschaftlich ausgezeichnetes, ein berühmtes Institut, das personell freilich nur aus zwei Assistenten und einigen Hilfskräften bestand. Das Forschungsinteresse und die Karrierewünsche Freuds waren zunächst auf theoretische Medizin, auf Physiologie gerichtet. In seiner *Selbstdarstellung* 1925 schreibt er:

> »Die Wendung kam 1882, als mein über alles verehrter Lehrer den Leichtsinn meines Vaters korrigierte, indem er mich mit Rücksicht auf meine schlechte materielle Lage dringend mahnte, die theoretische Laufbahn aufzugeben. Ich folgte seinem Rate, verließ das physiologische Laboratorium und trat als Aspirant in das allgemeine Krankenhaus ein.« (14)

Aber auch der Aspirant im allgemeinen Krankenhaus hat weiterhin geforscht. 1884 kam es zur sogenannten Kokain-Episode: Freud experimentierte mit dem damals noch weitgehend unbeachteten Stoff Kokain. Er wäre durch die Anwendung des Kokains in der Augenanästhesie beinahe zu Ruhm gelangt, hat diese Chance dann aber verspielt zum Vorteil seines Kollegen

Koller. 1885 wurde er Privatdozent und bekam im Herbst ein Stipendium der Universität für einen Aufenthalt an der Salpêtrière in Paris bei dem bedeutenden französischen Psychiater Charcot. 1886 dann eröffnete Freud eine Privatpraxis hinter dem Wiener Rathaus im 9. Bezirk. 1889 führte er zum ersten Mal eine mehr oder weniger vollständige Behandlung mit der kathartischen Methode Breuers durch. 1895 wurden auf sein Drängen hin die *Studien über Hysterie* von Breuer und Freud publiziert. Das Verhältnis zu Breuer war damals schon gespannt. In der Folge hat Freud allein die weiteren Theoriefortschritte gemacht. Es sind dies im nächsten Jahrzehnt:

1. die Vertiefung der Frage nach der traumatischen Szene, bis zur Entdeckung der Sexualtraumen in der Kindheit;

2. die Erkenntnis, daß das reale Sexualtrauma nicht Gegenstand der Mitteilungen des Patienten ist, sondern daß der Patient Phantasien berichtet – diese Einsicht läßt sich genau datieren: 1897;

3. die Enträtselung des Traums, die Entdeckung der Triebgrundlage, die Triebtheorie, die 1905 in den *Drei Abhandlungen zur Sexualtheorie* veröffentlicht wurde.

Weil die Arbeit über die Triebgrundlage auf die Entdeckung der Phantasiequalität folgte, hat die Triebtheorie in der Psychoanalyse einen psychologischen Charakter. Jedenfalls hat Freud »Psychologie« genannt, was wir lieber Erlebnisanalyse nennen. Die Triebtheorie ist, unbeschadet ihrer biologischen Verankerung, die für den Materialisten Freud selbstverständlich war, von Anfang an auf *Erlebnis*probleme bezogen.

Die Säkularisierung des Wahns

Beginnen wir mit der Vorgeschichte des psychoanalytischen Untersuchungs- und Erkenntnisgegenstandes. Unterstellt, wir redeten statt über Psychoanalyse und Psychotherapie über somatische Therapien bei bestimmten Körperkrankheiten, z. B. Herzkrankheiten, so genügte eine kurze Vorbemerkung über die Geschichte der Herzbehandlung – jedenfalls müßten wir keinen Gedanken an die Frage nach der Entdeckung des Herzens als Gegenstand der Untersuchung und des Therapierens verschwenden. Bei der Psychoanalyse jedoch ist die Situation ganz und gar anders. Mit der Freudschen Psychoanalyse ist nicht einfach nur eine neue Therapieform für ein längst bekanntes, als Krankheit anerkanntes Organleiden aufgetaucht, so wie die Salvarsanbehandlung bei der Lues (als man das Heilmittel fand, war die Krankheit schon einige Jahrhunderte bekannt, und zwar als »Krankheit«). Bei den seelischen Störungen, deren Therapie die Psychoanalyse ist, waren die Verhältnisse von vornherein verwickelter. Weder gab es einen Konsens über das »kranke Organ im Falle der Neurose«, noch waren die seelischen Auffälligkeiten, die wir heute unter dem Stichwort der Neurose zusammenfassen, als Krankheit im heutigen Verstande anerkannt. Die Bemerkung von Karl Kraus in seiner Polemik gegen die Psychoanalyse, diese sei eben die Krankheit, für deren Heilung sie sich ausgebe, ist ein lässig-unfreundliches Bonmot, zugleich aber ein Indiz dafür, wie Krankheit und Krankheitsbehandlung aufeinander projiziert werden konnten – weil sie beide gleich rätselhaft zögernd ins öffentliche Bewußtsein traten –, obwohl die Geschichte der letzten Jahrhunderte erfüllt war von den Klagen der Unglücklichen, deren Leiden Freud später mit dem medizinisch nüchternen Begriff des »hysterischen Elends« (15) belegen sollte.

Versucht man, die Geschichte dieses Unglücks aufzudecken, so erkennt man schnell viererlei, nämlich

- daß die Einsichten in das Wesen der seelischen Störung durch die Zeiten und geschichtlichen Räume hindurch schwankten;
- daß Einsichten verschwanden und dann wieder auftauchten;
- daß das Verständnis der Krankheit der Seele nicht geschieden werden kann von der Art und Weise des gesellschaftlichen Umgangs mit dieser Krankheit;
- daß, vor allem, die Grenzziehungen zwischen den einzelnen Krankheitsformen, deren Unterscheidung heute ganz geläufig ist, etwa zwischen Neurose und Psychose, aber auch die soziale Beurteilung abweichenden Verhaltens sich im Laufe der Geschichte erheblich verschoben und gewandelt haben.

Versuchen wir, die Spuren der Phänomene, auf welche die Psychoanalyse sich bezieht, bis zum Mittelalter zurückzuverfolgen. Wir finden sie aufgelöst in einer Ideenwelt, die von der Sphäre des sakral Verehrungswürdigen bis in die Dunkelheit des Wahns reicht, ausgespannt zwischen der Einschließung der Abweichend-Verrückten (in klösterlichen Räumen der Verehrung, an Orten des Abscheus, der Verwahrung in den gemeinen Narrentürmen) und der Vertreibung der Irren aus den Städten: ausgespannt zwischen einer religiösen Deutung des Unangepaßt-Fragwürdigen und einer weltlichen Exekution, die durch Isolierung und Ausgliederung das Anstößige aus der Welt zu schaffen sich bemühte. Kirchliche und weltliche »Problemerledigung« arbeiteten dabei Hand in Hand. Foucault schreibt von den Irren des Mittelalters: »Das unstete Leben der Irren, ihre Vertreibung zu Lande und zu Wasser finden ihren Sinn nicht allein im Aspekt gesellschaftlicher Nützlichkeit oder dem der Sicherheit der Stadtgemeinschaft. Andere, dem Ritus viel nähere Bedeutungen sind darin sicher enthalten, und wir können noch einige ihrer Spuren erkennen. So ist den Irren der Zutritt zu den Kirchen verboten, während das Kirchenrecht ihnen die Sakramente nicht verweigert. Die Kirche unternimmt keine Sanktionen gegen einen Priester, der geisteskrank wird, aber in Nürnberg wird 1421 ein irrer Priester mit besonderer Feierlichkeit verjagt, als hätte die Weihe der Person die Unreinheit vervielfacht, und die Stadt nimmt von seinem Budget die Summe, die ihm als Reisegeld dienen soll. Manche Geisteskranken werden öffentlich ausgepeitscht und im Laufe einer Art Spiel dann in einem

vorgetäuschten Wettlauf verfolgt und mit Rutenschlägen aus der Stadt getrieben. Es gibt so manche Zeichen, daß die Vertreibung der Geisteskranken zu einem der ritualen Exile geworden ist.« (16)
Im »Narrenschiff«, diesem merkwürdig beweglichen Gefährt von Einschließung und Ausgrenzung zugleich, sieht Foucault denn auch die politisch-ökonomische Bereinigung des Problems mit der religiös-rituellen Beschwörung vereint: »So versteht man die eigenartig starke Bedeutung besser, die die Schiffahrt beim Abtransport der Irren hat und die ihr ihre besondere Geltung gibt. Einerseits darf man den unbestreitbaren Anteil praktischer Effektivität nicht zu gering ansetzen. Dadurch, daß man den Irren Schiffern anvertraut, vermeidet man, daß er sich ständig vor den Mauern der Stadt aufhält, wird sichergestellt, daß er weit fortgebracht wird, macht ihn zum Gefangenen seines eigenen Aufbruchs. Dem fügt aber das Wasser die dunkle Menge seiner eigenen Kräfte hinzu; es trägt fort, aber es tut noch mehr: es reinigt. Die Schiffahrt überläßt den Menschen der Unsicherheit des Schicksals. Jeder ist auf dem Wasser seinem eigenen Schicksal anvertraut, jede Fahrt mit einem Schiff ist möglicherweise die letzte. Der Irre mit seinem Narrenschiff fährt in die andere Welt, und aus der anderen Welt kommt er, wenn er an Land geht. Diese Reise des Irren ist zugleich rigorose Trennung und endgültige Überfahrt.« (17) Gleichgültig, ob es die »Narrenschiffe« wirklich gegeben hat oder ob sie als Gebilde der Phantasie gelten müssen (18); als Symbol genommen, repräsentieren sie die Aufhebung ökonomischer Effektivität ins Sakrale.
Gegen Ende des Mittelalters, mit dem Zerfall der religiösen Selbstgewißheit, blassen diese religiösen Deutungsanteile ab. »War der Wahnsinn in früheren Zeiten ein Zeichen des Sündenfalls, verwies er – in der Beziehung auf Heiliges und Dämonen – auf ein christliches Jenseits« (19), so verweist er jetzt auf Ordnung und Unordnung in den Menschen, auf ein bedrohliches, weil labiles Kräftespiel, dem mit staatlichen Mitteln zu begegnen sei. Dörner zitiert in diesem Zusammenhang Hobbes: »Nur im staatlichen Leben gibt es einen allgemeinen Maßstab für Tugenden und Laster; und eben darum kann dieser nicht anders sein als die Gesetze eines jeden Staates; selbst die natürlichen

Gesetze werden, wenn die Verfassung festgesetzt ist, ein Teil der Staatsgesetze.« (20) »Das Arrangement, das die Irren als wilde und gefährliche Tiere präsentierte, war ein Appell an das Publikum, den moralischen Maßstab des absoluten Staates sich als eigene Vernunft zu eigen zu machen.« (21)
Die Säkularisierung von Wahn und abweichend-verrücktem Verhalten überantwortet diese aber nicht nur der staatlichen Reglementierung, sondern entdifferenziert auch die Formen der Abweichung zu einer ungeschiedenen grauen Masse des Elends: »Der Aufstieg des Zeitalters der Vernunft, des Merkantilismus und des aufgeklärten Absolutismus vollzog sich in eins mit einer neuen rigorosen Raumordnung, die alle Formen der Unvernunft, die im Mittelalter zu der einen, göttlichen, in der Renaissance sich säkularisierenden Welt gehört hatten, demarkierte und jenseits der zivilen Verkehrs-, Sitten- und Arbeitswelt, kurz: der Vernunftwelt, hinter Schloß und Riegel verschwinden ließ. Bettler und Vagabunden, Besitz-, Arbeits- und Berufslose, Verbrecher, politisch Auffällige und Häretiker, Dirnen, Wüstlinge, mit Lustseuchen Behaftete und Alkoholiker, Verrückte, Idioten und Sonderlinge, aber auch mißliebige Ehefrauen, entjungferte Töchter und ihr Vermögen verschwendende Söhne wurden auf diese Weise unschädlich und gleichsam unsichtbar gemacht.« (22) »Fragt man nach den Motiven dieser gesamteuropäischen Bewegung, muß man sich zunächst vergegenwärtigen, daß das Heer der Nicht-Arbeitenden und Armen in den Städten 10–20 Prozent, in geistlichen Residenzen und zur Zeit von Wirtschaftskrisen 30 Prozent und mehr ausmachte. Dieser zuvor ›normale‹ Umstand mußte allen Autoritäten dieser Zeit als eine sie vereinigende Provokation und Gefahr gerade in dem Maß erscheinen, in dem sie Vernunft zur Herrschaft über Natur und Unvernunft zu bringen suchten: dem Absolutismus im Verlangen nach bürgerlicher Ordnung; dem Kapitalismus im Prinzip regelmäßiger, kalkulierbarer Arbeit; den Wissenschaften im Streben nach systematischer Naturbeherrschung; den Kirchen namentlich im Puritanismus; endlich den Familienvätern, indem sie Vernunftherrschaft als Sensibilität für honnêteté und gegen Familienschande zu übersetzen lernten. Man wird diese Epoche der administrativen Ausgrenzung der Unvernunft (1650–1800) umschreiben können als diejenige, in der die Kirche die For-

men der Unvernunft, namentlich Arme und Irre, nicht mehr, die bürgerlich-kapitalistische Wirtschaftsgesellschaft aber noch nicht umgreifen konnte.« (23) Für Frankreich im besonderen gilt: »Ein Datum kann als Markstein gelten: 1656, das Dekret der Gründung des Hôpital général in Paris. Auf den ersten Blick handelt es sich lediglich um eine Reform, wenn nicht nur um eine administrative Reorganisation. Verschiedene bereits bestehende Einrichtungen werden unter einer einzigen Verwaltung zusammengefaßt: die Salpêtrière, unter dem vorigen König wieder aufgebaut, um als Arsenal zu dienen, Bicêtre, das Ludwig XIII. der Ordenspfründe des Heiligen Ludwig als ein Heim für Kriegsinvaliden hatte geben wollen. ›Das Haus und Hospital von La Pitié, [...], Haus und Hospital von Scipion, das Haus der Savonnerie, mit allen Örtlichkeiten, Plätzen, Gärten, Häusern und Gebäuden, die dazu gehören.‹ Alle Gebäude werden jetzt den Armen von Paris zur Verfügung gestellt, ›denen beiderlei Geschlechts, jeden Alters, von welcher Geburt und welchen Standes, in welcher Verfassung sie auch seien, wohlauf oder versehrt, krank oder genesend, heilbar oder unheilbar‹.« (24)

Als Erben der Aufklärung sind wir geneigt, in der Säkularisierung des Wahns und des abweichend-verrückten Lebens einen Humanisierungsschritt zu sehen. Deshalb muß unsere Aufmerksamkeit geschärft werden für einen Vorgang, der dieser Humanisierung auf bestürzende Weise widerspricht: die Übermächtigung der Opfer, die sich in der Einnivellierung aller Gruppen zu einem einzigen Elendsheer andeutet und die in der realen Gewalt administrativer Machtakkumulation, die vom religiösen Einspruch befreit ist, ungemildert spürbar wird. Unglück, Leid und Verzweiflung werden gesellschaftlich diszipliniert. »Es handelt sich darum, diejenigen aufzunehmen, unterzubringen und zu ernähren, die sich von selbst einstellen, oder diejenigen, die durch königliche oder richterliche Anweisung dorthin geschickt werden. Außerdem muß auf den Unterhalt, die Sauberkeit und die allgemeine Ordnung derjenigen geachtet werden, die aus Platzgründen nicht haben aufgenommen werden können, aber dort sein könnten, oder es verdient hätten. Diese Aufgabe ist Direktoren auf Lebenszeit anvertraut, die ihre Macht nicht nur in Gebäuden des Hospitals, sondern in ganz Paris über all die

ausüben, die unter ihre Rechtsprechung fallen: ›Sie haben jede Entscheidungsgewalt über Leitung, Verwaltung, Handel, Polizei, Rechtsprechung, Bestrafung und Inhaftierung hinsichtlich all der Armen von Paris, sowohl in wie außerhalb des Hôpital général.‹ Die Direktoren ernennen außerdem einen Arzt, [. . .]; er wohnt in La Pitié, muß aber zweimal wöchentlich jedes der Häuser des Hôpital général besuchen. Eines ist von Anfang an klar: das Hôpital général ist keine medizinische Einrichtung. Eher ist es eine halbjuristische Struktur, eine Art administrative Einheit, die neben den bereits konstituierten Gewalten und neben den Gerichten entscheidet, richtet und exekutiert. ›Dazu erhalten die Direktoren Galgen, Pranger, Gefängnisse und Verliese in dem Hôpital général und an den Stellen, die dazugehören, wieviel ihnen notwendig erscheinen, ohne daß gegen die Anordnungen, die sie innerhalb des Hôpital erlassen, Einspruch erhoben werden kann; die von ihnen erlassenen Befehle für außerhalb des Hôpital werden ihrer Form und ihrem Inhalt gemäß ausgeführt, ungeachtet jeder Opposition oder jeden Einspruchs, sei er bereits vollzogen oder noch einzureichen, und ohne dem stattzugeben, wird ungeachtet jeder Verteidigung und jedes juristischen Schrittes Aufschub nicht gewährt.‹ Nahezu absolute Souveränität, Rechtsprechung ohne Berufung, das Recht zur Exekution, gegen das nichts unternommen werden kann – das Hôpital général ist eine eigenartige Macht, die der König zwischen der Polizei und der Justiz an den Grenzen des Gesetzes etabliert: die dritte Gewalt der Repression. Die Geisteskranken, die Pinel in Bicêtre und in der Salpêtrière fand, gehörten zu dieser Welt. In seiner Funktion [. . .] gehört das Hôpital général zu keiner medizinischen Idee. Es ist eine Instanz der Ordnung, der monarchischen und bürgerlichen Ordnung, die in Frankreich zur gleichen Zeit hergestellt wird.« (25)
Ende des 18. Jahrhunderts werden Zuchthaus, Irrenhaus und Arbeitshaus weitgehend zu einem Block verschmolzen sein, der in manchen Fällen sogar die wirtschaftliche Entwicklung der Region bestimmt, wie in Pforzheim, dessen Bijouterieindustrie im dortigen Arbeitshaus wurzelte. Wo solche »Verwertung« des Elends auch noch auf die Waisenhäuser übergriff – wie in den Waisenhaus-Plänen des Goetheschwagers Johann Georg

Schlosser –, war die Säkularisierung der Elendsprovinzen bis zu dem Punkt getrieben, an dem die Kirche zum Anwalt der menschlichen Bedürfnisse (26), der Humanität, avancierte.
Inmitten dieses widerspruchsvollen Säkularisierungsprozesses, des Übergangs von der mittelalterlich-sakralen zur säkularisierten »Verwaltung« der schreienden oder sprachlosen Not, des Unbotmäßigen und des Nichtgeheuren, meldet sich nun eine dritte Instanz zu Wort, eine Instanz, die später das Problem an sich ziehen wird: die Medizin. Noch spielt sie allerdings die Rolle einer Randfigur: »In Paris behält sich ein Hospital das Recht vor, die Armen, die die Vernunft verloren haben, zu behandeln. Solange man einen Geisteskranken noch zu heilen hofft, kann er im Hôtel-Dieu aufgenommen werden. Man läßt ihm dort die gewöhnliche Pflege zukommen: Aderlaß, Purganz, und in bestimmten Fällen Zugpflaster und Bäder. Es war eine alte Tradition, denn bereits im Mittelalter hatte man im gleichen Hôtel-Dieu Plätze für die Wahnsinnigen reserviert. [. . .] Insgesamt hat man für die Bevölkerung von Paris und Umgebung vierundsiebzig Plätze für die einer Behandlung bedürftigen Wahnsinnigen vorgesehen; diese vierundsiebzig Plätze bilden eine Art Vorzimmer vor der Internierung, die genau das Herausfallen aus einer Welt der Krankheit, der Heilmittel und der eventuellen Heilung darstellt.« (27)
Diese Insel medizinischer Pflege in einem Meer der administrativen Exekution des Unglücks erscheint jedoch weniger als Verheißung einer künftigen menschenfreundlichen Einstellung zum Leid und zu den Leidenden denn vielmehr als Restposten und Überbleibsel einer medizinischen Tradition, die vornehmlich aus den arabischen Ländern kam. »Tatsächlich scheint man in der arabischen Welt sehr früh wirkliche Hospitäler gegründet zu haben, die den Geisteskranken vorbehalten waren, so zum Beispiel in Fez bereits im siebten Jahrhundert, vielleicht auch in Bagdad gegen Ende des zwölften Jahrhunderts, ganz bestimmt aber in Kairo im Laufe des dreizehnten Jahrhunderts. Dort wird eine Art Seelenkur praktiziert, zu der Musik, Tanz, Schauspiel und der Vortrag wunderbarer Erzählungen gehören. Ärzte leiten die Behandlung und entscheiden über einen Abbruch, wenn sie die Behandlung als erfolgreich erkannt haben. Es ist auf jeden Fall kein Zufall, wenn die ersten Hospitäler für Geistes-

kranke in Europa genau gegen Anfang des fünfzehnten Jahrhunderts in Spanien gegründet worden sind. Es ist ebenfalls bezeichnend, daß die Barmherzigen Brüder, die mit der arabischen Welt sehr vertraut sind, weil sie den Rückkauf der gefangenen Christensklaven praktizieren, das Hospital in Valencia eröffnet haben. Die Initiative dazu ist von einem Mönch dieses Ordens im Jahre 1409 ergriffen worden. Weltliche, vor allem reiche Händler, unter ihnen zum Beispiel Lorenzo Salou, hatten es übernommen, den Grund und Boden zusammenzubringen. 1425 wurde dann das Hospital in Saragossa gegründet, dessen kluge Ordnung Pinel fast vier Jahrhunderte später noch bewundern sollte: große Aufnahmebereitschaft für Kranke aus allen Ländern, Kranke aller Regierungen, aller Glaubensbekenntnisse, wie die Inschrift ›urbi et orbi‹ es bezeugt; und jenes Leben im Garten, das die Verirrung der Geister durch die jahreszeitliche Ordnung ›der Ernten, der Weinlauben, der Weinernte und der Olivenernte‹ rhythmisiert. Weiterhin gibt es solche Gründungen in Spanien noch in Sevilla (1436), Toledo (1483) und Valladolid (1489). Diese Hospitäler haben einen medizinischen Charakter, dessen wahrscheinlich die Dollhäuser, die bereits in Deutschland existieren, oder das berühmte Haus der Charité in Upsala entbehren.« (28)
Auch das religiöse Bewußtsein hält sich noch durch und nimmt, wie wir gesehen haben, gelegentlich sogar die Funktion eines Anwaltes der Unglücklichen wahr, so z. B. in der Kongregation des Vincent de Paul, der Barmherzigen Brüder. Hier bildet sich eine Gemeinschaft, die sich der Wahnsinnigen annimmt, dem Wahnsinn eine religiöse Bedeutung zurückgibt: »Der Wahnsinn ist der niedrigste Punkt der Menschheit, dem Gott in seiner Inkarnation zugestimmt hat, wobei er [. . .] zeigen wollte, daß es unter Menschen nichts Unmenschliches gibt, was nicht gerettet und hervorgehoben werden könnte. Der tiefste Punkt des Fallens ist durch die göttliche Präsenz verherrlicht worden.« (29) Und Foucault fügt seinem Bericht hinzu: »Paradoxerweise bereitet dieses christliche Bewußtsein von der Animalität den Augenblick vor, in dem der Wahnsinn als ein natürliches Ereignis behandelt wird.« (30)
Ein eigenartiger Brückenschlag zwischen der religiösen Vergangenheit und der medizinischen Zukunft! Merken wir ausdrück-

lich an, daß die Remystifizierung des Wahns eine »Erhöhung« des Patienten bewirkt. Der Leidende wird vom Makel der Unbrauchbarkeit und Verkommenheit befreit und zum Inbegriff einer »schuldhaften Unschuld des Tieres im Menschen« erklärt, nicht nur zum Bruder Christi, sondern auch zum Paradigma des Menschlichen. (31) Der »Rückfall in die religiöse Deutung« ist allerdings nicht ein bloßes Gedankenspiel weltfremder Mystiker; aus der Remystifizierung des Unglücks erwächst zugleich ein Widerspruch gegen die manifeste »weltliche Koalition«, die den Zugriff auf den Kranken zur ausweglos tödlichen Falle macht: gegen die Liaison staatlicher Reglementierung mit ökonomischen Interessen, die zumal in Krisenzeiten sich verdichten. Die repressive Rolle der Internierung wird durch eine neuartige Nützlichkeitserwägung ergänzt: »Es geht nicht mehr darum, die Arbeitsscheuen einzusperren, sondern darum, den Eingesperrten Arbeit zu geben und sie so in den Dienst der allgemeinen Prosperität zu stellen. [...] Wir dürfen nicht übersehen, daß die ersten Internierungshäuser in England an den industrialisiertesten Punkten des Landes entstehen: Worchester, Norwich, Bristol; daß das erste Hôpital général in Lyon 40 Jahre vor dem in Paris eröffnet wird; und daß Hamburg als erste aller deutschen Städte ein Zuchthaus seit 1620 hat. [...] Jedes Internierungshaus in Deutschland ist irgendwie spezialisiert; in Bremen, Braunschweig, München, Breslau, Berlin wird vor allem gesponnen, in Hannover gewebt. In Bremen und Hamburg raspeln die Männer Holz. In Nürnberg werden optische Gläser geschliffen, und in Mainz wird hauptsächlich Mehl gemahlen. Die ersten houses of correction werden in England in einer Zeit stärkster ökonomischer Rezession eröffnet. Das Dekret von 1610 empfiehlt lediglich, allen Zuchthäusern Mühlen, Webereien und Werkstätten zum Kardätschen hinzuzufügen, um die Insassen zu beschäftigen. Jedoch wird aus der moralischen Forderung eine wirtschaftliche Taktik, als Handel und Industrie sich nach 1651 entwickeln, weil durch die Navigationsakte und die Senkung des Diskontsatzes sich die wirtschaftliche Situation wieder gefestigt hat. Man versucht, alle menschliche Arbeitskraft so gut wie möglich, das heißt, so billig wie möglich zu benutzen.« (32) »In einem 1708 geschlossenen Vertrag wird zum Beispiel vereinbart, daß ein Unternehmer der Charité in

Tulle Wolle, Seife, Kohle stellt und daß sie ihm dagegen kardätschte und gesponnene Wolle liefert. Der gesamte Verdienst wird zwischen Unternehmer und Hospital geteilt. In Paris selbst wird mehrmals der Versuch unternommen, die großen Gebäude des Hôpital général in Manufakturen zu verwandeln. Wenn man den 1790 erschienenen Memoiren eines Unbekannten glauben kann, wurden in der Pitié ›alle Arten der Manufaktur, die die Hauptstadt bieten kann‹, versucht; schließlich ›kommt man in einer Art Verzweiflung zu Arbeiten aus Schnürwerk als den billigsten‹. Solche Versuche sind andernorts kaum fruchtbarer. In Bicêtre werden viele Versuche unternommen: Garn- und Seilmanufaktur, Spiegelpoliererei, vor allem aber der berühmte ›große Brunnen‹. Im Jahre 1781 kommt man sogar auf den Gedanken, Gefangenengruppen anstelle der Pferde das Wasser hochziehen zu lassen, die sich von fünf Uhr morgens bis acht Uhr abends in der Arbeit abwechseln.« (33)

Man sieht, die »ökonomische Nützlichkeit«, die sich so eng mit der staatlichen Reglementierung verband, überschlägt sich, scheint ökonomisch dysfunktional zu werden. Doch der Schein trügt. Tatsächlich wird die Verfügung über die Sklavenmassen ins »Innere« der Menschen verschoben, mit dem Ziel der Abrichtung, der »Zurichtung« des Menschen zum Arbeiter. Foucault zitiert dazu einen Reformer der Aufklärung:

»Welches Motiv mag für die eigenartige Beschäftigung ausschlaggebend gewesen sein? Das der Ökonomie oder lediglich das der Notwendigkeit, die Gefangenen zu beschäftigen? Wenn es allein die notwendige Beschäftigung der Gefangenen ist, wäre es da nicht angebrachter, sie mit einer für sie und das Haus nützlicheren Arbeit zu beschäftigen? Falls es das Motiv der Ersparnis ist, so finden wir keine. Während des ganzen achtzehnten Jahrhunderts schwindet die wirtschaftliche Bedeutung, die Colbert dem Hôpital général hat geben wollen, fortwährend mehr. Aus dem Zentrum der Zwangsarbeit wird ein privilegierter Ort des Müßiganges. ›Welchen Ursprung hat die Unordnung in Bicêtre?‹ fragen sich die Leute noch in der Französischen Revolution. Ihre Antwort ist die, die man schon im siebzehnten Jahrhundert gegeben hat: ›Es ist der Müßiggang. Wie kann man dem abhelfen? Durch Arbeit.‹« (34)

Gegen die Allianz von staatlicher Repression und ökonomischer Ausbeutung des Elends vermag sich in England die Religion noch einmal zur Geltung zu bringen. In der Gesellschaft der Quäker verbindet sich der religiöse Impuls mit einer nüchtern-aufgeklärten Anerkennung des Kranken als »seelisch Leidendem«. Die religiöse Position verbündet sich hier mit der am weitesten fortgeschrittenen Agentur der Säkularisierung, der Medizin. Foucault zitiert einen Bericht über ein Quäkerheim vom Jahre 1789:

»Die Ehrwürdige Gesellschaft der Quäker [...] hat denen unter ihren Mitgliedern, die unglücklicherweise die Vernunft verlieren sollten, ohne ein ausreichendes Vermögen zu besitzen, um Zuflucht bei den kostspieligen Einrichtungen zu suchen, alle Quellen der Kunst und alle Annehmlichkeiten des Lebens, die mit ihrem Zustand vereinbar sind, zu sichern gewünscht. Eine freiwillige Stiftung hat den Grund und Boden gesichert und vor zwei Jahren etwa ist ein Haus in der Nähe von York gegründet worden, das viele Vorteile mit jeder möglichen Ersparnis zu verbinden scheint. Wenn die Seele einen Moment lang beim Anblick dieser schrecklichen Krankheit leidet, die dazu geschaffen scheint, die menschliche Vernunft zu erniedrigen, verspürt man sofort zarte Emotionen, wenn man all das betrachtet, was eine einfallsreiche Aufmerksamkeit zu ihrer Heilung und Erleichterung hat erfinden können.

Jenes Haus ist eine Meile von York entfernt, liegt mitten in einer fruchtbaren und lachenden Landschaft. Dadurch kommt keinesfalls die Idee eines Gefängnisses auf, sondern eher die eines großen landwirtschaftlichen Betriebes. Es ist von einem großen geschlossenen Garten umgeben; es gibt keine Gitter und keine Stäbe vor den Fenstern.« (35)

In Frankreich tritt im Zuge der Revolution der aufgeklärte Humanismus als organisierende Idee der Gesellschaft an die Stelle der Religion. Er assoziiert sich mit der medizinischen Wahrnehmung seelischer Krankheit und nimmt den Kampf gegen die staatliche Reglementierung auf. So wie in England die Befreiung der Geisteskranken mit dem Namen des Quäkers Tuke verbunden ist, so in Frankreich mit dem Namen Pinel. Der Konflikt zwischen dem Anwalt der Kranken und dem staatlichen Ordnungsanspruch ist in einer berühmten Szene anschaulich geworden: dem Auftritt des von der Revolution ernannten Leiters von Bicêtre, Pinel, gegen einen der Machthaber des revolutionären Konvents, Couthon. Möglicherweise ist diese Konfrontation eine Legende. Die Szene jedenfalls ist ungemein illustrativ:

> Pinel trifft die Entscheidung, den Geisteskranken in ihren Kerkern die Ketten abzunehmen »Couthon besuchte das Hospital, um festzustellen, ob man keine Verdächtigen verborgen hatte.« Er muß getragen werden, weil er gelähmt ist. »Pinel trat ihm mutig entgegen, während jeder andere bei dem Anblick ›des von Männern auf Armen getragenen Kranken‹ zitterte. Es war eine Konfrontation des klugen und festen Philanthropen mit dem paralytischen Monstrum. ›Pinel führte ihn sofort in die Abteilung der Erregungszuständen unterworfenen Kranken, wo ihn der Anblick der Kammern peinlich berührte. Er wollte alle Kranken befragen. Jedoch erhielt er von den meisten nur Beleidigungen und unflätige Anreden. Es war unnütz, die Untersuchung länger fortzusetzen. Er wandte sich an Pinel und sagte: ›Also, Bürger, bist du selber irre, oder weshalb willst du solche Tiere von den Ketten befreien?‹ Pinel antwortete ihm ruhig: ›Bürger, ich bin der Überzeugung, daß diese Geisteskranken nur deshalb so unzugänglich sind, weil man sie der Luft und der Freiheit beraubt.‹ – ›Dann tu, was du willst, aber ich fürchte, daß du Opfer deiner Vermessenheit wirst.‹ Danach bringt man Couthon bis zu seinem Wagen. Seine Abreise war eine Erleichterung; man atmete auf; der große Philanthrop machte sich sofort ans Werk.‹« (36)

Damit scheint die Wanderung des Wahns (und der Gruppen, die im Laufe der Jahrhunderte unter diesem Stigma versammelt wurden) ihr angemessenes Ziel erreicht zu haben: die medizinische Versorgung. Die Säkularisierung des Problemfeldes mündet in seine Medizinalisierung. Bicêtre, die Salpêtrière und die anderen Elendslager werden zu Heilanstalten. Freilich, auch die neuen Heilanstalten verbleiben im Schatten sozialer Diskriminierung, wenn auch nicht als Orte des Schreckens, als die sie 1858 noch Marx in einem Bericht über die Lage der Geisteskranken in England beschrieben hat:

»In der Heilanstalt zu Norwich waren sogar die Matratzen der Kranken und schwachen Patienten mit Stroh gefüllt. Die Fußböden in dreizehn kleinen Zimmern waren aus Stein. Es gab keinen Abort, wo man mit Wasser nachspülen konnte. Die Nachtwache auf der Männerseite hatte aufgehört. Es bestand großer Mangel an Decken, Handtüchern, Flanellwäsche, Zwangsjacken, Waschschüsseln, Stühlen, Tellern, Löffeln und Speiseräumen. Die Ventilation war schlecht. Wir zitieren:
›Man konnte auch dem kein Vertrauen schenken, was dem Äußern nach einen guten Eindruck machte. So zum Beispiel stellte sich heraus, daß eine beträchtliche Menge Bettzeug schmutziger Patienten am Morgen weggeräumt und tagsüber nur zur Schau ausgewechselt wurde, indem man saubere Laken und Decken, die in der Regel abends wieder weggenommen wurden, auf die Bettstellen legte.‹
Nehmen wir als weiteres Beispiel das Blackburner Arbeitshaus:
Die von den Männern bewohnten Tagesräume im Erdgeschoß sind klein, niedrig, dunkel und schmutzig, und der Raum, der 11 Patienten beherbergt, ist überfüllt, weil mehrere schwere Stühle, an welche die Patienten mit Riemen gebunden sind, und ein großer vorstehender Ofenschutz keinen Platz lassen. Auch die Räume der Frauen im oberen Stockwerk sind ganz überfüllt; in einem Raum, der gleichzeitig als Schlafsaal benutzt wird, ist ein großer Teil abgetrennt für private Zwecke; die Betten stehen dicht nebeneinander. Ein Schlafraum, in dem 16 männliche Patienten untergebracht sind, war eng und stank schrecklich. Er ist 29 Fuß lang. 17 Fuß und 10 Zoll breit und 7 Fuß und 5 Zoll hoch, also 2,39 Kubikfuß auf einen Patienten. Die Matratzen sind durchweg mit Stroh gefüllt, und auch bei kranken oder bettlägerigen Patienten wird keine Ausnahme gemacht. Das Bettzeug war meist sehr beschmutzt und hatte Rostflecke von den Eisenstäben der Bettgestelle. Das Bettenmachen scheint hauptsächlich den Kranken überlassen zu sein. Viele Kranke haben schmutzige Kleidung an, was vor allem dem Mangel an ordentlicher Pflege und Wartung zuzuschreiben ist. Sehr wenige Nachtgeschirre sind vorhanden, und ein einziger Kübel wird nachts in der Mitte des großen Schlafsaals zur

allgemeinen Benutzung für die Männer aufgestellt. Die sandigen Höfe, zwei für die Frauen und zwei für die Männer, auf denen die Kranken spazierengehen, sind von hohen Mauern umgeben und ohne Sitzgelegenheit. Der größte dieser Höfe ist 74 Fuß lang, 30 Fuß und 7 Zoll breit; der kleinste 32 Fuß mal 17 Fuß und 6 Zoll groß. In einem der Höfe ist eine Zelle, die gelegentlich zur Isolierung widerspenstiger Patienten benutzt wird. Sie ist ganz aus Stein gebaut und hat eine kleine viereckige Öffnung, die Licht durchlassen soll und mit Eisengittern versehen ist, um die Flucht der Kranken zu verhindern, aber ohne Fensterläden und -rahmen. Auf dem Boden der Zelle lag ein großer Strohsack und in einer Ecke stand ein schwerer Stuhl. Die ganze Kontrolle dieser Abteilung liegt in den Händen eines Wärters und einer Schwester. Der Leiter des Arbeitshauses mischt sich selten in ihre Arbeit ein und inspiziert diese Abteilung im allgemeinen nicht so genau wie die anderen.«« »Es wäre zu widerwärtig, hier noch Auszüge aus dem Bericht der Kommissäre über das St. Pancras Arbeitshaus in London wiederzugeben, das eine Art gemeines Pandämonium ist. Allgemein gesprochen, gibt es in England wenig Pferdeställe, die nicht wie Boudoirs erscheinen würden im Vergleich mit den Irrenabteilungen der Arbeitshäuser und in denen die Behandlung der Vierbeinigen nicht gefühlvoll genannt werden könnte im Vergleich mit der Behandlung der armen Geisteskranken.« (37)
Gerade diese Beispiele aber unterstreichen die allmähliche Humanisierung im Zuge der Medizinalisierung des Problemfeldes. Norwich ist nur dem Namen nach eine Heilanstalt, und Blackburn firmiert noch ganz als Arbeitshaus. Dörner zitiert einen Fall, der als Folie des Fortschritts dienen mag, indem er für die Mitte des vorigen Jahrhunderts noch einmal den Terror von weltlicher Ordnungsmacht und von Kirchenzucht belegt. Er spielte sich (»gleich, ob exakte oder ausgeschmückte« Schilderung) auf der Insel Borkum ab:
»Ein hübsches Mädchen wurde 1821, als zur Niederschlagung einer Revolte Soldaten auf Borkum waren, von einem verführt. Das Kind starb, und die treulos Verlassene wurde melancholisch. Dazu kam die allgemeine Verachtung und die strenge Durchführung einer verschärften Kirchenzucht. 1822

wurde sie tobsüchtig und in dem elenden Kuhstall des Armenhauses an einer Kette festgeschmiedet. Und an dieser Kette hat sie mit geringer Unterbrechung 44 Jahre lang, nämlich bis zum Juli 1866 gerüttelt, geweint, gewütet, getobt und gewinselt. Da sie in ihrer Tobsucht alles, was zerreißbar war, vernichtete, so war sie die meiste Zeit ihres Elends hindurch unbekleidet!« (38)

Aber selbst noch in dem Humanisierungsschritt, dem »Kranken« medizinische Fürsorge angedeihen zu lassen, bleibt die Entwürdigung der Ohnmächtigen aufrechterhalten. Die Ablösung der rigiden Verwaltung von Krankheit und Kranken hat den uneingeschränkten Autoritätsgebrauch durch »Direktoren« nicht beendet, sondern weitergereicht. Mit dem Abklingen der staatlichen Repression in den Domestizierungsanstalten, des Regimes der Internierungs- und Ausbeutungstechnik ist eine beträchtliche Macht auf den Arzt übergegangen. Der Arzt übernimmt diese Macht und fügt ihr die des Erziehers hinzu. Das heißt: Auch hier steigert sich die Macht zur »inneren« Zurichtung der Menschen. War es vor der Revolution der Müßiggang, der zu bekämpfen war, so ist nun jeder Form von Lasterhaftigkeit der Widerstand angesagt – im Namen der Humanität freilich (nicht bloßer Abrichtung zur Arbeitskraft). Standen dort die Bedürfnisse der Betroffenen überhaupt nicht zur Debatte, so werden sie hier von einer abstrakten Moral unter Kuratel gestellt. Das zeigt sich deutlich in Pinels *Traitement moral*: »[. . .] es besteht [. . .] in der Einführung einer nachgerade drakonischen Ordnung und einer auf sie verpflichteten Moral. Denn wie für die Väter der revolutionären Verfassung, so gilt auch für Pinel, daß es Freiheit nur als administrative, organisierte, im Zusammenhang mit der Mobilisierung der moralischen Antriebe in der bürgerlichen Gesellschaft geben kann.« (39)

Keine Frage, im Zeichen der Befreiung der »Irren« ist es unversehens zu einer schwerwiegenden Machtakkumulation in der Hand des Arztes gekommen. Foucault nennt diese Machtanhäufung beim Namen: »Es handelt sich um die Apotheose der ärztlichen Person.« (40) »Das Werk von Tuke und das von Pinel, deren Geist und Werte so verschieden sind, verbinden sich in dieser Transformation der Gestalt des Arztes. Der Arzt hatte, wie wir sagen, keinen Anteil am Leben in den Internie-

rungshäusern. Nun wird er zur wesentlichen Gestalt des Asyls, bestimmt über die Aufnahme, wie die Ordnung der retreat es betont: Die Zulassung der Kranken geschieht durch ein im allgemeinen vom Komitee gefordertes und von einem Arzt unterzeichnetes Zertifikat.« (41) »Der Arzt kann seine absolute Macht über die Welt des Asyls in dem Maße ausüben, in dem von Ursprung her er Vater und Richter, Familie und Gesetz ist, wobei seine ärztliche Praxis lange Zeit nur die alten Riten der Ordnung, der Autorität und der Bestrafung kommentiert. Pinel erkennt wohl, daß der Arzt heilt, wenn er außerhalb der modernen Therapien jene archaischen Gestalten mit ins Spiel bringt. Er nennt den Fall eines siebzehnjährigen Mädchens, das seine Eltern mit ›extremer Nachsichtigkeit‹ erzogen hatten. Es war in ein ›fröhliches und irres Delirium gefallen, ohne daß man dessen Ursachen bestimmen konnte‹. Im Hospital hatte man dieses Mädchen mit größter Sanftheit behandelt, aber es hatte stets eine ›hochmütige Miene‹, die im Asyl nicht zugelassen werden durfte. Es sprach ›von seinen Eltern nur mit Schärfe‹. So wird entschieden, daß es einem Regime strengster Autorität unterworfen wird; ›der Wächter benutzt die Gelegenheit des Bades, um diesen unbeugsamen Charakter zu bezähmen und spricht sich mit Nachdruck gegen bestimmte denaturierte Personen aus, die sich gegen die Anweisungen ihrer Eltern aufzulehnen und ihre Autorität zu bestreiten wagen. Er warnt es, daß es künftig mit aller verdienten Strenge behandelt wird, da es sich selbst seiner Heilung widersetzt und mit unüberwindlicher Hartnäckigkeit die ursprüngliche Ursache seiner Krankheit verbirgt.‹ Durch diese neue Strenge und durch diese Drohung ist die Kranke ›tief bewegt [. . .]. Sie gesteht schließlich ihr Unrecht ein und gibt endlich zu, daß sie in diesen Irrweg der Vernunft infolge einer unangebrachten Herzensneigung geraten ist, und nennt den Gegenstand, der dies ausgelöst hat.‹ Nach diesem ersten Geständnis ist die Heilung leicht: ›Es hat sich eine sehr günstige Veränderung vollzogen; [. . .] künftig ist sie erleichtert und kann ihre Dankbarkeit gegenüber dem Wächter nicht oft genug ausdrücken, der ihre ständige Erregtheit beseitigt und ihrem Herzen die Ruhe und Ausgeglichenheit wiedergegeben hat.‹«
Foucault fügt diesem Bericht den Kommentar hinzu: »Jeden

Teil dieser Erzählung kann man in psychoanalytische Begriffe transkribieren. So sehr ist es wahr, daß die Person des Arztes nach Pinel nicht von einer objektiven Definition der Krankheit oder einer bestimmten klassifikatorischen Diagnose aus handeln darf, sondern indem sie sich auf jene Zauberwirkung verläßt, in die die Geheimnisse der Familie, der Autorität, der Bestrafung und der Liebe eingeschlossen sind. Wer diese Wirkung ins Spiel bringt, dabei die Maske des Vaters und des Richters annimmt, wird als Arzt durch eine jener starken Verkürzungen, die seine ärztliche Zuständigkeit außer acht lassen, zum fast magischen Bewirker der Heilung und nimmt die Gestalt eines Thaumaturgen an. Es genügt, daß er hinschaut und spricht, damit die geheimen Verfehlungen erscheinen, damit die wahnsinnigen Anmaßungen vergehen und der Wahnsinn sich schließlich der Vernunft unterordnet. Seine Gegenwart und seine Worte sind mit jener Kraft, den Wahnsinn aufzuheben, ausgestattet, die plötzlich die Verfehlung entdeckt und die Ordnung der Moral wiederherstellt. Es ist ein eigenartiges Paradox, die ärztliche Praxis in jenes unbestimmte Gebiet des Quasi-Wunders in dem Augenblick eintreten zu sehen, in dem die Erkenntnis der Geisteskrankheit versucht, einen positiven Sinn anzunehmen. Auf der einen Seite stellt sich der Wahnsinn in einem objektiven Feld in Distanz, in dem die Drohungen der Unvernunft wieder schwinden. Aber im gleichen Augenblick hat der Irre die Tendenz, mit dem Arzt in einer untrennbaren Einheit eine Art Paar zu bilden, in dem die Komplizität sich durch sehr alte Zugehörigkeiten knüpft.« (42) »In dem Maße, in dem sich der Positivismus der Medizin und insbesondere der Psychiatrie aufdrängt, wird diese Praxis dunkler, die Macht des Psychiaters wunderbarer, und das Paar, das Arzt und Kranker bilden, tritt tiefer in eine fremde Welt ein. In den Augen des Kranken wird der Arzt zum Thaumaturg, und die Autorität, die er der Ordnung, der Moral, der Familie entnahm, scheint er jetzt von sich aus zu besitzen. Man glaubt ihn als Arzt mit diesen Kräften ausgestattet, und während Pinel mit Tuke richtig unterstrich, daß seine moralische Handlung nicht notwendig mit einer wissenschaftlichen Kompetenz verbunden sei, wird man, und als erster der Kranke, glauben, daß in seinem esoterischen Wissen, in einem beinahe dämonischen Geheimnis der Erkenntnis er die Kraft gefunden hat, die

Wahnsinnsformen zu entknüpfen. Der Kranke wird immer mehr jene Hingabe in die Hand eines Arztes, der [...] außerhalb menschlichen Ermessens steht, akzeptieren.« (43)
Wir müssen unser Urteil also zuspitzen: Die Herrschaft über die Kranken wird im Machtwechsel von der Administration zur Therapie nicht nur bewahrt, sondern auf mehrfache Weise verschärft. Die Macht der Administration geht auf den Arzt über. Sein Zugriff auf den Leib des Kranken ist jedem Einspruch enthoben. Seine Autorität trägt fortan die Aureole des Heilers und des Erziehers im »Namen von Vernunft und Moral«. Seine Allgewalt ist gekoppelt an die Radikalisierung der Ohnmacht des Kranken, der in die Situation des hilflosen Kindes gezwungen wird. Die Gewalt über den Kranken wird zur Entmündigung, Therapie zur »vernünftigen« Formung des Hilflosen, Wehrlosen. Das leidende Subjekt erscheint in dem Maße, wie es abstrakt als moralische Instanz respektiert wird, konkret der Selbstverfügung beraubt. Das zeigt sich bei Pinel an der Methode des »pädagogischen Betruges; d. h. man geht zum Schein auf den Wahn der Irren ein, erzeugt eine fiktive Komplizität, die es um so sicherer erlaubt, ihn in einer daraufhin getroffenen Veranstaltung zu zerstören. [...] Wer eine Schlange im Bauch hat, bekommt ein Brechmittel und dem Erbrochenen wird heimlich ein solches Tier zugesetzt«. (44) Und: »Von den humanen Wohltaten seiner Anstalt schloß Pinel die Kranken aus, die die bürgerlichen Normen an den empfindlichsten Punkten überschritten. Gar nicht erst aufgenommen wurden Ungehorsame aus Gründen eines religiösen Fanatismus, d. h. Personen, die nur die anderen Kranken aufsässig machen, weil sie meinen, man müsse Gott mehr gehorchen als den Menschen. Innerhalb der Anstalt mit Dunkelhaft bestraft wurden Kranke, die sich dem allgemeinen Gesetz der Arbeit nicht unterwerfen und dadurch andere Patienten aufreizen, und solche, die Eigentumsdelikte begehen. Esquirol wird noch eine vierte idiosynkratische soziale Übertretung hinzufügen: während die alte Methode des Untertauchens von Kranken bis zur Erstickungsangst im allgemeinen seit Pinel als barbarisch und sadistisch abgelehnt wird, soll sie zulässig sein, wenn das Irresein auf die widernatürliche und zuchtlose Gewohnheit der Onanie zurückzuführen ist.« (45)

Der Weg der Säkularisierung von Wahn und abweichend-verrücktem Leben führt also in einen seltsamen Widerspruch: Der Humanisierung des Elends, die sich zumal mit dem Namen Pinel verbindet, kontrastiert kraß die Entwürdigung des Patienten. Die in Heilanstalten verwandelten Zuchthäuser wurden zu Stätten der Unterwerfung des Patienten unter eine abstraktive Vernunft, die alles Ungezügelte, Nichtangepaßte, Fremde und Befremdliche mit Gewalt und Täuschung auszulöschen suchte.

Ein Verdienst freilich bleibt mit dem Geiste der Aufklärung unverkennbar verknüpft: die Entzifferung des gesichtslos gemachten Elends. Und wiederum zeichnete sich – wenn wir Freuds Urteil über das Wirken des Pariser Psychiaters Jean Martin Charcot folgen wollen – dabei das Hospital der Salpêtrière aus: »Charcot hatte im Kleinen die Tat der Befreiung wiederholt, wegen welcher das Bild Pinels den Hörsaal der Salpêtrière zierte.« (46) Freuds rühmende Bemerkung im Nachruf auf Charcot gilt unmittelbar der Aufklärung der Hysterie, dieser »rätselhafteste[n] aller Nervenkrankheiten«, bezieht aber die Enträtselungsarbeit mit ein, die Charcot zuvor geleistet hatte. Freud schreibt von ihm:

»Er hatte eine rechtschaffene menschliche Freude an seinem großen Erfolge und pflegte sich gern über seine Anfänge und den Weg, den er gegangen, zu äußern. Seine wissenschaftliche Neugierde war frühzeitig durch das reiche und damals völlig unverstandene Material neuropathologischer Tatsachen erregt worden, wie er erzählte, schon als er junger Interne (Sekundararzt) war. Wenn er damals mit seinem Primararzt die Visite auf einer der Abteilungen der Salpêtrière (Versorgungshaus für Frauen) machte, durch all die Wildnis von Lähmungen, Zuckungen und Krämpfen, für die es vor vierzig Jahren keine Namen und kein Verständnis gab, pflegte er zu sagen: ›faudrait y retourner et y rester‹ und er hielt Wort. Als er médecin des hôpitaux (Primararzt) geworden war, trachtete er alsbald in die Salpêtrière zu kommen, auf eine jener Abteilungen, die die Nervenkranken beherbergten, und einmal dort angelangt, verblieb er auch dort, anstatt, wie es den französischen Primarärzten freisteht, im regelmäßigen Turnus Spital und Abteilung und damit auch die Spezialität zu wechseln.

So war sein erster Eindruck und der Vorsatz, zu dem er geführt hatte, bestimmend für seine gesamte weitere Entwicklung geworden. Die Verfügung über ein großes Material an chronisch Nervenkranken gestattete ihm nun, seine eigentümliche Begabung zu verwerten. Er war kein Grübler, kein Denker, sondern eine künstlerisch begabte Natur, wie er es selbst nannte, ein visuel, ein Seher. Von seiner Arbeitsweise erzählte er uns selbst folgendes: Er pflegte sich die Dinge, die er nicht kannte, immer von neuem anzusehen, Tag für Tag den Eindruck zu verstärken, bis ihm dann plötzlich das Verständnis derselben aufging. Vor seinem geistigen Auge ordnete sich dann das Chaos, welches durch die Wiederkehr immer derselben Symptome vorgetäuscht wurde; es ergaben sich die neuen Krankheitsbilder, gekennzeichnet durch die konstante Verknüpfung gewisser Symptomgruppen; die vollständigen und extremen Fälle, die ›Typen‹, ließen sich mit Hilfe einer gewissen Art von Schematisierung hervorheben, und von den Typen aus blickte das Auge auf die lange Reihe der abgeschwächten Fälle, der formes frustes, die von dem oder jenem charakteristischen Merkmal des Typus her ins Unbestimmte ausliefen.« (47)
Diese Schilderung lädt ein, unmittelbar zu Charcot überzugehen und dem gewöhnlichen Gang der Freudbiographik zu folgen. Aber so einfach, wie Freud in diesem Nachruf auf den großen Charcot die Enträtselung der Hysterie aus der »Wildnis« der Salpêtrière hervorgehen läßt, hat sich die Geschichte dieser Krankheit, die zugleich die Vorgeschichte der Psychoanalyse ist, nicht abgespielt. Die Hysterie, diese »rätselhafteste aller Nervenkrankheiten«, hat in der Wirrnis der Verrückten und der Verrückung einen eigenen, eigensinnig düsteren Weg durch die Geschichte genommen. Wir wollen versuchen, ihn nachzuzeichnen.

Die Medizinalisierung der Besessenheit

Der Berliner Gynäkologe Amann schreibt in seinem Buch über Hysterie, das 1874 erschienen ist (man erinnere sich: ein Jahr zuvor hatte sich der Student Freud an der Wiener Medizinischen Fakultät eingeschrieben), es verwundere nicht,
»daß Hysterie nicht [...] mit Geistesstörungen in Verbindung gebracht wurde, da man bei allen krankhaften Erscheinungen, bei den heftigsten Convulsionen der Weiber, in den mehr oder minder heftigen der Bewegungen des wüthenden Thieres eine sichere und einfache Erklärung fand«. (48)
Nun, was es mit dem »wüthenden Thier« auf sich hat, erläutert Amann folgendermaßen:
»Schon Hippokrates, welcher der medicinischen Geschichtsforschung überhaupt die ersten festen Anhaltspunkte gibt, spricht in seinen beiden Büchern über Frauenkrankheiten seine Ansicht über die Hysterie (wohl als Ansicht der damaligen Zeit) aus; eine Menge von Stellen darin belehren uns über die Symptome und Therapie dieses Leidens. Er betrachtete den Uterus als ein besonderes, belebtes Thier, das der Empfindung fähig, für Geruchs- und Geschmackseindrücke empfänglich und sehr beweglich, ja selbst im Stande sei, nach allen Richtungen gegen das Herz, gegen den Hals, Kopf, Leber u. s. w. aufzusteigen.
Plato sagt: ›der Uterus ist ein Thier, welches mit aller Gewalt empfangen will und welches wüthend wird, wenn es nicht empfängt‹ – und diese Anschauung war und blieb lange Zeit die herrschende, wie mehr oder weniger ausführliche Stellen in den Schriften der Philosophen und Aerzte der damaligen Zeit, des Pythagoras, Aretaeus, Galen, Aetius, Empedokles und Anderer, sowie der späteren Jahrhunderte documentieren. Die griechischen und lateinischen Aerzte unterschieden die Hysterie, als nur den Weibern eigen und vom Uterus stammend, von der Hypochondrie und Geisteskrankheit.

Die physiologischen Forschungen späterer Jahrhunderte, vor Allem aber das anatomische Messer Vesal's stellten die begrenzte Beweglichkeit des Uterus und seine Bestimmung fest, worauf man zur Erklärung der hysterischen Erscheinungen die geheimnissvolle Kugel, Globus hystericus, erfand, die nun statt des Uterus von der Symphyse oder vom Epigastrium zur Brust und zum Halse aufstieg. Das Mittelalter machte sich die Erklärung noch bequemer: alle Hysterischen, Wahn- und Blödsinnigen wurden als vom Teufel besessen erklärt und dem gemäß mit Folter und Scheiterhaufen behandelt. Wie viele Hysterische mögen wohl unter jenen Seliggesprochenen gewesen sein, die Monate lang ohne Nahrung lebten, auf einem Fuße standen, die sich Hunderte von Nadeln in die Haut eintrieben und, obwohl sie vorher Jahre lang an den heftigsten Gliederschmerzen leidend unbeweglich im Bette lagen, sofort aufstehen konnten, wenn ihr Seelsorger sie im Namen Jesu Christi dazu aufforderte! Althaus erzählt in seinem Vortrage über Hysterie jenen bekannten Fall, wo sich eine Jahre lang gelähmte Dame in den Dom von Trier tragen ließ, wo der Bischof eine Reliquie ausgestellt hatte und die Kranke in Folge der Heilwirkung des Anblickes derselben den Gebrauch ihrer Glieder wieder erlangte. [. . .] In den letzten Jahrhunderten verschwindet der Glaube an den Teufel und das Besessensein immer mehr aus den Schriften hervorragender Aerzte und wurde das ausschließliche Privilegium der Theologie. Allgemein wurde der Uterus als der Sitz der Hysterie anerkannt und der Glaube des Volkes an die außerordentliche Beweglichkeit desselben festgehalten. Heute noch spukt diese Anschauung in den Köpfen der Laien und die Ausdrücke: Die Milch ist ihr in den Kopf gestiegen! und: die Gebärmutter in den Hals! dürften wenigen Aerzten unbekannt sein. Der Uterus blieb die Quelle der Hysterie, es wurden ihm alle möglichen und unmöglichen Anomalien aufgebürdet, um das Vorhandensein hysterischer Erscheinungen zu motiviren.« (49)
Ich habe die Amannsche Darstellung so ausführlich wiedergegeben, weil sich darin auch der Wissens- und Bewußtseinsstand »vor Freud« abbildet. (Es dürfte dabei klar geworden sein, daß Amann selbst den alten Hysteriemythen nicht mehr anhängt.)

Bemerkenswert ist, wie Amann in seinem Rückblick auf den vergangenen Mythos dessen ordnende Kraft für das Krankheitsverständnis und die Krankheitssystematik einschätzt: Das alte Vorurteil ist verantwortlich für die relative Eigenständigkeit und Abgegrenztheit der Hysterie von den Geisteskrankheiten. Ob wir Amann darin folgen sollten, mag offen bleiben. Ob hier die Macht der vereinfachten Erklärung im Spiele war oder nicht vielmehr die Wahrheit des Zusammenhangs von Hysterie und Sexualität, eingehüllt ins Märchen vom »wütenden Tier«, ist leichthin nicht zu entscheiden. Die Art und Weise, wie das Mittelalter mit der Hysterie umgegangen ist und wie es umstandslos »alle hysterischen Wahn- und Blödsinnigen« mit »Folter und Scheiterhaufen behandelt« hatte, legt allerdings eine bestimmte Deutung nahe: Es geht um die Abwehr der Bedrohung sozialer Normen. Kurzum, schon in den alten Hysteriemythen und im Geheimnis, das diese Krankheitsgruppe aus dem vielfältigen seelischen Elend hervorhob, erscheint die Freudsche Zentralannahme eines Zusammenhangs von Leiden, Sexualität und Trieb eigentümlich vorweggenommen. Zugleich läßt Amanns Text erkennen, wie sehr in den vorangegangenen dreihundert Jahren die Auseinandersetzung zwischen medizinischen Erklärungen und mythischen Bildern hin und her schwankte.

»So erfahren wir von Lepois, einem Forscher [des 17. Jahrhunderts], daß der Sitz der Krankheit ausschließlich im Gehirn anzunehmen sei, denn das Gehirn, so sagt er, ›präsidiert der Ausübung aller freiwilligen Bewegungen, der Sensibilität und der Gedanken‹. Auch Sydenham, Willis und Boerhaave (1600–1680) nahmen das Gehirn als den Sitz der Hysterie an und fanden Anhäufungen seröser Flüssigkeiten in den Hirnhöhlen bei Leichen Hysterischer, wie andere Autoren Abnormitäten im Uterus, in den Eierstöcken, im Magen oder Darmkanal, je nach ihrer speciellen Ansicht fanden. Highmore dachte sich die Hysterie durch die Lungen, wie die Hypochondrie durch die schlechte Beschaffenheit des Magens bedingt.
Nach Dumoulin (1703) ist Hysterie und Hypochondrie vollkommen gleichbedeutend. Den Globus hystericus hält er für einen convulsivischen Zustand der Eingeweide: zuweilen aber scheine die Kugel sich unter der Haut zu befinden und von der

Schamgegend gegen den Hals aufzusteigen und sei dann durch aufeinander folgende Contractionen der daselbst liegenden Muskel entstanden. [...] Raulin (1759) läßt die Hysterie bald von diesem, bald von jenem Organe ausgehen, je nach dem Betreffenden Symptome. Robert Whytt (1764, Edinburgh) dünkt es sehr wahrscheinlich, daß die ›unregelmäßigen Sympathien‹ und viele andere, deren Ursachen gleich dunkel seien, von der allgemeinen Sympathie, die sich durch das ganze Nervensystem erstrecke, herkommen. Hysterie und Hypochondrie hält er für identisch und der Umstand, daß das weibliche Geschlecht hysterischen Zufällen häufiger, plötzlicher und heftiger unterworfen sei, als das männliche den hypochondrischen, findet nach ihm seine Erklärung in der zarteren Leibesbeschaffenheit, geringeren Bewegung und in einem besonderen Zustande der Gebärmutter. Hoffmann (System. med. Tom. III) weicht von der Ansicht der meisten seiner Zeitgenossen ab, indem er annimmt, daß Hysterie und Hypochondrie, man möge deren Zufälle, Ursachen oder Ausgänge betrachten, zwei ganz verschiedene Krankheiten sind. Merkwürdig ist, daß noch Luyer-Villermay in seinem Werke: Traité des maladies nerveuses et vaporeuses, Paris, 1816, den Uterus und die geschlechtliche Enthaltsamkeit als die exclusive Ursache der Hysterie anklagt, während 200 Jahre früher Lepois, Piso, dann Willis und Vieussen (1681) den ursprünglichen und exclusiven Sitz der Krankheit im Gehirn annahmen und dieselbe, welche der Epilepsie gleiche, als idiopathisch auffaßten.« (50)

Ganz so geradlinig ist die Entwicklung insgesamt freilich nicht verlaufen. Die Hysterie hat sich als Krankheit so eigenständig nicht durchgehalten (tatsächlich ist sie der Entdifferenzierung in den Zucht- und Arbeitshäusern nicht entgangen); auch ist die Verflechtung der Hysterie mit Hexenwahn und Besessenheit zweifellos komplizierter, und sicherlich ist die Gruppe der Opfer des Hexenwahns vielfältiger und keineswegs so »pathologisch«, wie Amann annimmt. So kann heute nicht mehr daran gezweifelt werden, daß sich die Hexenverfolgung aus unterschiedlichen Irrationalismen, Motivationen und Kalkulationen speiste und daher sehr heterogene Opfer traf. Die »ländlichen Hexen« der europäischen Waldgebiete z. B. lassen sich ebensowenig umstandslos den Hysterikerinnen zuordnen wie die Zauberinnen der verfolgten Indiokulturen (51), in denen eine ganz andere »Irrationalität« zu Wort kam als die des Verdrängt-Anstößigen. Diese Hexen repräsentierten ein normwidriges Geheimwissen, sie vertraten die Regeln verbotener Lebensentwürfe. Für sie gilt, wie Bovenschen anmerkt: »Aber die Völker waren, wie Freud einmal sagte, ›schlecht getauft‹. An Form und Inhalt der scholastischen Logik war nur das gelehrte Denken geschult. Die Hypothese eines Zusammenhanges von heidnischen Furchtbarkeits- und Erdkulten mit dem Hexenglauben (schon Jacob Grimm vernahm in den Hexensabbaten Nachklänge heidnischer Kultvorgänge – die ehemalige Existenz matristischer Gesellschaften konnte ihm allerdings noch nicht bekannt sein) kann demnach einige Plausibilität für sich beanspruchen. ›Die Verbindungslinien, die das spätere Hexenwesen über Vegetationszauber und Vegetationskult zurück auf den Erdmutterglauben hinführen, werden uns besonders dicht erscheinen, wenn wir die Dokumente aller Zeiten, namentlich auch der eigentlichen Hexenprozesse, daraufhin beobachten, wie unendlich oft gerade der Feld- und Früchtezauber – und auch der Liebes- und menschliche Fruchtbarkeitszauber gehört in diesen Bereich –, wie unendlich oft gerade diese Züge erwähnt werden; sie stellen von den ältesten Zeiten bis heute eine ununterbrochene Bahn dar.‹« (52) Eben weil die innige Verflechtung von Hexenverfolgung und Ketzerverfolgung auf das »Auseinandertreten von institutioneller und symbolischer Ordnung in Zeiten gesellschaftlicher Krisen« (53) hindeutet, rechtfertigen die Phantasien der Verfolger und die Auskundschaftung verräterischer Stigmata an den Körpern der Opfer nicht umstandslos deren Zuordnung zur Hysterie. Wohl aber finden wir auf der Seite der Richter Elemente einer Pathologie – freilich nicht der Hysterie, sondern des Wahns. Auch wenn Heinsohn, Knieper und Steiger (im Zug ihrer Deutung der Hexenverfolgung als »bevölkerungspolitischer« Strategie im Dienste einer »Menschenproduktion«) bei einem der großen Promotoren der Hexenverfolgung im 16. Jahrhundert, dem Antwerpener Staatsrechtslehrer Jean Bodin, eine furchtbare Rationalität, nämlich eiskalte Kalkulation am Werk sehen – »Die Verwunderung über seinen Irrationalismus, die bis heute in die Bewunderung für seinen Rationalismus gemischt ist, resultiert also aus dem Unverständnis vor der ›Hexerei‹, die für Bodin identisch mit Geburtenkontrolle ist. Seine Befürwortung der Folter ist nicht irrational, sondern gerade furchtbarer Ausdruck seiner gefeierten Rationalität, fördert sie doch die zahlreichen chemischen und physikalischen Praktiken der Nachwuchsverhütung zutage, gegen welche die päpstlichen Dekrete gerichtet sind« (54) –, so ist bei der Einschätzung »solcher Rationalität« eine scharfe Differenzierung geboten zwischen »objektiver Zweckhaftigkeit« einerseits und der »subjektiven« Umsetzung des Objektiven in den Köpfen der Akteure andererseits. Wie immer es mit den objektiven Bedingungen von Bodins Denken und Handeln stand, »subjektiv« war er im System des Hexenwahns befangen. Für die Exekutoren seiner Anweisungen jedenfalls gilt, daß sich in ihnen der kollektive Wahn in eine Persönlichkeitsdestruktion mit »subjektiver Wahngewißheit« übersetzt hat. Schon Michelet hat das vermutet:

»Von dieser Abscheulichkeit stammen zwei Dinge ab, sowohl in bezug auf das Recht als auf die Logik. Der Richter ist seiner Sache stets sicher; derjenige, den man ihm zuführt, ist gewiß schuldig, und wenn er sich verteidigt, noch mehr. Das Gericht braucht nicht etwa sehr zu schwitzen, sich sehr den Kopf zu zerbrechen, um das Wahre vom Falschen zu unterscheiden; im ganzen geht man von einer abgemachten Sache aus. Der Logiker wie der Scholastiker hat nur die Seele zu analysieren und sich über die Nuancen Rechnung abzulegen, die sie durchmacht, über ihre Zusammensetzung, über ihre innern Gegensätze und ihre Kämpfe. Er hat nicht nötig, wie wir, sich zu erklären, wie diese Seele von Stufe zu Stufe lasterhaft werden konnte. Dieses Umhertappen im Finstern, diese Feinheiten, wenn er sie aufklären könnte, oh, wie würde er lachen, wie den Kopf aufwerfen und wie dann seine hoffärtigen Ohren, mit denen sein leeres Haupt geziert ist, mit Anmut sich bewegen würden.« (55)

Rudolf Leubuscher hat in seinem 1848 publizierten Buch *Der Wahnsinn in den vier letzten Jahrhunderten, nach dem Französischen des Calmeil* die konvergierende Einstellung bei den Opfern folgendermaßen umrissen:

»Von Gott und Menschen verlassen, ihrer unwissenden Mitwelt ein Greuel, sich selbst ein Räthsel, unter den Beängstigungen ihrer eigenen Phantasie, Gefängniss, Folter, Schindersknechte, Feuer, Tod, Hölle, ewige Verdamniss vor den Augen und im Herzen, geriethen sie öfters mit sich selbst in Streit und in einen Zustand der Verwirrtheit und Gemüthszerstörtheit, der Erbarmen erregt.« (56)

Bei einem Teil der Opfer führten »Verwirrtheit und Gemüthszerstörtheit« zu der verzweifelten Einsicht in die Unmenschlichkeit und Gottlosigkeit der Verhältnisse, wie uns der Brief des zum Feuertod verurteilten Bamberger Bürgermeisters Johann Junius (57) und die Affäre Brand in den Akten der Büdinger Hexenprotokolle (58) zeigen; bei einem anderen Teil jedoch mag, korrespondierend zum Wahn der Richter, mittels der Folter oder auch, wie in England, mit milderen Mitteln ein Wahn der Opfer erzeugt, mag eine *folie à deux* hergestellt worden sein. So oder so, Inquisitor und Hexe mußten sich auf eine gemeinsame Schuldformel »einigen«, wobei es in der Hexeninquisition nie ums bloße Schuldeingeständnis ging, sondern vielmehr detaillierte szenische Darstellungen erbracht werden mußten. Zwar diente dies nicht zuletzt dem Zweck, weitere Schuldige zu generieren, aber zweifellos geschah es auch, um den szenischen Erwartungen, d. h. den genauen inhaltlichen Erwartungen der Inquisitoren Genüge zu tun. Der Wahn der Inquisitoren kreiste um die sexuelle Thematik in den vielfältig variierten und zugleich stereotypen Bildern der »Teufelsbuhlschaft«. Die Imagination der Inquisitoren spielte mit »incubus«, »succubus«, mit hetero- und homosexuellen Exzessen, wobei wir nicht vergessen dürfen, daß eben diese »Teufelsbuhlschaft« auch die Übereinstimmung zwischen Hexen- und Ketzerprozessen herstellte. Der ideologische Terror gegen abweichendes Bewußtsein verschmilzt, je mehr er sich den Leibern der Aufsässigen nähert, mit dem Hexenwahn, so wie umgekehrt die Erschütterung der sozialen und kulturellen Weltordnung bei den Ketzern sich immer wieder in »sexuellen« Rebellionen, asketischer Selbstdestruktion, Grenzüberschreitungen am eigenen Leibe Ausdruck verschafft. Der Inzest und alle Formeln der »Sexualentwicklung« (wie die Psychoanalyse später sagen wird) treten denunziert und veröffentlicht in perverser Verkehrung auf: vom

»Kinderfressen« bis zu einem weit aufgefächerten Spiel analer Lüste und Ängste in kollektiven Phantasien. Leubuscher meint dazu:

»Kleine Teufel ohne Arme spielen beim Sabbat mit den Hexen und werfen sie in's Feuer, wovon sie aber Nichts spüren, weil sie mit der Salbe aus dem Fleisch kleiner Kinder bestrichen sind, wie überhaupt der Teufel seine Zauberer und Hexen vielfach durch Feuer durchjagt, um sie gegen die Scheiterhaufen der menschlichen Gerichte und gegen das ewige Feuer der göttlichen Gerechtigkeit vorläufig abzustumpfen. Dann kommt das Essen. Die Tische sind mit sehr schmutzigen Tüchern bedeckt, und die Gerichte bestehen hauptsächlich aus Kröten, Aas und Menschenfleisch. Dann kommt eine teuflische Nachahmung der Messe. Es wird von dienenden Dämonen ein Altar aufgerichtet und alle zur Messe nothwendigen Geräthschaften herbeigetragen; der Teufel erscheint im vollen Ornate, die neben ihm sitzende Königinn hält ein Bild mit seiner Gestalt in den Händen und reicht es den Gläubigen zum Kusse. Der Teufel liest die Messe ab und ermahnt die Zuhörer, niemals zum Christenthum zurückzukehren; er verspricht ihnen ein viel schöneres Paradies, als das für die Christen bestimmte. Endlich theilt er auch das Abendmahl aus, aber die Oblaten (*ce qu'il donne à manger*) sind schwarz, von zusammenziehendem Geschmack, schwer zu kauen und herunter zu schlingen, die Flüssigkeit ist schwarz, bitter und Ekel erregend. Das Ende der Feierlichkeit besteht in einer ungemein sinnlichen Vermischung, nachdem vorher noch bei dem Schalle einer Leier, Trompete oder Trommel getanzt worden ist. Die meisten Hexen werfen bei dem Tanze ihre Kleider ganz ab; nur die schamhaftesten behalten noch ein weit ausgeschnittenes Hemde an.« (59)

Im szenischen Geständnis, in den Szenen der Tortur, die dem Geständnis vorangingen, ebenso wie in der nachfolgenden Exekution wurde das Verbotene an den Körpern der Opfer festgemacht und »erledigt«. Wir werden sehen, daß die Verknüpfung von Leiblichkeit und sozialer Norm im Geständnis das schauerliche Vor-Spiel jener Problemwahrnehmung war, aus der dann die Psychoanalyse hervorgegangen ist. Beachten wir aber: Die

Geständnisse bringen nicht unterdrückte Wünsche zum Vorschein, sondern Symptome, in denen die Befriedigung in Qual verkehrt wird, das Individuelle ins erbarmungslose Stereotyp gepreßt ist und durch die aufgezwungenen Imaginationen die Selbstentfremdung der Opfer bis zum psychotischen Zerfall der Persönlichkeit getrieben wurde. Ein anderer Umstand verbindet sich damit und exponiert zumal die *folie à deux* zwischen Opfer und Inquisitor als das infernale Gegenbild dessen, was nachmals die Psychoanalyse charakterisieren sollte. Den Platz freier Selbstdarstellung – später einmal das Kennzeichen der Psychoanalyse – nimmt hier die Unfreiheit einer erzwungenen Inszenierung durch die Inquisitoren ein. Anstelle der intimen Verschränkung von Übertragung und Gegenübertragung steht der erzwungene Rapport zwischen Opfer und Inquisitor.

Freilich ereignet sich sowohl die abgepreßte Rollenübernahme durch die Verdächtigen als auch die erzwungene *folie à deux* von Inquisitor und Opfer nur bei den Hexenprozessen, nicht bei den von den Besessenen ausgelösten Verfolgungen. Blieben die vom Hexenwahn erfaßten Frauen (und Männer) zumeist passive Opfer der Wahnakteure, so waren die Besessenen selbst aktiv, flammte in ihnen die »psychische Epidemie« in einer Weise auf, die den Vergleich mit den Symptomen der Hysterie herausfordert. Das 19. Jahrhundert wird deshalb ohne Umschweife von »Hysterodämonopathie« sprechen. Leubuscher berichtet von einer Nonne aus dem 16. Jahrhundert:

»Magdalene a Cruce scheint eine der Ersten zu sein, die schon den ganzen Komplex der nervösen Erscheinungen der Hysterodämonopathie darbietet: Erscheinungen, die später in den Nonnenklöstern eine epidemische Verbreitung zeigten. Erst in dem Augenblicke, als Magdalene, die man sterbend glaubte, die letzte Oelung empfangen soll, versetzt sie die Annäherung des Sakraments in Zuckungen. Die Erscheinung wiederholt sich öfter, daß im Augenblick der Beichte heftige nervöse Krisen eintreten. Magdalene hat seit ihrer frühesten Jugend Hallucinationen, die sie lange Jahre hindurch zu verbergen weiß, die, anstatt ihr zu schaden, nur dazu beitragen, ihren Ruf als Heilige zu erhöhen. Die geschlechtlichen Sensationen spielten, wie in den meisten Fällen von Hysterie, auch bei Magdalene eine große Rolle; sie bildeten sich von Illusio-

nen des Gefühls zu Illusionen des Gesichts und Gehörs fort; sie sah und hörte ihren buhlerischen Geliebten.« (60)
Und noch ein Unterschied ist wichtig: Waren die Verfolgten der Hexeninquisition dazu ausersehen, Bekenner der »Teufelsbuhlschaft« *und* Opfer der Inquisition zu sein, so spalteten die Inszenierungen der Besessenheit die Rollen auf und fügten der Zweiheit von Inquisitor und Geständigem eine dritte Person als Opfer hinzu: »Überall steht die Unzucht im Mittelpunkt, überall sind es Nonnen oder Töchter aus der besten Gesellschaft wie in Chinon, die einen Mann anklagen, der sie verführt hat oder haben soll.« Berühmt geworden sind der Prozeß gegen den Priester Gauffridi, der auf die Aussage besessener Nonnen hin 1610 verbrannt wurde, und der Prozeß gegen den Priester Urban Grandier, der den »Besessenen von Loudun« zum Opfer fiel:

»Bald darauf wurden Jeanne von Belfiel und Klara von Sazilli von heftigen hysterischen Convulsionen befallen; bei der letztern waren zu gleicher Zeit alle religiösen und sittlichen Gefühle fast erloschen. Diese Zufälle werden dem Einflusse des Teufels zugeschrieben, und man fängt an, ihn mit Exorcismen zu bekämpfen. Am 11. Oktober 1632 sind der Bailli und der Civilkommissarius von Loudun zum ersten Male Zeugen bei den Convulsionen der Priorinn und einer Laienschwester. Jeanne de Belfiel stösst ein heftiges Geschrei aus und windet sich in ihrem Bette auf die seltsamste Weise, als wenn sie des Gebrauchs ihrer Sinne ganz und gar beraubt wäre. Seit der Zeit wiederholen sich täglich die wunderlichsten Zufälle. Die eine Nonne provocirt die Exorcisten durch schamlose Bewegungen und unzüchtige Reden; eine andere liegt auf dem Bauche, die Arme auf dem Rücken gekreuzt und die Beine bis zum Kopfe hinaufgehoben, und in dieser Stellung bewegt sie sich auf der Erde mit grosser Schnelligkeit fort; eine andere schlug mit ihrem Kopfe gegen ihre eigene Brust und Schultern. Dabei stiessen sie ein Geheul wie wilde Thiere aus, die Zunge hing ihnen oft lang aus dem Munde; manche wurden in ihren Anfällen ganz starr, aber so biegsam wie Blei, so dass man sie nach vorn, nach hinten, seitwärts biegen konnte, bis der Kopf die Erde berührte, und sie blieben so lange in solch' unnatürlicher Stellung, bis sie ein Anderer wieder in die Höhe richtete (Katalepsie).« (61)

»Im Mai 1635 kam Gaston von Orléans, der Bruder Ludwigs XIII., nach Loudun, um sich persönlich von dem Zustande der Nonnen zu überzeugen; er wohnte mehreren Sitzungen der Exorcisten bei, wo die Priorinn besonders bei den Exorcismen des Pater Surin in die wunderlichsten Convulsionen verfiel; auch die Schwester Agnes zeichnete sich durch ihre Verdrehungen aus, bei denen sie unter Anderm einen Fuss von hinten her über den Kopf weg bis zur Stirn brachte, so dass die Zehen beinahe die Nase berührten.« (62)
Noch ein drittes Merkmal tritt an der Besessenheit hervor – die religiöse Verschleierung der Sexualität wird durchsichtiger, so durchsichtig, daß Leubuscher in einer Fußnote – 1848! – den folgenden Schluß ziehen kann:
»Mir scheint die Bemerkung, daß der Teufel einen Pakt mit einer Hexe gemacht, darauf hinzudeuten, wie sich vielleicht auch bei Surin geschlechtliche Beziehungen in den Wahn der Besessenheit einmischten. Es ist eine durchgehende Erscheinung, daß die besessenen Weiber Männer, die besessenen Männer aber Weiber anschuldigen.« (63)
Aufschlußreicher noch als diese Bemerkung ist eine von Leubuscher dem Abschnitt »Hysterische Convulsionen, Nymphomanie und Dämonopathie . . .« hinzugefügte und kommentierte Krankengeschichte, in welcher zudem der Mechanismus der Projektion präzis durchgezeichnet ist:
»Als Anhang zu der Nymphomanie der Nonnen mag noch ein anderer Fall von Erotomanie, den Wier beobachtet, Platz finden (l. c.). Einem Mädchen, welches einer vornehmen Dame im Kloster diente, war ihr Geliebter untreu geworden, wodurch sie tief erschüttert und traurig wurde. Als sie sich einmal eine Strecke weit vom Kloster entfernt hatte, so trat ihr ein Dämon unter der Gestalt eines schönen Jünglings entgegen, sprach schmeichelnd zu ihr, erzählte ihr alle Geheimnisse ihres früheren Geliebten, die Gespräche, die er mit einer Andern geführt, unterstützte sie freundlich auf einem schwierigen Wege und lud sie endlich ein, ihn an einen gewissen Ort zu begleiten. Wie aber soll ich dahin gelangen, fragte das Mädchen, wo nur Sümpfe sind? Da verschwand Jener plötzlich und das Mädchen fiel in Raserei, wo sie fortwährend von einem Dämon sich verfolgt glaubte, der sie durch das

Fenster entführen wollte. Sie wurde vollkommen geheilt und heirathete ihren frühern Geliebten. Wier sagt, daß der Teufel die ihm so günstige Gelegenheit, den meditabundus animi moeror ab amoris impotentiam zu einem Streiche benutzt habe. Wir erkennen den Fall als eine Erotomanie mit einer Hallucination. Daß nicht eine wirkliche Begebenheit, etwa ein Mann, der dem Mädchen aufgelauert, dahinter gesteckt habe, schließe ich aus der Seltsamkeit der Erscheinung; der Mann giebt einen Sumpf als den Ort der Zusammenkunft an, er verschwindet plötzlich; endlich, der Hauptinhalt seines Gesprächs ist die Mittheilung der Liebkosungen, die der Ungetreue einer Andern zugewendet. Das sind gerade die Gedanken, die das trauernde Gemüth des Mädchens mit sich herumträgt, sich zur eigenen Qual ausmalt, die es nach außen hin als einen lebendigen Mann verkörpert!« (64)

In unserer Skizze der Geschichte des Wahns haben wir dargelegt, wie der religiös bestimmte Umgang mit dem Wahnsinn von einer säkularisierten administrativen »Erledigung des Problems« in den Verwahranstalten des Unglücks abgelöst wurde. Eine vergleichbare Säkularisierung findet sich bei der Verfolgung von Hexen und Zauberern. Zwar verbleibt die Hexenverfolgung, solange sie andauert, im Bereich religiöser Deutung – zumindest dem Scheine nach; die Säkularisierung kündigt sich aber im Wechsel der leitenden Schriften an – der *Hexenhammer* der Dominikaner Sprenger und Institoris wird durch die Schriften des Juristen Jean Bodin ersetzt, als Gutachter werden – über die Konfessionsgrenzen hinweg – die juristischen Fakultäten angerufen. Organisation, Verwaltung des seelischen Elends und die Beherrschung der Betroffenen gehen zunehmend aus den Händen der Priester in die der Juristen über. Auch da bedeutet juristisch-administratives Handeln keineswegs schlechthin Humanisierung. Wohl enthält die Säkularisierung Momente wirksamer Aufklärung:

»Ein erster Lichtstrahl erscheint schon in der Mitte des 15. Jahrhunderts und geht von Frankreich aus; die Untersuchung des Prozesses der Johanna von Orléans durch das Parlament und ihre Rehabilitierung ließen dem Nachdenken über die Geschäfte der guten oder bösen Geister, über die Irrtümer der geistlichen Tribunale Raum. Johanna von Orlé-

ans, die bei den Engländern, bei den größten Gelehrten des Baseler Konzils für eine Hexe galt, war für die Franzosen eine Heilige, eine Sibylle. Ihre Rehabilitierung eröffnet bei uns eine Ära der Toleranz. Das Pariser Parlament rehabilitiert auch die angeblichen Waldenser von Arras; im Jahr 1498 schickt es einen Zauberer, den man ihm überliefert, als einen Narren fort, und unter der Regierung Karl VIII., Ludwig XII. und Franz I. gab es keine Verurteilung.« (65)
Die Radikalität einer rationalistischen Systematisierung der Vorurteile und die vollständige Verfügung über die Rechtsobjekte können jedoch, wie bei Bodin, in einen nun durch keine Einschränkung mehr gehemmten Gewaltexzeß münden. Michelet schreibt darüber:
»Agrippa und andere behaupten, daß jede Wissenschaft in der Magie sei; in der natürlichen Magie zwar, aber das Entsetzen der Narren und die Wut des Fanatikers machen darin wenig Unterschied. Es entwickelt sich aber gegen Wyer und gegen die wahren Gelehrten, gegen Aufklärung und Toleranz eine heftige obskurantistische Reaktion von einem Ort her, von wo man es am wenigsten erwartet hätte. Unsere Magistrate, die sich seit beinahe einem Jahrhundert aufgeklärt, gerecht zeigten, sind jetzt, in großer Anzahl in das Catholicon d'Espagne und in die Furie der Liga verstrickt, ärgere Priester, als die Priester selbst; während sie die Inquisition Frankreichs verwerfen, tun sie es ihr gleich und möchten diese verdunkeln, so daß das Parlament von Toulouse auf einmal 400 menschliche Körper auf den Scheiterhaufen liefert. Man stelle sich das Entsetzen, den schwarzen Rauch von so viel Fleisch und Fett vor, das unter durchdringendem Geschrei und Geheul in schaudererregender Weise schmilzt und kocht! Ein gräßliches und ekelhaftes Schauspiel, das man seit dem Rösten und Braten der Albigenser nicht mehr gesehen hatte!
Aber dies alles ist für Bodin, den Antwerpener Rechtsgelehrten, den heftigen Gegner von Wyer, noch viel zuwenig; er beginnt damit, daß er sagt, die Hexen seien so zahlreich, daß sie in Europa eine Armee des Xerxes von 1 800 000 Mann herstellen könnten. Nachher drückt er in der Weise des Caligula den Wunsch aus, daß diese zwei Millionen Menschen

vereinigt sein möchten, damit er, Bodin, sie mit einem Male verurteilen und verbrennen könne.
Dazu mischt sich nun noch die Konkurrenz. Die Rechtsgelehrten sagen, daß der Priester, oft zu eng mit der Hexe verbunden, kein sicherer Richter mehr sei, und in der Tat scheinen die Juristen für einen Augenblick noch sicherer zu sein«. (66)
Die Bemerkung, »daß der Priester oft zu eng mit der Hexe verbunden...«, deutet auf eine eigenartige Umkehrung des – in seinen Gründen ja ekklesiogenen – Terrors hin. Zunehmend werden nun Priester – einzelne Priester – zu Fürsprechern der Verfolgten, wobei diese Anteilnahme einen aufschlußreichen Grund hat. Das Pastorale kommt als »verstehende Intimität« des Beichtvaters ins Spiel – eine Vorwegnahme methodischer Grundmerkmale der Psychoanalyse. Die Bedeutung der »verstehenden Intimität des Beichtvaters« zeigt sich exemplarisch und ausdrücklich bei einem der großen Kämpfer gegen den Hexenwahn: Friedrich von Spee. Neuere Autoren vermuten die ersten Anstöße zu Spees Ausbruch aus dem Kollektivwahn in seiner seelsorgerlichen Tätigkeit während der Zeit der Verfolgung in Paderborn. Die Zeitgenossen datierten seine Erfahrungen in die Periode der Würzburger »Hexenbrände«, so Leibniz in einem Brief 1697 (65 Jahre nach Erscheinen des Speeschen Buches):
»Wer der Verfasser des mit Recht berühmten, ›Cautio criminalis in processu contra sagas‹ betitelten Buches gewesen ist, habe ich aus dem Munde des Hochwürdigsten Kurfürsten Johann Philipp von Mainz erfahren. Es war Friedrich Spee, Priester der Gesellschaft Jesu, aus einer adligen Familie Westfalens und ein Mann von besonderer Frömmigkeit und Gelehrsamkeit. [...] Dieser große Mann versah im Fränkischen das Amt des Beichtvaters gerade damals, als im Würzburger und Bamberger Gebiet viele Angeklagte unter der Beschuldigung, verbrecherische Hexerei getrieben zu haben, verbrannt wurden. Johann Philipp von Schönborn, später Bischof von Würzburg und nachmals Kurfürst von Mainz, [...] wurde als junger Mensch gelegentlich mit ihm bekannt, und als der Jüngling fragte, woher der gute Pater graueres Haar habe als seinem Alter zukomme, da sagte jener, das habe er von den Hexen bekommen, die er zum Scheiterhau-

fen geleitet habe. Da Schönborn sich verwunderte, löste Spee ihm das Rätsel. Er habe mit vielem Eifer nachgeforscht, auch Macht und Einfluß der Beichte aufgeboten und doch bei keinem von all denen, die er zum Holzstoß begleitet habe, irgend etwas entdeckt, das ihn davon hätte überzeugen können, daß sie zu Recht der Hexerei beschuldigt waren. Die Einfältigeren von ihnen hätten sich, wenn er sie in der Beichte ausgefragt habe, zuerst aus Furcht, erneuten Folterqualen ausgeliefert zu werden, als Zauberer bezeichnet; nachdem sie aber Vertrauen gefaßt hätten, da sie merkten, daß sie von ihrem Beichtiger nichts Derartiges zu fürchten brauchten, hätten sie dann alles ganz anders geschildert. Alle hätten sie mit schrecklichem Wehklagen entweder die Unwissenheit oder die Bosheit der Richter sowie ihr eigenes Elend bejammert und hätten noch sterbend Gott zum Zeugen ihrer Unschuld angerufen. Dies jammervolle, so viele Male wiederholte Schauspiel habe ihn so sehr erschüttert, daß er vor der Zeit gealtert sei. Da er im Laufe der Zeit mit Schönborn vertrauter geworden sei, habe er auch nicht verheimlicht, daß er der Verfasser jenes Buches sei.« (67)

Gleichgültig, ob diese Darstellung in allen Einzelheiten stimmt, uns interessiert an ihr die Freilegung der Wahrheit durch verstehendes Sich-Einlassen auf konkretes individuelles Erleben. Wir fügen hinzu, daß auf der anderen, zukunftweisenden Seite des Einspruchs gegen den Hexenwahn: der medizinischen Deutung, sich Vergleichbares abspielt:

»Um das Jahr 1560 litten fast alle Nonnen in dem Kloster Nazareth in Köln an heftigen hysterischen Anfällen. 1564 nahmen die Anfälle an Heftigkeit zu; sie warfen sich oft auf den Rücken und machten ganz gemeine Bewegungen. Eine junge Nonne, Namens Gertrude, die seit ihrem vierzehnten Jahre im Kloster eingeschlossen war, war zuerst von der Nymphomanie befallen worden. Sie glaubte, mit einem Incubus Umgang zu haben, und obwohl sie sich mit einer heiligen Stola zudeckte, um die fleischliche Annäherung des Dämons abzuhalten, konnte sie gewisse schimpfliche Bewegungen doch nicht unterlassen. Die zunächst Befallene war ihre Bettnachbarinn; sie bekam fürchterliche Convulsionen und schwatzte unverständliches Zeug durcheinander und that als

ob sie verdammt wäre. Von da kroch die Ansteckung weiter. Wier, der die Sache selbst an Ort und Stelle untersucht hat, erklärt sie für Wahnsinnige. Er fügt die Vermuthung hinzu, daß junge Männer sich früher in's Kloster eingeschlichen und mit den Nonnen Umgang gehabt hätten, und daß ihre spätere Entfernung und Ausschließung aus dem Kloster die eigenthümliche Form der Paroxysmen bei den Nonnen hervorgerufen.« (68)
Bemerkenswert ist, daß in beiden Fällen, der priesterlichen und der ärztlichen Befreiung aus dem kollektiven Wahn, das Verstehen der Betroffenen sich mit einem differenzierten theoretischen Bewußtsein verbunden hat – dort Theologie, hier Medizin. Die Durchschlagskraft der medizinischen Erkenntnisse gründet offenbar in der Vermittlung konkreter Erfahrung mit medizinischer Theoriebildung. Leubuscher schreibt von Lepois (auf den uns schon Amann aufmerksam gemacht hatte):
»Die großen Verdienste, welche Charles Lepois sich um die Pathologie der Gehirnkrankheiten erworben hat, auf die aufmerksam zu machen Boerhave vorbehalten blieb, zeigen sich besonders in den Kapiteln, wo er über die konvulsiven Erscheinungen der Hysterie handelt, die er mit der Epilepsie in Zusammenhang bringt. Die verschiedenen Zustände des Muskelsystems, die Störungen der Sinne, der intellektuellen und affektiven Thätigkeiten werden mit grosser Genauigkeit beschrieben. Mit grosser Bestimmtheit wird der Satz hingestellt, dass alle funktionellen Störungen bei der konvulsiven Hysterie nur von einem krankhaften Zustande des Gehirns abhängen können, weil das Gehirn zu gleicher Zeit das Centralorgan der Motilität, der Sensibilität und der Denkthätigkeit ist. Bei dieser Ansicht kann an die Besessenheit gar nicht mehr gedacht werden; sie beantwortet zugleich die Frage, dass die Männer ebenso gut wie die Frauen von hysterischen Konvulsionen befallen werden können, dass es nicht blos die Geschlechtsorgane bei den Frauen seien, welche der Sitz der hysterischen Zufälle sind. Car. Piso hat versucht, an den Leichen die Existenz der Alterationen nachzuweisen, welche Störungen der Innervation hervorbringen.« (69)
Im Kampf gegen die Dunkelmänner in Kirche und Staat, gegen Inquisition und Hexenrichter, aber auch in der Konkurrenz mit

einer menschenfreundlichen Seelsorge setzt sich allmählich die medizinische Deutung durch. Die Medizinalisierung der Besessenheit schreitet im 18. Jahrhundert schnell voran. Die religiöse Interpretation weicht Zug um Zug der medizinischen Aufklärung, wobei im Rahmen der »Hysterodämonopathie« die Säkularisierung (anders als beim Wahn) alsbald in die Medizinalisierung einmündet. Der Konflikt spielt sich unmittelbar zwischen Priester und Arzt ab, so auch während der letzten großen Welle von Besessenheit und Exorzismus, der Auseinandersetzung zwischen dem Exorzisten Gassner und dem Arzt Mesmer. Bernheim gibt eine sehr eindrucksvolle Schilderung von Handeln und Wirkung des Paters Gassner:

»In Deutschland entwickelte der schwäbische Geistliche Johann Josef Gassner um das Jahr 1774 eine merkwürdige Heilkraft, welche ihm Jahre hindurch verblieb. Er wendete den Exorcismus bei allen Kranken an, die er nach gewissen von ihm vorgenommenen Proben auf Dämonen zurückführen musste. Seine Probe bestand wesentlich in einer Beschwörungsformel, der er das Zeichen des Kreuzes beifügte. Wenn Satan durch drei aufeinander folgende Herausforderungen dieser Art nicht mit der Erzeugung von Anfällen antwortete, so schloss Gassner, dass die Krankheit natürlichen Ursprungs sei und überliess sie den Fachleuten. [. . .] Ich entlehne der Geschichte der Wunder von Figuier einen Bericht über eine Beschwörungsscene, welche Gassner vor zwanzig angesehenen Personen an einem hysterischen Mädchen vorgenommen. [. . .]

Gassner begann damit, Emilie zu ermahnen, dass sie ihr Zutrauen auf Gott und Christus setzen möge, deren dem Dämon weit überlegenen Macht einzig und allein ihre Heilung zuzuschreiben sein werde. Er liess sie dann auf einem Stuhle ihm gegenüber Platz nehmen und redete sie mit folgenden Worten an (Emilie verstand Latein):

›Praecipio tibi in nomine Jesu, ut minister Christi et ecclesiae, veniat agitatio brachiorum quam antecedenter habuisti.‹ Darauf begannen Emiliens Hände zu zittern.

›Agitentur brachia tali paroxysmo qualem antecedenter habuisti.‹ Sie sank im Stuhle nach rückwärts und streckte in vollkommener Ohnmacht beide Arme vor sich aus.

›Cesset paroxysmus.‹ Sie erhob sich plötzlich von ihrem Sitze, schien gesund und heiter.

›Paroxysmus veniat iterum vehementius, ut ante fuit et quidem per totum corpus.‹ Der Anfall fing von Neuem an. Die Beine erhoben sich bis zur Höhe des Tisches, Finger und Arme wurden steif. Zwei starke Männer konnten ihre Arme nicht biegen. Die Augen standen offen, waren aber verdreht u. s. w. [...]

›Tremat ista creatura in toto corpore.‹ Allgemeines Zittern.

›Habeat augustias circa cor.‹ Emilie hob die Schultern in die Höhe, streckte die Arme von sich, verdrehte die Augen in einer erschreckenden Weise, verzerrte das Gesicht und ihr Hals schwoll an.

›Sit quasi mortua.‹ Ihr Gesicht wurde todtenbleich, ihr Mund öffnete sich weit, die Augen verloren jeden Ausdruck, ein Röcheln liess sich vernehmen, der Puls ging so schwach, dass der anwesende Chirurg ihn kaum verspüren konnte. [...]

›Sit irata omnibus praesentibus.‹ Sie erzürnte sich gegen alle Anwesenden.

›Surgat de sella et aufugiat.‹ Nach einer kleinen Weile erhob sie sich von ihrem Stuhle und ging zur Thüre.

›Sit melancholica, tristissima, fleat.‹ Sie begann zu schluchzen und Tränen flossen über ihre Wangen herab.

›Apertis oculis nihil videat.‹ Von da an antwortete sie mit offenen Augen auf die Frage, was sie sehe: Ich sehe nichts u. s. w.

Endlich nahm Gassner den Exorcismus vor. – Darauf gab er Emilien einige Unterweisungen, wie sie sich späterhin selbst vor der Krankheit bewahren könne, denn er besass die Gabe, seinen Kranken diese Fähigkeit mitzutheilen. Als er dann Emilie verliess, erklärte er allen Versammelten, dass Alles, was hier vorgegangen, nur durch die Gnade Gottes geschehen sei und nur zur Bekräftigung und Verherrlichung des Evangeliums dienen solle.« (70)

Mittlerweile war die Macht der religiösen Begründung bereits erschüttert; sie muß sich nun gegenüber der medizinischen rechtfertigen. Pater Gassner wird schließlich auf Drängen aufgeklärter Fürsten von seinen Oberen zurückgezogen. Nach Gassner und räumlich auf seinen Spuren, als Konkurrent, und

zwar als erfolgreicher Konkurrent, tritt ein Arzt auf, der die Krankheit ganz in medizinischen Kategorien faßt, wenngleich in Kategorien eigener Art: Franz Anton Mesmer (1734-1815), der Erfinder einer ärztlichen Praktik, die später Hypnose genannt wird. (Wir erreichen hier eine Linie, die direkt zu Freud führen wird.)
Franz Anton Mesmer wurde 1734 in einem Dorf am Bodensee als Sohn eines Wildhüters geboren. Von der Kirche entdeckt, begann er zunächst Theologie in Dillingen zu studieren, sattelte dann auf Medizin um und promovierte 1755 in Wien. Er heiratete 1767 eine reiche Witwe, in deren Haus Komponisten wie Gluck, Haydn, Mozart verkehrten. Bemerkenswerterweise war seine medizinische Dissertation eine Arbeit über den Einfluß der Planeten auf die menschlichen Krankheiten – womit wir schon die drei Umstände beieinander haben, die die Laufbahn Mesmers bestimmen sollten:
– der Zugang zur herrschenden Klasse, zu den Salons, in denen er seine aufsehenerregenden Erfolge haben wird,
– der Umgang mit Künstlern,
– die Verankerung seines Interesses im Grenzgebiet zwischen Magie und Medizin.
»In den Jahren 1773-1774 behandelte Mesmer in seinem Haus eine 27jährige Patientin, Fräulein Österlin, die an nicht weniger als fünfzehn anscheinend schwerwiegenden Symptomen litt. Er studierte die quasiastronomische Periodizität ihrer Krisen und konnte bald ihre Wiederkehr vorhersagen. Nun bemühte er sich, ihren Verlauf zu verändern. Es war gerade bekannt worden, daß einige englische Ärzte bestimmte Krankheiten mit Magneten behandelten und Mesmer hatte den Einfall, in seiner Patientin ein ›künstliches Hochwasser‹ zu erzeugen: Nachdem er sie ein eisenhaltiges Präparat hatte einnehmen lassen, befestigte er drei eigens entworfene Magneten an ihrem Körper, einen auf dem Bauch, die beiden anderen an den Beinen. Die Patientin begann alsbald zu fühlen, wie ungewöhnliche Ströme eines geheimnisvollen Fluidums durch ihren Körper abwärts flossen, und all ihre Beschwerden waren für ein paar Stunden weggeschwemmt. Dies geschah, wie Mesmer berichtet, am 28. Juli 1774; das war ein historisches Datum. Mesmer begriff, daß diese Wirkungen auf die Patientin un-

möglich durch die Magneten allein hervorgerufen worden sein konnten, sondern von einem ›wesentlich anderen Agens‹ ausgehen mußten; d. h. daß diese magnetischen Ströme in seiner Patientin durch ein Fluidum hervorgerufen wurden, das sich in seiner eigenen Person akkumuliert hatte; er nannte es ›tierischen Magnetismus‹. Der Magnet war nur ein Hilfsmittel zur Verstärkung dieses tierischen Magnetismus und gab ihm eine Richtung.« (71)

Die »geheimnisvollen« Erscheinungen werden als Krankheiten eingegrenzt, d. h. dem Kompetenzbereich der Religion und der staatlichen Reglementierung entzogen, von dem Verdacht der Sünde und des Verbrechens befreit. Fortan sind sie als Leiden erkannt, und ihre Behandlung vollzieht sich in der Spannung zwischen phantasievoll-halbmythischem medizinischen Wissen und praktischem Probieren. Wir werden noch sehen, daß genau diese Spannung zwischen Erkenntnis und Erfahrung die weitere Annäherung an die Quellen des Leids kennzeichnen wird. Vergessen wir dabei aber nicht, daß die Medizin damals noch weitgehend eine der Praktiker war, keine Medizin naturwissenschaftlicher Theorien, sondern Wissenschaft verstrickt mit halb mythischen Begriffssystemen. »Mesmers System, wie er es 1779 in 27 Punkten darlegte, läßt sich in vier Grundprinzipien zusammenfassen: (1) Ein subtiles physikalisches Fluidum erfüllt das Universum und stellt eine Verbindung zwischen dem Menschen, der Erde und den Himmelskörpern her, ebenso zwischen den einzelnen Menschen. – (2) Krankheiten entstehen aus der ungleichen Verteilung dieses Fluidums im menschlichen Körper; die Genesung wird erreicht, sobald das Gleichgewicht wiederhergestellt ist. – (3) Mit Hilfe bestimmter Techniken läßt sich dieses Fluidum kanalisieren, aufbewahren und anderen Personen übermitteln. – (4) Auf diese Weise lassen sich bei Patienten ›Krisen‹ hervorrufen und Krankheiten heilen.« (72) »Mesmer verwendete, abgesehen von magnetischem Wasser, keine Medikamente. Er pflegte seinem Patienten gegenüber zu sitzen, dabei berührten seine Knie die Knie des Patienten, er hielt die Daumen des Patienten fest in seinen Händen und sah ihm starr in die Augen, dann berührte er sein *hypochondrium* (Oberbauch) und strich ihm über die Glieder. Viele Patienten hatten dabei eigenartige Empfindungen oder verfielen in eine Krise.

[...] Mesmers Methode der Kollektivbehandlung war noch ungewöhnlicher. Ein englischer Arzt, Dr. John Grieve, der im Mai 1784 in Paris war, beschrieb in einem Brief seinen Besuch in Mesmers Haus, wobei er bemerkte, daß nie weniger als zweihundert Patienten auf einmal anwesend waren.« (73)

»Ich war vor ein paar Tagen in seinem Haus und habe seine Arbeitsmethode mit angesehen. In der Mitte des Raumes steht ein Gefäß von etwa anderthalb Fuß Höhe, das man hier einen *baquet* nennt. Es ist so groß, daß zwanzig Menschen leicht darum herum sitzen können; in den Deckel, mit dem das Gefäß bedeckt ist, sind nahe dem Rand Löcher gebohrt, entsprechend der Anzahl von Menschen, die das Gefäß umgeben sollen. In diese Löcher sind eiserne Stäbe gesteckt, die im rechten Winkel nach außen gebogen sind; die Stäbe sind verschieden lang, so daß sie den Körperteil berühren können, an den sie angelegt werden sollen. Außer diesen Stäben gibt es ein Seil, das einen der Patienten mit dem *baquet* verbindet, und von ihm zum nächsten führt, und so fort, die ganze Runde entlang. Die spürbarsten Wirkungen werden durch die Annäherung Mesmers hervorgerufen; man sagt, er übermittle das Fluidum durch bestimmte Bewegungen seiner Hände oder seiner Augen, ohne die Person zu berühren. Ich habe mit mehreren Leuten gesprochen, die diese Wirkungen erlebt haben, bei denen durch eine Handbewegung Krämpfe hervorgerufen und behoben wurden.« (74)

Die Apotheose des Heilers ist hier unverkennbar. So wie wir bei der Medizinalisierung des staatlich verwalteten Wahnsinns den Asylarzt als Erben der staatlichen Verfügung über den Kranken vorfanden, so schlüpft hier der Magnetiseur in die Autoritätsrolle des Priesters. Foucault hat die Apotheose des Arztes aus der Geschichte der Bändigung des Wahns und der Tradition der schrankenlosen Verfügung über die Opfer der Elendsstätten zwischen Hôpital général und Asyl hergeleitet. Die institutionelle Macht findet dabei Anschluß an die dunklen, mächtigen Strömungen einsozialisierter Unterwerfung unter den Vater. Mesmer usurpiert dieses Potential in einer vom Verkehrston der Salons gerade noch verhüllten Form des Durchbruchs unterdrückter Regungen, hart am Rande einer Anstößigkeit, die schließlich entsprechende Reaktionen hervorruft: »Im März

1784 berief der König wegen des Aufsehens um Mesmer eine Untersuchungskommission ein, die aus Mitgliedern der Académie des Sciences und der Académie de Médecine bestand, sowie eine zweite Kommission, die sich aus Mitgliedern der Société Royale zusammensetze. Zu diesen Kommissionen gehörten die hervorragendsten Wissenschaftler ihrer Zeit: der Astronom Bailly, der Chemiker Lavoisier, der Arzt Guillotin und der amerikanische Gesandte Benjamin Franklin. Das Programm der Versuche war von Lavoisier aufgestellt worden und war beispielhaft für die Anwendung der experimentellen Methode. Der strittige Punkt war nicht, ob Mesmer seine Patienten wirklich heilte oder nicht, sondern seine Behauptung, ein neues physikalisches Fluidum entdeckt zu haben. Die Kommissionen kamen zu dem Schluß, man habe keine Beweise für die physikalische Existenz eines ›magnetischen Fluidums‹ finden können; mögliche therapeutische Wirkungen wurden nicht geleugnet, aber sie wurden der ›Einbildung‹ zugeschrieben. Für den König wurde ein ergänzender Geheimbericht verfaßt, in dem man auf die Gefahren hinwies, die sich daraus ergäben, daß der männliche Magnetiseur auf die magnetisierte Patientin eine erotische Anziehung ausübe. Einer der Kommissare, Jussieu, sagte sich von seinen Kollegen los und schrieb einen eigenen Bericht, in dem er darauf hinwies, daß sicherlich ein unbekanntes wirksames Agens am Werk sei, wahrscheinlich handle es sich um ›animalische Wärme‹.« (75)

Die Zusammensetzung der Kommission und ihre Arbeitsprogramme zeigen, daß sich in die Auseinandersetzung zwischen medizinischer Deutung und Mystifikation der Krankheit eine neue Macht als »Schiedsrichter« einmischt, eine Macht, die im 19. Jahrhundert zunehmend eine gewichtige Rolle spielen wird, da sie den Anspruch erhebt, die Medizin zu begründen: die Naturwissenschaft. So wie sich einst, bei Lepois, die klinische Erfahrung theoretisch verdichtet hatte und die Theorie als Organisator der klinischen Beobachtung hervorgetreten war, so muß sich jetzt die Klinik vor der Naturwissenschaft legitimieren, um die klinischen Befunde widerspruchsfrei ins Ensemble der Naturgesetze einfügen zu lassen. Die Szientifizierung erscheint nach der Säkularisierung und der Medizinalisierung im Namen des Fortschritts auf der Bühne.

Remystifizierung versus Szientifizierung

Zunehmend gerieten die medizinischen Mythen in scharfen Widerstreit zu der aufkommenden experimentellen Medizin. Doch hatte der damit verknüpfte Fortschritt durchaus Züge von Rückschrittlichkeit, denn gerade in den mythischen Figuren steckten Elemente einer Interpretation von Erlebnissen, die freilich nur in archaischen Analogien zum Ausdruck kamen. Um nur ein paar Beispiele zu nennen: Da wurde mangelnde Festigkeit des Charakters mit Eisenfeilspänen zu kurieren getrachtet; da gebrauchte man Wasser zur Reinigung der Seele. Usw.
Die Auseinandersetzung zwischen verquer mystifiziertem Erfahrungswissen und der einsetzenden Szientifik zieht sich durch das 19. und 20. Jahrhundert hindurch, wobei der Prozeß der Verwissenschaftlichung im Sinne des naturwissenschaftlichen Denkens immer wieder unterbrochen wird von Remystifizierungen und Rückgängen auf die Positionen einer religiösen oder parareligiösen Betrachtung der Leidenserscheinungen. Einer der berühmten Fälle, an denen sich dies äußert, ist der von dem Arzt und Dichter Justinus Kerner beobachtete und beschriebene Fall der Friedericke Hauffe, der »Seherin von Prevorst«, den Ellenberger in der folgenden Weise in Erinnerung bringt: »Friedericke Hauffe, die Tochter eines Wildhüters, war im Dorf Prevorst in Württemberg zur Welt gekommen. Sie war eine ungebildete Person und hatte nur die Bibel und ein Gesangsbuch gelesen. Schon als Kind hatte sie Visionen und Vorahnungen. Als sie 19 Jahre alt war, wurde sie von ihren Eltern mit einem Mann verlobt, den sie nicht liebte. Am gleichen Tag wurde ein Prediger begraben, den sie sehr bewundert hatte. Während des Begräbnisgottesdienstes ›starb sie für die sichtbare Welt‹ und ihr ›inneres Leben‹ begann. Kurz nach ihrer Hochzeit wurde Friedericke krank; sie bildete sich ein, sie liege mit der Leiche des Predigers im Bett. Sie trat in eine Reihe von ›magnetischen Kreisen‹ ein, während ihre physi-

sche Krankheit immer schlimmer wurde: Sie litt an Krämpfen, Katalepsie, Blutungen und Fieber, gegen die weder Ärzte noch Heilpraktiker ein Heilmittel finden konnten. Schließlich wurde sie zu Kerner gebracht, abgezehrt, totenblaß, mit glänzenden Augen, den Kopf in ein weißes Tuch gebunden wie eine Nonne. Kerner versuchte zunächst, sie mit den herkömmlichen medizinischen Heilmethoden zu behandeln, bemerkte aber, daß jedes Medikament, das er ihr gab, selbst in der schwächsten Dosierung genau das Gegenteil der erwarteten Reaktion hervorrief. Nun nahm er seine Zuflucht zu ›magnetischem Streichen‹, worauf sich der Zustand der Patientin allmählich besserte. Während der restlichen Dauer ihres Aufenthalts in Weinsberg führte Friedericke ein ›körperloses Leben‹, d. h. ihre Lebenskraft ging angeblich nicht von ihrem Organismus aus, sondern ausschließlich davon, daß sie Tag für Tag in regelmäßigen Abständen magnetisiert wurde. Meistens befand sie sich in magnetischem Schlaf, in dem sie jedoch ›wacher war als irgendjemand anders‹ und ihre bemerkenswerten Fähigkeiten als ›Seherin‹ offenbarte. Kerner untersuchte sie sehr gründlich, schrieb ihre Aussprüche nieder und machte mit Hilfe und Rat einer Gruppe von Philosophen und Theologen systematische Experimente mit ihr.« (76)
Nicht nur an diesem Fall erwies sich die Affinität des Mesmerismus zu Mystik und Mythik. Zunehmend verschmolzen in ihm rousseauistische Naturbegeisterung, physikalisches Interesse und altfeudaler Paternalismus. Rasch wurde er zu einem zwischen Neugierde, Spiellust und Untertanenfürsorge changierenden Zeitvertreib gebildeter Aristokraten. Und von den Salons aus, in denen Mesmer seine Sitzungen abgehalten hatte, verbreitete sich die neue Erfahrung alsbald nach draußen. Insbesondere die drei Brüder Puységur zeichneten sich hierbei aus: »Der älteste Bruder, Amand-Marie-Jacques de Chastenet, Marquis de Puységur (1751–1825), ein Artillerieoffizier, der sich bei der Belagerung von Gibraltar ausgezeichnet und an einer offiziellen Gesandtschaft nach Rußland teilgenommen hatte, teilte seine Zeit zwischen seinem Militärleben und seinem Schloß in Buzancy bei Soissons, wo ihm der ungeheure Besitz seiner Ahnen gehörte. Wie viele seiner aristokratischen Zeitgenossen hatte er sich ein *cabinet de physique* eingerichtet, wo er verschiedene Versuche mit der Elektrizität anstellte. In bezug auf den

Mesmerismus war er zunächst skeptisch, wurde aber von seinem Bruder Antoine-Hyacinthe bekehrt und begann, auf seinem Gut Einzel- und Kollektiv-Behandlungen vorzunehmen. Einer seiner ersten Patienten war Victor Race, ein junger Bauer von 23 Jahren, dessen Familie seit mehreren Generationen im Dienst der Familie Puységur gestanden hatte. Victor, der an einer leichten Erkrankung des Respirationstraktes litt, war leicht zu magnetisieren und zeigte in magnetisiertem Zustand eine sehr eigenartige ›Krise‹: Es gab keine Krämpfe und keine ungeordneten Bewegungen, wie bei anderen Patienten, sondern er verfiel in einen seltsamen Schlaf, in dem er wacher und bewußter zu sein schien als in seinem normalen Wachzustand. Er sprach laut, beantwortete Fragen, und legte einen aufgeweckteren Verstand an den Tag als normalerweise. Als der Marquis unhörbar vor sich hinsang, bemerkte er, daß der junge Mann die gleichen Lieder laut sang. Nach Beendigung der Krise hatte Victor keine Erinnerung an sie. Puységur, der neugierig geworden war, rief diese Art von Krise bei Victor noch einmal hervor und probierte sie auch mit Erfolg an mehreren anderen Personen aus. Sobald sie in diesem Zustand waren, konnten sie ihre eigene Krankheit diagnostizieren, den Verlauf ihrer Entwicklung voraussehen (was Puységur als *pressentation* bezeichnete) und die geeignete Behandlung vorschreiben.

Puységur hatte bald so viel Zulauf von Patienten, daß er eine Kollektivbehandlung einführte. Der öffentliche Platz des kleinen Dorfes Buzancy, umgeben von strohgedeckten Hütten und Bäumen, war nicht weit entfernt von dem majestätischen Schloß der Puységurs. Inmitten dieses Platzes stand eine große, schöne, alte Ulme, an deren Fuß eine Quelle ihr klares Wasser hervorsprudelte. Sie war von Steinbänken umgeben, auf denen sich die Bauern niederließen; in die Hauptäste des Baumes und um den Stamm herum hängte man Seile; die Patienten wickelten die Seilenden um die erkrankten Teile ihres Körpers. Die Prozedur begann damit, daß die Patienten eine Kette bildeten, indem sie einander bei den Daumen hielten, und sie fühlten in stärkerem oder geringerem Maß, wie das Fluidum sie durchströmte. Nach einer Weile befahl der Meister, die Kette solle aufgelöst werden und die Patienten sollten sich die Hände reiben. Dann wählte er einige von ihnen aus und versetzte sie durch eine Be-

rührung mit seinem eisernen Stab in eine ›vollkommene Krise‹. Diese Personen, nun ›Ärzte‹ genannt, diagnostizierten Krankheiten und verordneten Behandlungen. Um sie wieder zu ›entzaubern‹ (d. h. um sie aus ihrem magnetischen Schlaf zu wecken), befahl ihnen Puységur, den Baum zu küssen, worauf sie erwachten; sie erinnerten sich an nichts von dem, was geschehen war. Diese Behandlungen wurden im Beisein neugieriger und begeisterter Zuschauer ausgeführt. Es wurde berichtet, im Verlauf von wenig mehr als einem Monat seien in Buzancy von 300 Patienten 62 von verschiedenen Leiden geheilt worden.« (77)
Was uns an den vielfach dokumentierten – innerlichen und äußerlichen – Wirkungen der »Freunde des Mesmerismus« insbesondere fesselt, ist das darin eingelagerte Autoritätsproblem. Zweifellos erscheint hier eine spezifische autoritative Ordnungsstruktur, die sich weder auf den Führungsanspruch der Priester gründet, noch sich auf die neu erstrahlende Aureole des Arztes beruft; vielmehr bildet sie unmittelbar die Hierarchie altpaternalistischer Verhältnisse ab. Nicht von ungefähr ist sie verquickt mit Naturmythen. Ellenberger schreibt dazu treffend: »Wir sehen, daß der Marquis seine Kollektivbehandlung nicht um einen baquet herum anordnete wie Mesmer, sondern um einen Baum, den er magnetisiert hatte, ein Verfahren, das Mesmer sehr selten angewendet hatte. Für Puységur war die Magnetisierung des Baumes ein wissenschaftliches Verfahren, aber für die Bauern hatte der Baum eine ganz besondere Bedeutung und Anziehungskraft, die einer Erklärung bedarf – diese findet sich im Volksglauben und in den Volksbräuchen. In seinem Monumentalwerk ›Le Folk-Lore de France‹ widmet Sébillot dem Volksglauben und den Praktiken, die mit Bäumen zu tun haben, ein Kapitel: [...] Sébillot stellt fest, daß die Wälder und die heiligen Bäume wahrscheinlich die am höchsten geachteten Gottheiten der alten Gallier waren, und daß christliche Missionare und Bischöfe die größten Schwierigkeiten hatten, die Baumverehrung auszurotten. Dieser Kult verschwand schließlich mehr deswegen, weil die Bäume gerodet und das Land für landwirtschaftliche Zwecke urbar gemacht wurde, als wegen der religiösen Verbote. Der Kult mancher Bäume wurde jedoch in mehr oder weniger versteckter Form bis in die Neuzeit fortge-

setzt. Noch 1854 zeigte eine Zählung, daß es allein im Département Oise nicht weniger als 253 Bäume gab, die mehr oder weniger heimlich verehrt wurden. Darunter waren 74 Ulmen und 27 Eichen.« (78)

Kein Zweifel, archaische Mythen verbanden sich hier mit einer Autoritätsposition, die – in philanthroper Wendung – das Kind-Vater-Verhältnis zwischen den »einfachen Leuten« und den Hochgeborenen für sich in Anspruch nahm – die Autoritätsverklärung, die durch die Medizinalisierung der Krankheit dem Arzt zufiel, erhält hier nochmals den altfeudal-familiären Tonfall väterlich verantwortlicher Herren den Bauern gegenüber.

Ellenberger hat in diesem Zusammenhang die wichtigsten Unterschiede zwischen den Verfahren der Auslösung der Krise (Mesmer) und der Auslösung eines hypnotischen Schlafes (Puységur) aus den unterschiedlich nuancierten Autoritätspositionen der beiden Heiler erklärt. Schon 1818 schrieb ein kritischer Beobachter:

»Es sind immer die Grundbesitzer, die auf ihre Untergebenen einwirken, niemals wirkten die letzteren auf ihre Oberen; es scheint, als ob der Magnetismus immer von oben nach unten wirkt, niemals von unten nach oben. Die Offiziere, die in ihren Garnisonen so eifrig magnetisierten, wirkten zweifellos Wunder bei armen Soldaten, die sich sehr geehrt fühlten, daß Marquis, Grafen und Barone willens waren, über ihnen ihre Gesten zu machen.« (79)

Noch einmal tritt uns das Tableau der vier alten Machtinstanzen, die das Schicksal der Seelenkrankheit umstellten, entgegen:

– in den adligen Grundbesitzern und Offizieren die Vertreter der alten Ordnung von Herr und Knecht,
– im Exorzismus die Priestermacht, die über die Seele gebietet,
– die staatliche Gewalt, die sich in den Zuchthäusern, Verwahranstalten und Asylen aufgebläht hatte zu unkontrollierter Allmacht. Diese Gewalt wird sich in dem Maße ausdehnen, wie die Macht der Priester und Herren eingezogen wird zugunsten staatlicher Reglementierung. Nicht einmal die Salons sind vor ihrem Zugriff sicher – man erinnere sich des Marquis de Sade, der vom alten Regime in die Bastille, unter der neuen Ord-

nung ins Irrenhaus von Charenton gesteckt wurde; sein Kleinkrieg um die einfachsten Freiheiten dort ist dokumentiert, und
- in den Ärzten die Nachfolger der alten Heiler, die praktisch-probierend mit der Krankheit umgegangen sind, in der Verfügung über den Kranken ihre Verfügung über die Krankheit erprobten.

Zu diesen vier Ordnungsfaktoren gesellte sich nun als fünfte Kraft die Wissenschaft, die naturwissenschaftlich erhöhte Medizin. Deren Macht freilich ließ nicht einmal mehr jenen Spielraum für Widerspruch offen, den noch Molière zur Verspottung der ärztlichen Puderköpfe auf der Bühne sich herauszunehmen vermochte. Gegen die naturwissenschaftliche Expertenweisheit hilft kein Zweifel, kein Einwand; ihre Sprache ist die des Machtwissens, der Herrschaft. Sie entmündigt den Patienten vollständig und liefert ihn einem allwissenden, über Körper und Seele uneingeschränkt gebietenden Sachverstand aus. Diesem medizinischen Sachverstand wird es vorbehalten sein, den Leidenden zum Objekt herabzusetzen, ihn zu verdinglichen.

Doch noch sind wir nicht soweit. Gerade in der Endphase der alten, vorbürgerlichen Machtstrukturen nämlich bilden paternalistische Ordnung und Religion eine relative Freistatt für die Personalität der Leidenden, mischt sich das Archaisch-Mythische der »heidnischen« Bräuche mit dem ursprünglich heidnisch-archaischen Exorzismus, der, von den Parolen der Inquisition entlastet, die Besessenen als Opfer ernstnimmt, sie gar als Träger eines göttlichen Geheimnisses akzeptiert. Angedeutet ist das ja schon im Falle der Friedericke Hauffe, die zwar nicht für eine Heilige galt, wohl aber als Seherin weithin anerkannt war. Dementsprechend ist der Bericht Justinus Kerners keine psychiatrische Krankengeschichte und haben die Besuche bei Kerner und der »Seherin von Prevorst« nicht den Charakter medizinischer Visiten gehabt, sondern eher von Wallfahrten in der Absicht, ein Geheimnis verstehen zu lernen. (Es erschienen dort immerhin so illustre Gäste wie Görres, Franz von Baader, Schelling, David Strauß und Schleiermacher.) Daß Kerner Arzt *und* Dichter war, mag erklären, weshalb er auf Rätselhaftes, Unvertrautes nicht vor allem mit szientifischer Herrscherlichkeit reagiert hat, sondern poetisch: mit Erstaunen. Wofür möglicherweise auch ein biographisches Datum erhellend ist: Im Alter von zwölf Jahren war Justinus Kerner durch den Magnetiseur Mehling von einem bösen Leiden geheilt worden – der Arzt Kerner ging also gleichsam aus dem Patienten Kerner hervor. Wir wollen darüber nicht allzu sehr spekulieren, immerhin jedoch sollte Platz sein für die Erwägung, ob und wieviel diese frühe Erfahrung dazu beitrug, daß der Untersucher Kerner später, statt das Protokoll über eine Kranke zu verfassen, der Sekretär einer Seherin wurde, von der er lernen wollte.

Eindeutig als Sekretär verstand sich jedenfalls der Dichter Clemens Brentano im Falle der Anna Katharina Emmerich (1774 bis 1824), einer ehemaligen Nonne, die als arme Bauersfrau in Dülmen/Westfalen lebte. Sie hatte Visionen und trug die Stigmata der Passion Christi. »Brentano beschloß nach einem Besuch bei ihr, sein früheres Leben aufzugeben, und ernannte sich selbst zum ›Sekretär der Heiligen‹. Er ließ sich in Dülmen nieder und lebte dort von 1819 bis zu ihrem Tod im Jahre 1824.« (80) In den Krankheitszuständen enthüllte Anna Katharina Emmerich, wie die anderen Stigmatisierten von Franz von Assisi bis zu Therese Neumann von Konnersreuth (die vor wenigen Jahren gestorben ist), Zeichen des Leidens Christi an ihrem Körper. Und sie hatte in regelmäßiger Folge, dem Zyklus des Kirchenjahres folgend, nächtliche Träume, die vom Leiden Christi und seiner Mutter Maria erfüllt waren. »Brentano besuchte Katharina jeden Morgen und schrieb nach ihrem Diktat ihre Träume und Visionen nieder. Aus diesem Material stellte er zwei Bücher zusammen.« (81)

Uns interessiert an diesen Vorfällen nicht so sehr, inwiefern für das Bewußtsein der Zeitgenossen oder auch der Nachgeborenen die große Gruppe der Stigmatisierten und Visionäre sich mit der Hysterie verband, sondern vielmehr, daß das Verhältnis zwischen Untersucher und Untersuchter in einer exklusiven Situation sich plötzlich gänzlich umkehrte und den Untersucher in die Lage des verstehenwollenden, lernwilligen, aufnahmebereiten Helfers versetzte, des Gehilfen einer Autorität, die nun, vereinfacht gesagt, bei der Patientin lag. Freilich, diese Autorität war keine individuell begründete, sondern eine entliehene, eine vermittelte, eine »mediale«. Im Schutze der religiösen Deutung wird in einer eigenartigen Umwendung des Verhältnisses von Redendem und Zuhörendem, Wissendem und Unwissendem die Subjektivität des Leidenden inthronisiert. Sie wird zugleich aber vernichtet: Es ist der Gott, der aus dem Munde dieser Übermittlerin spricht.

Fälle wie die der Friedericke Hauffe und der Anna Katharina Emmerich blieben vereinzelt. Minder spektakulär Besessene und Exorzisten gab es weiterhin, bis zur Gegenwart, wenngleich immer mehr zur offenbaren Verlegenheit der Kirche. Denn die Allianz von bürgerlicher Aufgeklärtheit und aufgeklärtem Kirchentum wird den heidnischen Kult des Exorzismus trotz aller ekklesiastischen Bemäntelung zielbewußt verpönen und zunehmend lächerlich machen, bis, nach einem Jahrhundert der Schweigsamkeit religiöser Deutungen und religiöser Praktiken im Terrain der seelischen Störungen, in unseren Tagen die Gestalten der Schamanen und Gurus aus dem Reservoir des nicht christianisierten Heidentums, der Wunderheiler, hervortreten.

Nachzutragen ist noch, daß auch im Mesmerismus die Entwicklung die Richtung des Christlich-Religiösen nahm, dabei ständig schwankend zwischen einem einfachen fundamentalistischen Christentum, nämlich der Christian Science, und der Entbindung heidnischer Bilder. Beides fand sich insbesondere in Nordamerika, wohin der Magnetismus über New Orleans kam. New Orleans war damals noch eine französische Stadt, in der sich bald eine blühende Mesmer-Gesellschaft entwickelte. Zwei Männer aus der Gruppe der Magnetisten lösten einen folgenreichen Wandel aus. »Einer war Phineas Parkhurs Quimby, ein junger Uhrmacher; er begriff, daß in Wirklichkeit Suggestion die Heilung bewirkte, und praktizierte eine Art von ›Geist-Heilung‹. Eine seiner Patientinnen sollte später unter dem Namen Mary Baker Eddy bekannt werden; sie ist die Begründerin der Christian Science. Ein anderer bemerkenswerter Anhänger des Magnetismus war Andrew Jackson Davis, ein junger Mann, der sich täglich selbst magnetisierte; im Trance-Zustand diktierte er ein ungeheuer dickes Buch der Offenbarungen über die Geisterwelt. Dieses Buch wurde ein großer Erfolg und bahnte den Weg für die Verbreitung des Spiritismus, die bald darauf folgen sollte.« (82)

Die Durchsetzung der neuen Dreieinigkeit von Säkularisierung,

Medizinalisierung und Szientifizierung erscheint also noch einmal aufgehalten durch die Wiederkehr der alten religiösen Mythen und heidnischen Rituale. Und das schließt ein: Die Allmacht der Ärzte war noch einmal gestoppt. Die Gestalt des Patienten wurde, wie wir gesehen haben, mitunter sogar dominant – eine Gegenkraft zum allwissenden Arzt. Doch diese Dominanz und diese Kraft waren geliehen; sie wiesen zurück auf die Macht Gottes oder der Geister, auch wenn, wie bei der Christian Science, der einzelne Leidende selbst zum Heiler wird – in der Einheit mit Gott.

Die große geschichtliche Tendenz ist von diesen widerständigen Zwischenereignissen freilich nicht gebrochen worden. Sie lief auf die Verweltlichung der Krankheit und die Identifizierung der Medizin mit den Naturwissenschaften hinaus und konstituierte den Natürlich-Leidenden als Objekt des naturwissenschaftlich gebildeten Arztes. Diagnose und Therapie sind die Machtmittel des naturwissenschaftlich geschulten Klinikers, der nun zum richtungweisenden Ideal wird. Die neue naturwissenschaftliche Medizin setzt sich über das faktisch »ausprobierende« Tun der alten Ärzte hinweg. Die überlieferten Praktiken werden Schritt für Schritt entwertet oder abgeschafft. Die wissenschaftliche Medizin macht allen halbmedizinischen oder außermedizinischen Heilungsmethoden den Garaus. Auch Mesmerismus und Hypnose fallen; sie werden in die Scheunen der Gesundbeter und ins Zwielicht der Jahrmärkte abgedrängt. Was übrigbleibt, sind nosologisch abgesicherte Krankheitseinheiten, in denen eine physiologisch begründete Krankheitsursache, ein in sich geschlossenes Krankheitsbild und der durchsichtige Wirkungsmechanismus eines therapeutischen Vorgehens auf naturwissenschaftlicher Basis einander entsprechen.

Nimmt man die Monographie von Amann aus dem Jahre 1874 zur Hand, so findet man dort zur Auflösung der alten Mythen in neurophysiologische Kenntnisse Beispiele wie das folgende, das sich wie ein Vorspiel zu den Ausführungen Freuds in seinem »Entwurf einer Psychologie« von 1895 liest:

»Wenn ich nun zur Theorie Romberg's übergehe, [. . .] Nach derselben ist die Hysterie eine von Genitalienreizung ausgehende Reflexneurose, oder mit anderen Worten, es besteht das Wesen der Hysterie darin, daß eine durch krankhafte

Zustände oder auf eine andere Weise erfolgte Reizung der Geschlechtsorgane mittelst der sensiblen Nerven (analog wie eine traumatische) auf das Rückenmark einwirkt und eine periodisch zu- und abnehmende Steigerung seiner Reflexerregbarkeit, welche sich nicht bloß während der Paroxismen, sondern auch in den Intervallen durch zweifellose Erscheinungen äußert, hervorruft. Durch diese Steigerung der Reflexerregbarkeit wird, wie Romberg sagt, ein ›verändertes Sein des Menschen‹ begründet und unterhalten. ›Fortan behält die Reflexpotenz im Organismus das Übergewicht und bedingt dadurch größere Abhängigkeit der Kranken von äußeren Reizen. Ihrer Herrschaft unterwirft sich die geistige Kraft der Intention, daher die Widerstandslosigkeit, die Willensohnmacht.‹
Ich will nun die eben angegebenen Verhältnisse eingehend prüfen, um den Werth der von der Genitalienreizung ausgehenden Reflexneurose beurtheilen zu können. Zu diesem Zwecke stelle ich folgende Fragen:
1. Findet man allein bei Hysterischen eine Genitalienreizung?
2. Kann man sämmtliche Symptome der Hysterie aus einer gesteigerten Reflexerregbarkeit erklären?
3. Gibt es eine einfachere Erklärungsweise für das Wesen der Hysterie?« (83)
Der Kampf zwischen Praktikerwissen und exakter Begrifflichkeit läßt sich an den Zusammenhängen von Sexualverhalten und Hysterie besonders gut aufzeigen. Freud selbst berichtet von beiläufigen Bemerkungen älterer Ärzte über derartige Zusammenhänge. Sein Bericht ist so aufschlußreich, daß ich ihn ausführlich zitieren möchte. Freud spricht von der Bedeutung der Sexualproblematik für die Hysterie:
»Die Idee, für die ich verantwortlich gemacht wurde, war keineswegs in mir entstanden. Sie war mir von drei Personen zugetragen worden, deren Meinung auf meinen tiefsten Respekt rechnen durfte, von Breuer selbst, von Charcot und von dem Gynäkologen unserer Universität Chrobak, dem vielleicht hervorragendsten unserer Wiener Ärzte. Alle drei Männer hatten mir eine Einsicht überliefert, die sie, streng genommen, selbst nicht besaßen. Zwei von ihnen verleugne-

ten ihre Mitteilung, als ich sie später daran mahnte, der dritte (Meister Charcot) hätte es wahrscheinlich ebenso getan, wenn es mir vergönnt gewesen wäre, ihn wiederzusehen. In mir aber hatten diese ohne Verständnis aufgenommenen identischen Mitteilungen durch Jahre geschlummert, bis sie eines Tages als eine scheinbar originelle Erkenntnis erwachten.
Als ich eines Tages als junger Spitalsarzt Breuer auf einem Spaziergange durch die Stadt begleitete, trat ein Mann an ihn heran, der ihn dringend sprechen wollte. Ich blieb zurück, und als Breuer frei geworden war, teilte er mir in seiner freundlich belehrenden Weise mit, es sei der Mann einer Patientin gewesen, der eine Nachricht über sie gebracht hätte. Die Frau, fügte er hinzu, benehme sich in Gesellschaften in só auffälliger Art, daß man sie ihm als Nervöse zur Behandlung übergeben habe. Das sind immer *Geheimnisse des Alkovens*, schloß er dann. Ich fragte erstaunt, was er meine, und er erklärte mir das Wort (›des Ehebettes‹), weil er nicht verstand, daß mir die Sache so unerhört erschienen war.
Einige Jahre später befand ich mich an einem der Empfangsabende Charcots in der Nähe des verehrten Lehrers, der gerade Brouardel eine, wie es schien, sehr interessante Geschichte aus der Praxis des Tages erzählte. Ich hörte den Anfang ungenau, allmählich fesselte die Erzählung meine Aufmerksamkeit. Ein junges Ehepaar von weit her aus dem Orient, die Frau schwer leidend, der Mann impotent oder recht ungeschickt. *Tâchez donc*, hörte ich Charcot wiederholen, *je vous assure, vous y arriverez*. Brouardel, der weniger laut sprach, muß dann seiner Verwunderung Ausdruck gegeben haben, daß unter solchen Umständen Symptome wie die der Frau zustande kämen. Denn Charcot brach plötzlich mit großer Lebhaftigkeit in die Worte aus: *Mais dans des cas pareils c'est toujours la chose génitale, toujours . . . toujours . . . toujours*. Und dabei kreuzte er die Hände vor dem Schoß und hüpfte mit der ihm eigenen Lebhaftigkeit mehrmals auf und nieder. Ich weiß, daß ich für einen Augenblick in ein fast lähmendes Erstaunen verfiel und mir sagte: Ja, wenn er das weiß, warum sagt er das nie? Aber der Eindruck war bald

vergessen; die Gehirnanatomie und die experimentelle Erzeugung hysterischer Lähmungen hatten alles Interesse absorbiert.« (84)

Hier haben wir wie in einem Modell das ganze Hin und Her von Wissen und Nichtbegreifenkönnen vor uns. Freud hat diese Bemerkungen zwar ernsthaft aufgegriffen, aber genausowenig ernst genommen wie die anderen. Und eben dafür deutet sich im Schlußsatz eine äußerst aufschlußreiche Erklärung an. Ich wiederhole ihn:

»Ja, wenn er das weiß, warum sagt er das nie? Aber der Eindruck war bald vergessen; die Gehirnanatomie und die experimentelle Erzeugung hysterischer Lähmungen hat alles Interesse absorbiert.« (85)

Das ist es. Und natürlich gilt das gleiche auch für Breuer, für Charcot und Chrobak: Während die Ärzte in früheren Zeiten einen sinnlichen Eindruck vom Leiden hatten, ihn in aller Unmittelbarkeit festhielten und ihn ohne physiologisches Fundament – wenn es not tat – mystifizieren konnten, darf jetzt nur das gesagt werden, was wissenschaftlich – und d. h. naturwissenschaftlich – begründbar ist. Ohne »Gehirnanatomie und die experimentelle Erzeugung« ging nichts mehr. So wie Freud zu Gehirnanatomie und Experimentalforschung zurückkehrte, mußten jetzt alle Ärzte vom Range der Breuer, Charcot, Chrobak immer erst den Umweg über eine wissenschaftliche Beweisführung nehmen, bevor sie den Mund auftaten. Als das herausragende Problemmerkmal der damaligen Psychiatrie, aber auch der Medizin insgesamt hat Moritz Benedikt diese Auseinandersetzung zwischen Erfahrungsunmittelbarkeit und wissenschaftlicher Begründung dargestellt. Im Methodenkapitel seines Buches über die Hysteriebehandlung (1874) ist sie eindrucksvoll beschrieben:

»Die klinischen Wissenschaften haben vis-à-vis den meisten Naturwissenschaften eine Eigenthümlichkeit; sie haben sich zu beschäftigen, während die Basis für das theoretische Verständniß derselben, nämlich vor Allem die Anatomie und die Physiologie, große Lücken aufweist. Es wird wohl zu keiner Zeit dahin kommen, die specielle Pathologie und Therapie als eine angewandte Physiologie und Anatomie darstellen zu können; das Wesen des Klinikers muß demnach anders sein,

als das des Forschers in den mehr exacten Naturwissenschaften. Der erstere muß die noch unverstandenen Thatsachen, die sich ihm am Krankenbette aufdrängen, sehen, hören, fixiren und darstellen, das Zusammengehörige herausfinden, das Unwesentliche sondern können; diese Eigenschaften sind ebensosehr künstlerische als wissenschaftliche. So wie die Rembrandt und Tizian die Bedeutung der Falten und Contouren des Gesichts für die Physiognomik lange vor Duchenne kannten, so muß der Kliniker im Stande sein, die Erscheinungen aufzufassen und darzustellen, lange bevor ihr histologisches und experimentelles Verständniß erreicht ist. Er muß ein künstlerisch-sinnliches Talent haben, dessen die meisten andern Gelehrten entrathen können [...]
Unsere Generation stellt an den Kliniker weitere Anforderungen: sie verlangt, ›daß der Kliniker selber arbeite‹, d. h. daß er sich selber daran mache, die theoretischen Lücken auszufüllen und die Erscheinungen am Krankenbette mit selbst aufgesuchten anatomischen und physiologischen Thatsachen in directen Zusammenhang zu bringen und diese Anforderung ist in dem Grunde um so unumgänglicher, weil so viele Anatomen und Physiologen sich heute von der practischen Medicin immer mehr lossagen, und sich um die Bedürfnisse der Kliniker nicht kümmern. Sie suchen vielmehr von den einfachsten Elementen der Wissenschaft ausgehend, ihre Disciplin zu vervollständigen. Nicht mehr die complicirten Gleichungen, wie sie die Natur am Krankenbette zur Lösung gibt, sind der Vorwurf für die Physiologen; dieselben gehen von den Gleichungen mit möglichst wenig Unbekannten aus.« (86)
So entschieden im ersten Teil des Zitats die Tradition und die Legitimität praktischer ärztlicher Tätigkeit verteidigt werden, so unmißverständlich ist die Forderung im zweiten Teil: Wissenschaftlichkeit. Die neue glanzvolle Rolle des wissenschaftlichen Arztes, der allmächtig und allwissend ist, verlangt Selbstdisziplin. Fortan sind ärztliche Verlautbarungen Erklärungen ex cathedra; sie müssen naturwissenschaftlich ohne Tadel, unfehlbar sein.

Liébeault, Bernheim, Charcot: die Hypnose und die Macht der Ärzte

In den vorangegangenen Abschnitten haben wir aus dem großen Reich der Seelenstörungen jene ausgesondert, die wir heute als Neurosen bezeichnen. Organisiert wurde diese Krankheitseinheit von der »Behandlung«. Die »Behandlung« stützte sich Ende des 18. Jahrhunderts, Anfang des 19. Jahrhunderts einerseits auf den heidnisch-christlichen Exorzismus wie bei Pater Gassner, andererseits auf halb heidnische Mythen der Aufklärung wie bei Mesmer, bei Puységur, bei den adligen Gutsherren und Offizieren der »Gesellschaft der Freunde des Mesmerismus« – eines langsam abklingenden Mesmerismus. Denn so nachhaltig dieser sich, zumindest im französischen Sprachbereich, in wenigen Jahrzehnten bis nach Nordamerika hin ausgebreitet hatte, so gründlich verschwand er auch wieder Mitte des 19. Jahrhunderts. Bewegte sich der Mesmerismus von Anfang an am Rande der ärztlichen Standesordnung, so geriet er als Laientherapie – als Freizeit-Beschäftigung adliger Herren zumal – vollends in Widerspruch zu ihr. Der paternalistische Zug in der für ihn typischen Beziehung zwischen Behandelten und Heilern paßte in keiner Weise in das geltende Modell therapeutischer Verhältnisse, das Außenseiterhafte seiner Methoden machte ihn verdächtig. Daß die Vorgänge bei der Hypnose schwer durchschaubar und kaum erklärbar waren, war das geringste Übel, denn noch wurde die Medizin weitgehend von Hausärzten bestimmt, von Ärzten, die alle möglichen Praktiken, meist ein Konglomerat aus Vorurteilen und Bruchstücken der beginnenden wissenschaftlichen Aufklärung, dort anwandten, wo sie ihnen Erfolg zu versprechen schienen. Das aufkommende Wissenschaftsverständnis jedoch konzentrierte seine Kritik mehr und mehr auf die Außenseitermethoden, bevorzugt auf die Hypnose. Allmählich verkam der Mesmerismus zur Jahrmarkt-Attraktion. Kurz, Magnetismus und Hypnotismus waren um die Mitte des Jahrhunderts so sehr »in Verruf geraten, daß ein Arzt, der sich dieser Methoden bedient hätte, unweigerlich seine wissenschaftliche Laufbahn aufs Spiel gesetzt und seine Arztpraxis verloren hätte. Janet erwähnt die seltsame Geschichte eines vorzüglichen städtischen Arztes, der insgeheim in einem benachbarten Dorf in einer Hütte ein Spital eingerichtet hatte, wo er ein paar Patienten unterbrachte, an denen er endlose hypnotische Behandlungen und Untersuchungen durchführte«. (87)

Unter diesen Umständen verwundert es nicht, daß es ganz und gar ungewöhnlicher Konstellationen bedurfte, um die Hypnose für die Krankenbehandlung zurückzugewinnen: des Zusammenspiels eines eigenbrötlerischen Praktikers mit einem selbstbewußten, allseits anerkannten Wissenschaftler – Liébeaults mit Bernheim.

Auguste Ambroise Liébeault wurde 1823 in Lothringen geboren. »Durch harte Arbeit wurde er Landarzt in Pont-Saint-Vincent, einem Dorf unweit von Nancy. Er erwies sich als bemerkenswert erfolgreicher praktischer Arzt; innerhalb von zehn Jahren hatte er mit seiner Praxis ein kleines Vermögen verdient. Als Medizinstudent hatte er ein altes Buch über Magnetismus gefunden und hatte mit Erfolg einige Patienten magnetisiert. Es ist nicht bekannt, was ihn bewog, nach so vielen Jahren diese Methode wieder anzuwenden. Da seine Patienten widerwillig waren, stellte er sie vor die folgende Wahl: Er schlug ihnen vor, sie entweder kostenlos mit Magnetismus zu behandeln, oder mit ›offizieller Medizin‹ gegen sein übliches Honorar. Die Zahl der Patienten, die sich für den Magnetismus entschieden, wuchs so schnell, daß Liébeault vier Jahre später eine riesige Praxis hatte, die ihm fast nichts einbrachte. Nun beschloß er, zwei Jahre Urlaub von seinem Beruf zu nehmen; er zog sich in ein Haus zurück, das er sich in Nancy gekauft hatte, und widmete all seine Zeit der Niederschrift eines Buches über seine Methode. [. . .] Als Autor war er jedoch nicht so erfolgreich wie als Hypnotiseur; die Legende behauptet, in zehn Jahren sei nur ein einziges Exemplar seines Buches verkauft worden. Er eröffnete seine Arztpraxis wieder, hielt Sprechstunden von sieben Uhr morgens bis Mittag und nahm nur die Honorare, die seine Patienten ihm freiwillig als Bezahlung anboten.

Van Renterghem, der Liébeault zur Zeit seines verspäteten

Ruhmes besuchte, beschrieb ihn als einen kleinen, gesprächigen und lebhaften Mann mit vielen Falten im Gesicht, dunkler Gesichtsfarbe und dem Aussehen eines Bauern. Er berichtet, jeden Morgen habe Liébeault 25 bis 40 Patienten in einer alten Scheune empfangen, deren Wände weiß getüncht waren und die mit großen flachen Steinen gepflastert war. Jeder Patient wurde vor aller Augen und ohne Rücksicht auf den Lärm in der Umgebung behandelt. Liébeault hypnotisierte, indem er dem Patienten befahl, ihm in die Augen zu schauen, und indem er ihm suggerierte, er werde immer schläfriger; wenn der Patient ein wenig hypnotisiert war, versicherte ihm Liébeault, er sei von seinen Symptomen befreit. Die meisten Patienten waren arme Leute aus der Stadt und Bauern aus der Nachbarschaft; er behandelte sie alle ohne Unterschied nach der gleichen Methode, an welcher Krankheit – ob Arthritis, Magengeschwüre, Gelbsucht oder Lungentuberkulose usw. – sie auch leiden mochten.
Über 20 Jahre lang wurde Liébeault von seinen Ärztekollegen als Quacksalber (weil er hypnotisierte) und als Narr (weil er keine Honorare forderte) angesehen. Gerüchte über seine therapeutischen Wundertaten drangen bis zu Bernheim, der 1882 beschloß, ihn zu besuchen – und zu seinen Ideen bekehrt wurde. Es ist wirklich selten, daß ein namhafter Professor von einem alten Mann, der als Quacksalber und Narr bezeichnet wird, eine bisher übel beleumdete Methode übernimmt. Bernheim wurde in aller Öffentlichkeit ein Bewunderer, Schüler und treuer Freund Liébeaults und führte seine Methoden an seiner Universitätsklinik ein. Liébeault wurde plötzlich berühmt als großer Mediziner; sein Buch wurde der Vergessenheit entrissen und viel gelesen.« (88)
In Liébeault deutet sich eine merkwürdige Spannung an, die im weiteren Verlauf der Geschichte, die wir hier verfolgen, von entscheidender Bedeutung werden wird. Auf der einen Seite war er ein »Außenseiter«, der seinen – bäuerlichen – Eigensinn wahrte und zugänglich war auch für ungebräuchliche, medizinisch randständige, ja obsolete Verfahren. Auf der anderen Seite war er ein wohlerfahrener Arzt, der zuverlässig über die professionellen Fertigkeiten verfügte.
Hippolyte Bernheim, der von 1840 bis 1919 lebte, kam von der

»etablierten« Wissenschaft. Er holte die Hypnose in die klinische Medizin, nachdem er sich bereits als Wissenschaftler qualifiziert und sich mit Forschungen über Typhus, Herz- und Lungenkrankheiten einen Namen gemacht hatte. Drei Jahre nach seiner Berufung an die Universität Nancy, nämlich 1882, führte er das Verfahren Liébeaults in seiner Klinik ein.
Die Offenheit des Wissenschaftlers Bernheim für die Außenseiterpraxis der Hypnose darf als Ausdruck einer fortschrittlichen Haltung, der Bereitschaft, sich von herrschenden Vorurteilen zu emanzipieren, gewertet werden. Im Verhältnis zu seinen Patienten freilich folgte Bernheim dem Zug seiner Zeit. Es zeigte sich auch bei ihm, daß die Medizinalisierung der Krankheit, d. h. die Entlastung der Leidenden vom Schatten der Sünde, des Verbrechens und der Widernatürlichkeit, den Patienten nicht wirklich frei machte, sondern ihn einer neuen, stärkeren, weil nun auch rational unaufhaltsamen Autorität unterstellte: der ärztlichen. Wie wir an der Umwandlung der Elendsstätten in Asyle schon beobachtet haben, erbte der Arzt alle Autoritätsauszeichnungen der vergangenen kirchlichen und feudalen Ordnung, wobei die Szientifizierung den Rangunterschied zusätzlich festigte: durch den uneinholbaren Wissensvorsprung des naturwissenschaftlich gebildeten Gesundheitsingenieurs vor den ›Objekten‹ seiner Tätigkeit.
Die folgende Beschreibung führt am Beispiel Bernheims die doppelt gesicherte Macht des neuen Arztes vor; er ist der Erbe des priesterlichen Exorzismus, der Obrigkeitsmacht, und der Agent der neuerworbenen wissenschaftlichen Definitionsgewalt:

»Van Renterghem beschreibt Bernheim als einen kleinen, blauäugigen Mann mit leiser Stimme, der aber seine Station in der Klinik sehr autoritär führte und auch seine Patienten auf autoritäre Weise hypnotisierte. Bernheim lehrte, Hypnose sei bei Menschen, die an passiven Gehorsam gewöhnt seien, wie z. B. alte Soldaten oder Fabrikarbeiter, bei denen er seine besten Erfolge erzielt hatte, leichter herbeizuführen. Bei den Angehörigen der oberen und reicheren Schichten gelang es ihm seltener.« (89)

1889 besuchte Freud während seines zweiten Aufenthalts in Frankreich Bernheim und Liébeault in Nancy, nachdem er zuvor, nämlich 1886, Jean Martin Charcot in dessen Pariser Klinik, der Salpêtrière, kennengelernt hatte. Erinnern wir uns, daß die Salpêtrière eines jener berühmten (und berüchtigten) Hospitäler war, deren Eigenart als Sammellager des Elends uns Foucault verdeutlicht hat. Im Bicêtre und in der Salpêtrière hatten sich die dramatischen Auftritte Pinels im Kampf mit der – zwar revolutionär veränderten, aber im Kern unangetastet gebliebenen – Obrigkeit abgespielt. Die Salpêtrière war einer jener Schauplätze, an denen sich die Verwandlung der Zuchthäuser des Unglücks in Asyle für Kranke vollzogen hatte. Und hier kam es später auch zur Umgestaltung des Asyls in eine therapeutische Anstalt, zunächst durch Pinel, dann durch Charcot. Jean Martin Charcot, 1825 in Paris geboren, hatte schon als junger Assistenzarzt die Salpêtrière kennengelernt. Sie war damals nicht viel mehr als ein Armenpflegehaus für 4000 oder 5000 alte, kranke, irre, lebensunfähige Frauen. »Charcot erkannte, daß dieses Krankenhaus eine große Zahl von Patientinnen mit seltenen oder unbekannten neurologischen Leiden barg und eine Goldmine für die klinische Forschung sein könnte. Er behielt dies im Sinn, während er langsam seine Laufbahn als Anatom und Pathologe verfolgte. Als junger Doktor wurde er von einem seiner Lehrer gebeten, als Arzt und Reisebegleiter mit einem reichen Bankier nach Italien zu reisen; dadurch bekam er Gelegenheit, die Kunstschätze Italiens kennenzulernen. Seine medizinische Laufbahn war ziemlich langwierig und mühsam. Der Wendepunkt kam 1862, als Charcot mit 36 Jahren zum Chefarzt einer der größten Abteilungen der Salpêtrière ernannt wurde und mit fieberhafter Betriebsamkeit seine alten Pläne wieder aufnahm. Fallgeschichten wurden aufgezeichnet, Autopsien durchgeführt, Laboratorien eingerichtet, während Charcot zur gleichen Zeit ein Team getreuer Mitarbeiter aufbaute. Er wurde von Duchenne de Boulogne inspiriert, einem hervorragend befähigten Neurologen, der keine offizielle Stellung hatte, und den Charcot seinen Lehrmeister der Neurologie nannte. Innerhalb von acht Jahren (1862–1870) machte Charcot die Entdeckungen, die ihn zum hervorragendsten Neurologen seiner Zeit machten. 1870 übernahm Charcot zusätzlich die Leitung einer besonderen Station, die die Klinikverwaltung für eine ziemlich große Zahl von Patientinnen reserviert hatte, die an ›Krämpfen‹ litten. Einige von ihnen waren Epileptikerinnen, andere waren Hysterikerinnen, die gelernt hatten, epileptische Anfälle nachzuahmen. Charcot bemühte sich, Methoden zu entdecken, um hysterische von epileptischen Krämpfen zu unterscheiden. Er begann ebenfalls, die Hysterie nach der gleichen Methode zu untersuchen, die er bei organischen Nervenleiden verwendete. Zusammen mit seinem Schüler Paul Richer gab er eine Beschreibung der vollentwickelten hysterischen Krise (der grande hystérie). 1878 dehnte Charcot, wahrscheinlich unter dem Einfluß Charles Richets, sein Interesse auf den Hypnotismus aus, den er, wie es heißt, wissenschaftlich untersuchte (wie er es mit der Hysterie getan hatte), wobei er einige der begabtesten seiner hysterischen Patientinnen als Versuchspersonen benutzte. Er stellte fest, daß diese Personen den Zustand der Hypnose in drei aufeinanderfolgenden Stadien erreichten: ›Lethargie‹, ›Katalepsie‹ und ›Somnambulismus‹; dabei zeigte jedes Stadium deutliche und charakteristische Symptome. Anfang 1882 trug Charcot seine Forschungsergebnisse an der Académie des Sciences vor; es war, wie Janet sagte, eine ›tour de force‹, der Hypnose bei der gleichen Akademie Anerkennung zu verschaffen, die sie im Lauf des vergangenen Jahrhunderts unter der Bezeichnung ›Magnetismus‹ dreimal abgelehnt hatte. Dieser emphatische Vortrag verlieh der Hypnose eine neue Würde, und dieses bisher gemiedene Thema wurde zum Gegenstand unzähliger Veröffentlichungen.« (90).

Freud hat an Charcot die spekulatorische Bereitschaft, sich gegenüber ungewöhnlichen Themen und Praktiken zu öffnen, und den Willen zu entschiedener Verwissenschaftlichung des Handwerks bewundert. Nicht über die Anerkennung einer Außenseitermethode als Therapieform – wie dies bei Bernheim der Fall war –, sondern durch wissenschaftliche Objektivierung hat Charcot die Hypnose in die Medizin aufgenommen. Die detektivische Scharfsinnigkeit dieses phantasievollen Entdeckers wird deutlich in zeitgenössischen Berichten, wo die Rede ist von

»der unvergleichlichen Faszination [. . .], die Charcots *séances* an der Salpêtrière ausübten. Der Dienstagmorgen war der Untersuchung neuer, bisher noch nicht vorgestellter Patienten in Gegenwart von Ärzten und Studenten gewidmet, die es genossen, Charcot seinen klinischen Scharfsinn zur Schau stellen zu sehen, die Sicherheit und Raschheit, mit der er auch die kompliziertesten Fallgeschichten entwirren und selbst bei seltenen Krankheiten zu einer Diagnose gelangen konnte.« (91)

Deutlich wird aber auch der selbstbewußte Elan und die herrisch autoritäre Gestik dieses Mannes. Leon Daudet schreibt von ihm:

»Ich habe nie einen herrischeren Mann gekannt, auch ist mir keiner begegnet, der den Menschen in seiner Umgebung ein so despotisches Joch auferlegen konnte. Um dies zu erkennen, mußte man nur einmal sehen, wie er von seinem Katheder aus einen umfassenden und mißtrauischen Blick auf seine Studenten werfen konnte, und hören, wie er sie mit einem kurzen, gebieterischen Wort unterbrach.

Er konnte keinen Widerspruch ertragen, sei er auch noch so geringfügig. Wenn es jemand wagte, seinen Theorien zu widersprechen, wurde er wild [...] und tat alles, was er konnte, um die Karriere des unklugen Mannes zu ruinieren, falls er nicht widerrief und sich entschuldigte.« (92)

»Wegen der paternalistischen Haltung Charcots und der despotischen Art, wie er seine Studenten behandelte, wagten seine Mitarbeiter ihm nie zu widersprechen; sie zeigten ihm deshalb, was er nach ihrer Meinung sehen wollte; nachdem sie die Demonstrationen eingeübt hatten, führten sie die betreffenden Personen Charcot vor, der so unvorsichtig war, die Fälle in Anwesenheit der Patienten zu besprechen. Eine höchst eigenartige Atmosphäre der psychischen Suggestion entwickelte sich zwischen Charcot, seinen Mitarbeitern und seinen Patienten, die sicherlich einer genauen soziologischen Analyse wert wäre.« (93)

Diese autoritäre Haltung prägte nicht nur die Disziplinierung der Mitarbeiter und Patienten, sondern ist auch in die Grundzüge der Theorie eingedrungen. Charcots großer Gegenspieler »Bernheim verkündete sarkastisch, von den Tausenden von Patienten, die er hypnotisiert habe, habe nur einer die drei von Charcot beschriebenen Stadien gezeigt – eine Frau, die drei Jahre in der Salpêtrière zugebracht habe«. (94) Das heißt: Charcot übte mit Hilfe des suggestiven Verfahrens der Hypnose die

Patienten ein. Er inszenierte buchstäblich die Krankheitserscheinungen, die seine folgsamen Patienten-Schauspieler dann darstellten. Das berühmte Gemälde, das ihn im Kreise seiner bedeutenden Schüler bei der Demonstration einer hysterisch Kranken zeigt, verrät unverkennbar die von ihm gebrauchte »Inszenierungstechnik«. Einer der Kritiker Charcots hat darauf aufmerksam gemacht, daß das Bild an der Wand und die Haltung der stützenden Krankenschwester dem Patienten andeuten, wie er sich zu verhalten habe. Charcot selbst war dabei Mitakteur: »Mit angeborenem Schauspielertalent ahmte er das Verhalten, die Mimik, den Gang und die Stimme eines Patienten nach, der an der Krankheit litt, von der er gerade sprach. Danach wurde der Patient hereingebracht; oft war auch dessen Eintritt spektakulär. Wenn Charcot über verschiedene Formen des Tremors las, wurden drei oder vier Frauen hereingeführt, die Hüte mit sehr langen Federn trugen, an deren Zittern man die spezifischen Merkmale des Tremors bei verschiedenen Krankheiten zu unterscheiden vermochte. Die Befragung hatte die Form eines dramatischen Dialogs zwischen Charcot und dem Patienten. Besonders dramatisch waren seine Vorlesungen über Hysterie und Hypnotismus.« (95).
Die Patienten, die Studenten (die von weither kamen) und die Ärzte (die eine Elite der Neurologie bildeten) standen unter dem Diktat des »Meisters«, dessen Autorität sich aus den vier Quellen speiste, die wir als Quellen der ärztlichen Machtentfaltung ausgemacht haben:
– der Verfügung über die Kranken, die sich aus der staatlichen Reglementierung des Elends herleitet,
– dem Gestus des Heilers, von dem alles abhängt,
– der bezwingenden Überlegenheit des Wissenschaftlers, der allein die Gesetze der Heilung (und der Krankheit) kennt,
– der unwiderstehlich ins Verhalten der Patienten eingreifenden Verfügungsgewalt des Hypnotiseurs.
Vielleicht ist es interessant, sich anhand einer literarischen Schilderung ein Bild vom Glanz der ärztlichen Stellung einerseits und dem Elend des eingeschüchterten Patienten andererseits zu machen. Rilke beschreibt in *Malte Laurids Brigge* die Geschichte eines Menschen, dessen Untergang ihn auch durch die Szenerie der Salpêtrière führt:

»Ich bekam einen Zettel: ich sollte um ein Uhr in der Salpêtrière sein. Ich war dort. Ich mußte lange an verschiedenen Baracken vorüber, durch mehrere Höfe gehen, in denen da und dort Leute mit weißen Hauben wie Sträflinge unter den leeren Bäumen standen. Endlich kam ich in einen langen, dunklen, gangartigen Raum, der auf der einen Seite vier Fenster aus mattem, grünlichem Glase hatte, eines vom anderen durch eine breite, schwarze Zwischenwand getrennt. Davor lief eine Holzbank hin, an allem vorbei, und auf dieser Bank saßen sie, die mich kannten und warteten. [. . .] ich war eine Stunde auf und ab gegangen. Eine Weile später kamen die Ärzte. Zuerst ein paar junge Leute, die mit gleichgültigen Gesichtern vorbeigingen, schließlich der, bei dem ich gewesen war, in lichten Handschuhen, Chapeau à huit reflets, tadellosem Überzieher. Als er mich sah, hob er ein wenig den Hut und lächelte zerstreut. Ich hatte nun Hoffnung, gleich gerufen zu werden, aber es verging wieder eine Stunde. Ich kann mich nicht erinnern, womit ich sie verbrachte. Sie verging. Ein alter Mann kam in einer fleckigen Schürze, eine Art Wärter, und berührte mich an der Schulter. Ich trat in eines der Nebenzimmer. Der Arzt und die jungen Leute saßen um einen Tisch und sahen mich an, man gab mir einen Stuhl. [. . .] Der Arzt erhob sich mit höflichem Lächeln, trat mit den Assistenten ans Fenster und sagte ein paar Worte, die er mit einer waagerechten, schwankenden Handbewegung begleitete. Nach drei Minuten kam einer von den jungen Leuten, kurzsichtig und fahrig, an den Tisch zurück und sagte, indem er versuchte, mich strenge anzusehen: ›Sie schlafen gut, mein Herr?‹ ›Nein, schlecht!‹ Worauf er wieder zu der Gruppe zurücksprang. Dort verhandelte man noch eine Weile . . .« (96)

Das Erzählstück spiegelt freilich nur einen Bruchteil der ärztlichen Verfügungsgewalt wider. Noch kann sich dieser »Patient« entziehen, noch ist er nicht in seiner Situation eingeschlossen: in der von der ärztlichen Autorität organisierten psychiatrischen Lebenswelt. Und noch ist er nicht eingetreten in jene intime Wechselbeziehung zum Arzt, von der Foucault sagt: »Der Kranke wird immer mehr jene Hingabe in die Hand eines Arztes, der, zugleich Teufel und Satan, auf jeden Fall außerhalb menschlichen Ermessens steht, akzeptieren. Er wird sich immer mehr in ihm verlieren, weil er schon im voraus dessen ganze Zauberkraft annimmt und sich dadurch von Anbeginn einem Willen ausliefert, den er als magisch empfindet, und einem Wissen, das er als Voraussehung und Divination vermutet, wodurch er letzten Endes das ideale und perfekte Korrelativ jener Kräfte wird, die er auf den Arzt projiziert, zum reinen Gegenstand ohne jeden anderen Widerstand als seine Untätigkeit, und in voller Bereitschaft, jene hysterische Gestalt zu sein, in der Charcot die wunderbare Kraft des Arztes exaltierte.« (97) Zum Kristallisationspunkt der ärztlichen Macht aber wird »das Paar, das Arzt und Kranker bilden, in dem sich alle Alienationsformen resümieren, verknüpfen und auflösen«. Freud war es, »der als erster die Realität des aus Arzt und Krankem bestehenden Paars akzeptiert hat und sich dazu entschloß, von ihnen seinen Blick und seine Untersuchung nicht abzulenken; der als erster nicht versucht hat, diese Realität in einer psychiatrischen Theorie wohl oder übel zu verschleiern, die mit dem Rest der ärztlichen Kenntnisse in Einklang gebracht würde«. (98) Gleichzeitig soll Freud, Foucault zufolge, den Allmächtigkeits-Status des Arztes festgeschrieben haben: »Als erster hat er die Konsequenzen, die sich aus der Realität dieses Paares ergaben, mit aller Strenge verfolgt. Freud hat alle anderen Strukturen des Asyls entmystifiziert, er hat das Schweigen und den Blick beseitigt, er hat das Wiedererkennen des Wahnsinns durch sich selbst im Spiegel seines eigenen Schauspiels aufgehoben und läßt die Instanzen der Verurteilung zum Schweigen kommen. Jedoch hat er dagegen die Struktur, die die ärztliche Gestalt einhüllte, ausgebeutet, indem er deren thaumaturgische erweitert und dem Arzt den quasi göttlichen Status der Allmächtigkeit verliehen hat.« (99) Wir werden noch zu prüfen haben, ob diese Sichtweise zutrifft. Kehren wir fürs erste mit Freud zurück zu Charcot.

Freud hat Charcot vier Monate lang in Paris erlebt, 1886/87. Obwohl er damals bereits Privatdozent war und dazuhin aus einer berühmten medizinischen Hochburg, nämlich aus Wien, kam, hat er Charcot sogleich in die Rolle seines Lehrers eingesetzt. Nicht nur ist er mit geradezu überschwenglicher Begeisterung für Charcot nach Wien heimgekehrt und hat, wie auch

Jones einräumt, damit die Wiener medizinischen Größen (in dem berühmten Vortrag vor der Wiener Gesellschaft der Ärzte) verärgert; er hat seiner deutlichen Verehrung für Charcot auch dadurch Ausdruck verliehen, daß er seinem erstgeborenen Sohn Charcots Vornamen Martin gab. Unverhüllt kommen diese Verehrung und die sachliche Reverenz, die er Charcot, der ihn auf den richtigen Weg gebracht habe, schuldete, in seinem Nachruf auf Charcot aus dem Jahr 1893 zum Vorschein. Sein Gedenkwort beginnt mit dem Satz:

»Mit J. M. Charcot, den nach einem glücklichen und ruhmvollen Leben am 16. dieses Jahres ein rascher Tod ohne Leiden und Krankheit ereilte, hat die junge Wissenschaft der Neurologie ihren größten Förderer, haben die Neurologen aller Länder ihren Lehrmeister, hat Frankreich einen seiner ersten Männer allzufrüh verloren.« (100)

Sodann fährt er fort:

»Charcot selbst war des Sieges seiner Lehren von der Hysterie vollkommen sicher; wollte man ihm einwenden, daß die 4 Stadien des Anfalls der Hysterie bei Männern usw. anderswo als in Frankreich nicht zu beobachten seien, so wies er darauf hin, wie lange er diese Dinge selbst übersehen habe und wiederholte, die Hysterie sei allerorten und zu allen Zeiten die nämliche. Gegen den Vorwurf, daß die Franzosen eine weit nervösere Nation seien, als andere, die Hysterie gleichsam eine nationale Unart, war er sehr empfindlich und konnte sich sehr freuen, wenn eine Publikation ›über einen Fall von Reflexepilepsie‹ bei einem preußischen Grenadier ihm auf Distanz die Diagnose der Hysterie ermöglichte.

An einer Stelle seiner Arbeit ging Charcot über das Niveau seiner sonstigen Behandlung der Hysterie hinaus, und tat einen Schritt, der ihm für alle Zeiten den Ruhm des ersten Erklärers der Hysterie sichert. Mit dem Studium der hysterischen Lähmungen beschäftigt, die nach Traumen entstehen, kam er auf den Einfall, diese Lähmungen, die er vorher sorgfältig von den organischen differenziert hatte, künstlich zu reproduzieren und bediente sich hierzu hysterischer Patienten, die er durch Hypnotisieren in den Zustand des Somnambulismus versetzte. Es gelang ihm durch lückenlose Schlußfolge nachzuweisen, daß diese Lähmungen Erfolge von Vorstellungen seien, die in Momenten besonderer Disposition das Gehirn des Kranken beherrscht haben. Damit war zum ersten Male der Mechanismus eines hysterischen Phänomens aufgeklärt und an dieses unvergleichlich schöne Stück klinischer Forschung knüpfte dann sein eigener Schüler P. Janet, knüpften Breuer und andere an, um eine Theorie der Neurose zu entwerfen, welche sich mit der Auffassung des Mittelalters deckt, nachdem sie den ›Dämon‹ der priesterlichen Phantasie durch eine psychologische Formel ersetzt hat.« (101)

In bemerkenswerter Weise rückt Freud hier zwei Männer vor sich in die Reihe der ›Pioniere‹ ein: Breuer und Janet – Janet als den Erben des Charcotschen Hysteriewerkes.

P. Janet war drei Jahre jünger als Freud, Absolvent der École Normale Superieure, Neffe eines bekannten Philosophen, mit 22 Jahren Gymnasialprofessor, der sich an seinem Wohnort Le Havre in den achtziger Jahren der Erkundung der Hypnose und der Hysterie zuwandte. Zwischen 1882 und 1888 führte er Untersuchungen in Le Havre durch, die er in der *Revue philosophique* in Fortsetzungen veröffentlichte. Er machte Entdeckungen zum Zusammenhang von Symptomatik und Lebensgeschichte – bis hin zur Ausbildung einer Theorie der seelischen Spaltungen, d. h. der Anerkennung unbewußter Prozesse. Die Entdeckung der lebensgeschichtlichen Bedeutung der Symptome fußte auf der Entwicklung einiger methodischer Regeln:

1. Man soll »seine Patienten immer allein, ohne Zeugen, untersuchen«.
2. Es gilt, »alles genau aufzuschreiben, was der Patient sagte oder tat«. (Dies nannte Janet die »Füllfederhalter-Methode«).
3. Man soll »die ganze Lebensgeschichte und die früheren Behandlungen seiner Patienten genau [. . .] überprüfen«. (102)

Schon diese wenigen Hinweise zum Verfahren und zu den Erkenntnissen Janets verraten eine deutliche Nähe zu dem, was später als die »kathartische Methode« Breuers bekannt geworden ist. Die Ähnlichkeit in der Sache und im Vorgehen, die Übereinstimmungen zwischen Janets Psychologie und der Psychoanalyse sind denn auch immer wieder für die Gegner der Psychoanalyse ein Anlaß gewesen, an Freuds Originalität zu zweifeln, Janet gegen Freud auszuspielen. Prüfen wir, was davon zu halten ist.

Die »moderne Behandlung der Nervenschwäche« im Vorfeld der Psychoanalyse

Charcot – Janet – Breuer – Freud. Unterbrechen wir diese historische Reihe, um einen in der Wissenschaftsgeschichte fast ausnahmslos übergangenen Vorposten der Psychoanalyse ins Auge zu fassen: die Praxis und den Erkenntnisstand der deutschen, insbesondere der Wiener Nervenheilkunde. Freud selbst hat dieser Verdunkelung Vorschub geleistet, indem er oft, vielleicht zu oft, seine Dankesschuld gegenüber der französischen Psychiatrie bekannte und so zu vergessen begünstigte, daß er 13 Jahre in der Wiener Medizin zu Hause gewesen war, bevor er für nicht mehr als vier Monate bei Charcot weilte, und daß er danach über mehrere Jahre hin als freipraktizierender Nervenarzt sich am allgemeinen, dem damals üblichen psychiatrischen Repertoire orientierte, worin die Hypnose – im Liébeault-Bernheimschen Sinne – eine von mehreren anderen Therapieformen war. (1889, vielleicht sogar erst ein, zwei Jahre später, wandte er konsequent das kathartische Verfahren an.) Für Freuds ganzes Arbeitsleben gilt allerdings: Die beharrlich strenge Auseinandersetzung zwischen klinischer Erfahrung und theoretischer Begründung verdankte sich der Arbeitsweise der Wiener Schule, und zwar nicht nur ihrem theoretischen, sondern auch ihrem klinischen Programm.

Es gibt noch einen weiteren Grund dafür, einen genauen Blick auf das bisher unbeachtete Terrain der deutschen bzw. Wiener Hysterieforschung und Hysteriebehandlung zu werfen: Sowohl Charcots wie auch Bernheims Ansichten der Hysterie gründeten in deren Krankenhaus- bzw. Asylerfahrung. Worin aber Freud sich zurechtfinden mußte, war die weit weniger spektakuläre Allerweltshysterie, also jene Hysterie, die herüberspielt ins »Gesunde«:

»Nervös kann vorübergehend jeder Gesunde durch die Einwirkung verschiedener Umstände werden; es verrät sogar eine abnorme oder wenigstens ungewöhnliche Beschaffenheit des Nervensystems, unter gewissen Verhältnissen nicht nervös zu werden. Das Hangen und Bangen, das auch den mit ruhigem Temperamente Begabten im Angesichte lebenswichtiger oder für solche gehaltener Entscheidungen befällt, der Gemüthszustand, in den uns der Anblick einer ernsten Gefahr für ein theueres Familienglied oder die lange Zeit andauernde Einwirkung peinlicher Sinneseindrücke versetzt, die Unruhe, die uns beschleicht, wenn es sich um die Erreichung eines wichtigen Zieles zu bestimmter Zeit handelt, alles das sind lediglich Aeusserungen einer Nervosität, die jedoch mit der Beseitigung ihrer Ursache sofort wieder schwinden kann. Dieser transitorischen und, man könnte wohl auch sagen, physiologischen Nervosität steht die andauernde, lebenslängliche, sehr häufig schon angeborene gegenüber, die ihre Repräsentanten in allen Bevölkerungsschichten, ganz besonders aber in den sogenannten gebildeten Ständen zählt. Die betreffenden Personen können den Anschein völliger Gesundheit darbieten, bekunden jedoch ein Verhalten des Nervensystems, das sich von dem des Durchschnittsgesunden in verschiedenen Beziehungen deutlich unterscheidet. Sie zeigen äusseren Eindrücken wie psychischen Erregungen gegenüber eine erhöhte Empfindlichkeit. Geringere Reize als beim Gesunden genügen bei denselben, um Unlust oder Schmerz, Aerger, Schrecken u. s. w. herbeizuführen. Der grösseren gemüthlichen Erregbarkeit (Empfindsamkeit) entspricht auch ein häufiger Wechsel der vorherrschenden Gefühle, ein rascheres Umschlagen der Stimmung. Dabei zeigen sich die Affectvorgänge von viel mächtigerer Einwirkung auf das gesammte Nervensystem als bei Gesunden. Kopfschmerz, Gesichtsblässe, Zittern, Ohnmachtsanwandlungen, Verdauungsstörungen, Durchfall können bei gemüthlichen Erregungen entstehen, die bei dem Gesunden keine Störung in irgend einer Function bewirken. Mit der gesteigerten Erregbarkeit geht eine leichtere Erschöpfbarkeit des Nervensystems Hand in Hand. Es bekundet sich dies namentlich da, wo es sich um ein Standhalten unangenehmen Eindrücken gegenüber handelt. Der Wille kann hierbei gut entwickelt sein; das Instrument, der nervöse Apparat, versagt jedoch, wo grössere Anforderungen an denselben gestellt werden.« (103)

Diese Textstelle ist der Monographie des Münchner Nervenarztes Leopold Löwenfeld: *Die moderne Behandlung der Nervenschwäche (Neurasthenie), der Hysterie und verwandter Leiden* entnommen. Das Buch erschien 1887, also zu der Zeit, da Freud sich als Praktiker niedergelassen hat. Löwenfeld war ein bekannter Autor, der zweifellos zu einem repräsentativen Überblick über den damaligen Problem- und Wissensstand fähig war. »Er war mit Freud befreundet und Freud achtete ihn so sehr, daß er von ihm auch scharfe Kritik hinnahm. [...] Freud antwortete in der Arbeit ›Zur Kritik der Angstneurose‹. [...] Die Freundschaft wurde nur noch enger und noch einige Jahre später forderte Löwenfeld Freud auf, zu einem seiner Bücher einen Beitrag über die psychoanalytische Methode zu liefern. Ein Jahr später schrieb Freud für Löwenfelds ›Sexualleben und Nervenleiden‹ ein Kapitel. Löwenfeld war einer der wenigen, die am ersten internationalen Psychoanalytischen Kongreß im Jahr 1908 teilnahmen.« (104)

Das sind sicherlich gute Gründe, die Löwenfeldsche Darstellung der Hysterie für eine verläßliche Bestandsaufnahme dessen, was Freud als nervenärztlicher Praktiker an Erkenntnissen vorfand, anzusehen.

Bemerkenswert ist, daß Löwenfeld die Ursache der Hysterie, im Gegensatz zur französischen Psychiatrie, nicht vorrangig in degenerativen, d. h. erblich-konstitutionellen Vorbedingungen sucht, sondern daß er einen Standpunkt einnimmt, der uns eigentümlich modern anmutet, obwohl er ganz der sozialmedizinischen deutschen Tradition, in der schon Rudolf Virchow gestanden hat, entspricht:

»Die socialen und Culturverhältnisse einer Zeit spiegeln sich auch in den vorherrschenden körperlichen Leiden ab. Was man als Modekrankheit bezeichnet, ist wesentlich die traurige Consequenz von Verhältnissen, deren gesundheitszerrüttendem Einflusse breite Volksmassen sich nicht zu entziehen vermögen. In der Gegenwart spielen die Rolle einer Modekrankheit in diesem Sinne jene Affectionen des Nervensystems, die vom grossen Publikum als Nervenschwäche oder Nervosität gewöhnlich bezeichnet werden und in der Wissenschaft unter den Hauptsignaturen Neurasthenie und Hysterie figuriren. Die Zunahme dieser Uebel in den letzten Decennien lässt sich zwar nicht ziffermässig feststellen, sie ist jedoch ganz allgemein und namentlich in den Grossstädten, den Centren der industriellen, wissenschaftlichen und künstlerischen Thätigkeit, eine so augenscheinliche, dass sie bereits auch in nichtmedicinischen Kreisen, in welchen man Interesse für die Volksgesundheit hegt, ernste Besorgnisse wachgerufen hat. Aerztlicherseits hat man bisher keineswegs mit verschränkten Armen dem Anwachsen dieser Zustände zugesehen. Man hat auf eine Reihe hiermit zusammenhängender Schäden in unserem modernen Erziehungssysteme, in unserem geschäftlichen und öffentlichen Leben hingewiesen und es auch nicht an eindringlichen Mahnungen zur Beseitigung derselben fehlen lassen. Man hat ferner vielseitig sich bemüht, unsere Mittel zur Bekämpfung der entwickelten Leiden zu vermehren und wirksamer zu machen. In Nord-Amerika, in England, Frankreich und in Deutschland haben hervorragende Ärzte ihre volle Aufmerksamkeit dem Leiden geschenkt.« (105)

In welchem Umfang die ärztliche Praxis damals bereits wissenschaftlich durchdrungen, d. h. Praxis einer naturwissenschaftlichen Medizin gewesen ist, drückt sich in den einleitenden Handlungsanweisungen Löwenfelds aus. Wir finden dort drei Grundempfehlungen für eine naturwissenschaftlich-medizinische Diagnostik:

1. Gefordert wird eine sorgfältige anamnestische Bestandsaufnahme, die die einzelnen Krankheitsphänomene in das entfaltete Netz einer Nosologie, d. h. einer Krankheitslehre, einfügt. Jede Krankheit hat ihren festen Ort in einer naturwissenschaftlich begründeten Medizin.

2. Es gilt, »das bestehende nervöse Leiden bis zu den ersten Anfängen mit aller Sorgfalt zu verfolgen und d. h. die formale Genese des Leidens, die Entwicklung der Krankheit über ihre verschiedenen Stadien genau zu registriren«.

3. Der Arzt muß vor allem Einblick in die kausale Genese, d. h. in die Ursache der Erkrankung gewinnen.

Schauen wir uns den Katalog ärztlicher Verhaltensgrundsätze im Löwenfeldschen Text an:

»Um den Dingen, um welche es sich hier handelt, auf den Grund zu sehen, bedarf der Arzt zunächst des vollen, unbedingten Vertrauens seines Patienten und eines gewissen Taktes. Denn nicht selten handelt es sich um die Ermittelung von Umständen, über welche Niemand ohne eine gewisse Scheu einem Fremden Eröffnungen macht. Sodann darf der Behandelnde sich die Mühe nicht verdriessen lassen, den ganzen äusseren Lebensgang des Kranken zu studiren, über die Krankheiten, welche derselbe durchgemacht, und sonstige in gesundheitlicher Beziehung wichtige Vorgänge in seinem Leben, sowie die Gesundheitsverhältnisse seiner Verwandtschaft (De- und Ascendenz insbesondere) sich eingehend zu unterrichten und das bestehende nervöse Leiden bis zu den ersten Anfängen mit aller Sorgfalt zu verfolgen. Dass sich hieran eine eingehende körperliche Untersuchung schliessen muss, bedarf wohl keiner weiteren Ausführung. Nur auf diesem Wege können wir uns ein klares Bild von den Ursachen der bestehenden nervösen Störungen verschaffen und uns davor schützen, Folgen oder Theilerscheinungen des Nervenleidens für Ursachen desselben zu halten, wie es keineswegs selten geschieht (von verhängnissvolleren Irrthümern ganz abzusehen).« (106)

Es fällt auf, daß dieser Katalog einen Passus enthält, der die klinisch-experimentellen Forschungsanweisungen relativiert – gefordert wird, im Sinne einer Untersuchungsbedingung, ausdrücklich ein Vertrauensverhältnis: es »bedarf der Arzt zunächst des vollen, unbedingten Vertrauens seines Patienten«, denn es gehe um die Ermittlung von »Umständen, über welche niemand ohne eine gewisse Scheu einem Fremden Eröffnungen macht«. Es ist nicht zu übersehen, daß in diesem Satz sich die »Realität des aus Arzt und Patient bestehenden Paares« abzeichnet, verbunden mit einem Gebot – das Vertrauen »bedarf eines gewissen Taktes« –, das die ärztliche Situation als Schutzzone intimer Geständnisse definiert. Wozu aber dieser Schutz? Wozu der geforderte »Takt«? Nun, hier kündigt sich als Untersuchungsgegenstand jene Problematik an, die in der Psychoanalyse dann zentral stehen wird: der Konflikt zwischen kulturellen Normen und subjektivem Verhalten. Und die Spannung zwischen Norm und Normwidrigkeit, auf die angespielt ist, schließt ausdrücklich »sexuelle Excesse und Verirrungen« ein:

»Die nächsten oder directen Ursachen der nervösen Schwächezustände lassen sich im Wesentlichen in vier Gruppen sondern:
1. Erschöpfung des Nervensystems durch Leistungen auf geistigem oder körperlichem Gebiete, oder beiden Gebieten zugleich: geistige Ueberanstrengung, sexuelle Excesse und Verirrungen, körperliche Strapazen, übermässige Inanspruchnahme einzelner Muskelgebiete (anhaltendes Stehen, Ueberanstrengung der Arme bei gewissen Arbeiten etc.), Ueberanstrengung der Augen, Nachtwachen u. s. w.
2. Erschöpfung des Nervensystems durch zu häufig oder anhaltend einwirkende oder zu intensive Erregungen centralen oder peripheren Ursprunges: Kummer, Sorgen, Aerger, Schrecken, aufregende Speculationen, unbefriedigter Ehrgeiz, Krankheiten, die mit heftigen Schmerzen oder anderen peinlichen Sensationen (Ohrensausen, Hautjucken) einhergehen, Magen- und Darmleiden, Sexualerkrankungen.
3. Schädigung des Nervensystems durch mangelhafte Ernährung und Intoxicationen: Blutarmuth in Folge von Blut- und Säfteverlusten, Chlorose, dürftige Ernährung, Entfettungscuren, schwere fieberhafte Allgemeinerkrankungen, Uebermass im Genuss von Kaffee, Thee, Spirituosen, Tabak, Morphinismus, anhaltender Aufenthalt in sehr dumpfen Räumlichkeiten etc.
4. Mechanische und thermische Schädlichkeiten: heftige Körpererschütterung (durch Eisenbahnunfälle, Sturz vom Pferde etc.), Arbeiten in überheizten Räumen, Insolation u. s. w.).« (107)
Noch einmal treffen wir hier auf die traditionellen Verschränkungen, die alten ärztlichen Mythen, nun aber vermischt mit naturgesetzlich begründeten Annahmen im Rahmen szientifisch aufgeklärter Krankheitslehre. Doch wichtiger als diese Feststellung ist, daß auf der Ebene der körperlichen Prozesse eine zweifache Wurzel des Leidens angenommen wird. Einerseits ist stets das Nervensystem betroffen, andererseits sind Beschädigungen anderer Organe, anderer Körperfunktionen mit am Werke. Aus dem uralten Hysteron-Hysterie-Konzept ist so, naturwissenschaftlich nüchtern, eine Doppelerklärung herausgeschält worden:

– eine Organerkrankung der Sexualorgane und
– der sexuelle Exzeß als Traumatisierung, als Nervenschaden.
Bemerkenswert ist, daß beides für beide Geschlechter gilt, wenn auch in unterschiedlicher Gewichtung. Die weibliche Hysterie erscheint weiter verbreitet, doch es wird auch die männliche Hysterie anerkannt. So im folgenden Fall:

»Ein junger Mann, Geschäftsreisender, hatte von einer vor Jahren acquirirten Gonorrhoe eine chronische Urethritis behalten, die im Laufe der Zeit verschiedene neurasthenische Beschwerden nach sich zog. Zur Beseitigung der Urethritis unternahm der Patient eine Reihe von Curversuchen bei verschiedenen Aerzten an verschiedenen Orten Deutschlands, darunter auch bei anerkannten Fachautoritäten auf dem Gebiete der Geschlechtskrankheiten. Das Endresultat aller dieser Bemühungen war, dass der junge Mann eine Neurasthenie schwerster Form besass, die denselben vollständig arbeitsunfähig machte; die Curversuche hatten überdies sein nicht sehr beträchtliches Vermögen vollständig verschlungen.« (108)

Ob Mann oder Frau, die Sexualorgane erscheinen als das Zentrum der Krankheit. Ihnen wird eine entscheidende ursächliche Einwirkung auf das Nervensystem zugeschrieben, freilich in einem bedeutsamen Wechselverhältnis:

»Die Loslösung des nervösen Leidens von den primären Ursachen und unabhängige Fortexistenz desselben selbst nach Beseitigung dieser ist eine Thatsache, der wir keineswegs lediglich bei den Sexualerkrankungen begegnen. In der That handelt es sich hier um eine allgemeine Erscheinung. Wenn die Veränderungen in den Centralorganen, welche dem neurasthenisch-hysterischen Zustande zu Grunde liegen, einmal durch irgend welche Ursachen längere Zeit hindurch unterhalten wurden, so ist mit der Entfernung letzterer keineswegs die Rückkehr der Centralorgane zum normalen Verhalten gesichert; es hängt hier wesentlich von der primären Beschaffenheit des Nervensystems, namentlich dem Vorhandensein oder Mangel angeborener neuropathischer Constitution ab, ob die Beseitigung der ursächlichen Momente eine Ausgleichung der gesetzten nervösen Störungen anbahnt oder nicht; letztere vollzieht sich, wenn überhaupt, immer nur sehr allmälig und in

nicht wenigen Fällen ist eine vollständige Restitution des Nervensystems überhaupt nicht mehr erreichbar.
Die Folgerungen, welche sich aus diesen Thatsachen für den Praktiker ergeben, sind ebenso einfach als bedeutsam. So wichtig zweifellos bei Neurasthenie und Hysterie die Aufdekkund und Beseitigung der Ursachen ist, so dürfen wir dennoch keineswegs glauben, hiemit auch in jedem Falle das durch die Sachlage Geforderte gethan zu haben. Wo die genannten Leiden seit Langem bestehen, da ist, gleichgültig wodurch die Zerrüttung des Nervensystems zu Stande kam, zumeist wenigstens noch eine das Nervensystem direct beeinflussende Behandlung erforderlich, um Heilung oder wenigstens das im individuellen Falle erreichbare Mass von Besserung zu erzielen. Die Aussichten auf vollständige Wiederherstellung sind ferner im Allgemeinen um so günstiger, je früher das Leiden zur Behandlung gelangt. ›Principiis obsta.‹ Dieser Grundsatz muss in jedem Falle, der uns hiezu Gelegenheit bietet, nachdrücklichst bethätigt werden, namentlich aber da, wo angeborene neuropathische Constitution vorliegt.« (109)
Nochmals: Die Nerven gelten als die »Centralorgane«. Der sexuelle »Excess« rangiert unter den Hauptquellen der Nervenleiden. Als »schädlich« gilt allerdings auch die Abstinenz. So heißt es bei Löwenfeld:
»Ein Umstand, welcher gleichfalls sorgfältige Berücksichtigung bei Nervenleidenden erheischt, ist der geschlechtliche Verkehr. Die grosse Rolle, welche Vorgänge im Bereiche der sexuellen Thätigkeit als Ursachen nervöser Erschöpfung spielen, zeigt zur Genüge, welche Wichtigkeit einer Regulirung dieser Verhältnisse zukommt. Wir müssen hier zunächst in Betracht ziehen, dass jede Art unnatürlicher Befriedigung des Geschlechtstriebes Gefahren für das Nervensystem in sich birgt, dass ferner sexuelle Excesse ebensowohl als Abstinenz schädliche Wirkungen nach sich ziehen können. Was jedoch als Excess zu betrachten ist, ist rein individuell; die sexuelle Leistungsfähigkeit der einzelnen Personen schwankt ganz ausserordentlich. Man kann als einen ziemlich zuverlässigen Anhaltspunkt für das zu Erlaubende zunächst das Befinden nach der Cohabitation verwerthen. Wo letztere ungünstig auf das Befinden wirkt, ist die Ausübung derselben, wenn nicht

ganz zu untersagen, so doch jedenfalls sehr einzuschränken. Um die gebotene relative oder absolute Abstinenz aber auch für den Patienten ohne besondere Schwierigkeiten und Nachtheile durchführbar zu machen, müssen alle Gelegenheiten zu sexueller Reizung gemieden werden; Eheleute müssen daher wenigstens in gesonderten Räumen schlafen. Im Uebrigen ist der geschlechtliche Verkehr namentlich bei entkräfteten, körperlich heruntergekommenen und älteren Individuen zu beschränken. Man beobachtet bei letzteren zuweilen sogar gesteigerte geschlechtliche Bedürfnisse, deren unbehinderte Befriedigung höchst ungünstig auf das Nervensystem wirkt.« (110)

Im übrigen ist es für die Frage des Zusammenhangs von Hysterie und Sexualität von Belang, daß die Vermutung, es bestehe ein solcher, im Jahre 1887 keineswegs mehr neu war. So heißt es schon in dem Lehrbuch von Romberg von 1854 über die Ursachen der Hysterie:

»*Ursachen*, Bedingung für die Entstehung der Hysterie ist die Geschlechtsreife des Weibes, sei es im Erscheinen, oder im Bestehen, oder beim Scheiden, zumal dem frühzeitigen. Die Zahl der Jahre trägt hierzu nichts bei, denn in den Tropen und in gewissen Ländern Europa's, z. B. Polen, wo im Allgemeinen die Pubertät früh eintritt, kann schon ein zwölfjähriges Mädchen hysterisch sein. Erbliche, und durch üppige, schlaffe Lebensweise erworbene Anlage ist unleugbar. Am fruchtbarsten sind schwächende Einflüsse, durch Ueberreizung, oder durch Säfteverlust, besonders der Geschlechtsorgane, onanistische Excesse, aufreizender, nicht befriedigender Coitus, wiederholte Fehlgeburten, schnell auf einander folgende Schwangerschaften und Lactationen, Leucorrhöen, Metrorrhagieen, gehören dahin. Auch vorenthaltener Geschlechtsgenuss, besonders nach früherer Befriedigung, dürftige oder unterdrückte Catamenien sind nicht seltene Ursachen. Unter den schwächenden Anlässen sind auch ungehörige oder übertriebene Blutentleerungen zu nennen. Die Beschaffenheit des Blutes, vor Allem die Anämie, übt einen wichtigen Einfluss: die der Chlorosis sich beigesellende Hysterie zeugt davon, so wie der Erfolg der die Blutcrasis verbessernden Eisenmittel. Auch anderweitige pathische Pro-

cesse, vorzüglich der trichomatöse, beschleunigen die Entstehung und Steigerung der Hysterie. Unter den psychischen Ursachen steht verfehlte Erziehung oben an: sowohl die schlaffe und frivole, die jedem Eindrucke eine zügellose Herrschaft einräumt, als die despotische, die des Willens Entäusserung ganz unterdrückt. Auch das Beispiel einer hysterischen Mutter bildet die Töchter zu dieser Krankheit heran. Sehnsüchtige Liebe, Eifersucht, Kränkung zumal der Eitelkeit, begünstigen unter den Gemüthsaffecten am meisten. Als gelegentliche Anlässe zeichnen sich diejenigen aus, welche körperliche und geistige Langeweile schaffen: anhaltende, gestreckte Lage einzelner Glieder oder des ganzen Rumpfes bei Fracturen, Luxationen, oder in orthopädischen Anstalten; langweilige Handarbeiten, Stricken, Nähen etc., Isolirung, Mangel an gewohnten Zerstreuungen. Emotion, atmosphärische Einflüsse, besonders grosse Hitze, electrische Spannung, stürmisches Wetter rufen leicht Anfälle hervor; Störungen der Digestion nicht minder.« (111)
Ginge es bei der Hysterie nur um die Spannung zwischen kulturellen Normen und sexuellem Verhalten, so müßte man Freud in diesem Punkte ebenso die Originalität bestreiten wie hinsichtlich der Sexualforschung, die vor ihm ja schon Krafft-Ebing und andere wissenschaftlich entfaltet haben. Wir werden jedoch sehen, daß der Freudsche Fund deutlich abweicht von den vorherigen. Allerdings müssen wir an der traditionellen psychoanalystischen Geschichtsschreibung kritisieren, daß sie vom Gang der Erkenntnis ein schiefes Bild gemalt hat, nicht ganz ohne Mitschuld Freuds. Weder hielt man in den achtziger Jahren des 19. Jahrhunderts an der alten Hysteronlehre fest, noch war die Feststellung der männlichen Hysterie eine Novität, auch war der Zusammenhang von Hysterie und Sexualverhalten, ja Sexualabstinenz längst erörtert worden. Jedoch – und dies ist entscheidend – sieht man sich die Zitate an, dann geht es allemal um das Problem einer richtigen Verhaltens*norm*. Es laufen sämtliche Erwägungen und Vermutungen auf Normalisierung, Reglementierung, d. h. auf soziale Anpassung hinaus. Normierung ist das Ziel. Dies gilt kennzeichnenderweise weit über den Rahmen der Sexualität hinaus, so in der Berufsarbeit, so auch beim Essen. Der schädliche Effekt auf das Nervensystem wird in einem soge-

nannten nicht-»natürlichen«, modern gesprochen: in einem nicht sozial gebilligten Verhalten lokalisiert. Dementsprechend ist die erste Sorge die Durchsetzung der geltenden Norm:

> »In manchen Fällen nervöser Erschöpfung und Ueberreizung genügt indess die Abhaltung von Einwirkungen, die schädliche gemüthliche Erregungen hervorrufen, nicht, um dem Nervensystem das nöthige Mass der Ruhe zu verschaffen. Wir müssen hier auch für möglichste Ausschliessung aller Sinnesreize, aller Willensanstrengungen und anstrengender Denkprocesse Sorge tragen. Es geschieht dies, indem wir den Kranken in einem Zimmer unterbringen, zu welchem ausser dem Arzte und der gewählten Pflegeperson Niemand Zutritt hat, und hier für längere oder kürzere Zeit zu Bette liegen lassen. Diese strenge Art der Isolirung ist in der Wohnung des Kranken wohl nur in den seltensten Fällen in zuverlässiger Weise durchzuführen; gewöhnlich erheischt dieselbe die Entfernung desselben aus seiner Häuslichkeit. Dass dieses Verfahren geeignet ist, einen mächtigen Einfluss auf das Nervensystem der Leidenden auszuüben, liegt sehr nahe. Dieselben werden von dem Orte und der Umgebung, in welchen ihr Leiden gross geworden ist, in eine Atmosphäre der Ruhe und Ordnung versetzt; sie können weder durch ein Uebermaß von Theilnahme, noch durch Rücksichtslosigkeiten gemüthlich alterirt werden; auch jene so häufige Form der Selbstquälerei durch den Gedanken, lieben Angehörigen Kummer und Mühe zu bereiten, kommt hier in Wegfall. Klagen und Bedenken gegen die ärztlichen Verordnungen finden kein Echo, keine Unterstützung mehr bei der Umgebung; hiedurch wird den Kranken manche schmerzliche Gemüthsbewegung erspart und die Fügsamkeit gegenüber den ärztlichen Verordnungen wesentlich erleichtert.« (112)

Auch Freude, Vergnügung und Wunscherfüllung werden ganz in den Dienst der Normierung gestellt. Die Therapie orientiert sich am Gedanken einer umfassenden Regulierung und Reglementierung:

> »Im Uebrigen ist die Freude, die ja oft nur als Contrastwirkung, in Folge der Beseitigung schmerzlicher Gefühle auftritt, eine Medicin von unschätzbarem Werthe für Nervenleidende; ihr Einfluss ist um so grösser, je mehr das Leiden

durch Gemüthsbewegungen entgegengesetzter Art bedingt war. So bewirkt die Erfüllung längst gehegter, heisser Wünsche, die Befriedigung von Leidenschaften, wie geheimer Liebe, brennenden Ehrgeizes etc., mitunter geradezu wunderbare Wandlungen in dem Befinden. Der günstige Einfluss der Freude muss daher so weit als thunlich bei jeder Art von Behandlung in Rücksicht gezogen, es muss den Wünschen des Kranken jedes zulässige Entgegenkommen gezeigt werden. Wer für das Gebirge schwärmt, wird hier eher gesunden als an einem anderen minder sympathischen Aufenthaltsorte, und es wird nicht rathsam sein, einen solchen z. B. an die See zu schicken. Wer ein Freund heiterer Gesellschaft ist, dem soll solche ohne dringende Veranlassung nicht entzogen werden. Es ist daher auch sehr nützlich, den Kranken auf etwaige Fortschritte in seinem Befinden von Zeit zu Zeit aufmerksam zu machen.« (113)

Man muß sich dieses ideologische Programm der Reglementierung, Disziplinierung und Normalisierung, d. h. der sozialen Zwangsanpassung vergegenwärtigen, um Eingriffe wie die Ätzung der Klitoris zur Heilung der Hysterie wenigstens abstrakt begreifen zu können. Löwenfeld beschreibt die Prozedur folgendermaßen:

»Von dem verstorbenen Heidelberger Kliniker Friedreich wurde die Behandlung der Hysterie durch Aetzung der Clitoris mit dem Höllensteinstifte vorgeschlagen. Friedreich erzielte durch dieses Verfahren in acht Fällen schwerer Hysterie anscheinend Heilung. Die betreffenden Patientinnen waren wahrscheinlich sämmtlich der Masturbation ergeben. In zwei der auf diesem Wege geheilten Fälle, die weiter verfolgt werden konnten, traten Recidive ein; über die Andauer der ›Heilung‹ in den übrigen Fällen liegt keine Nachricht vor. Auch Hinze (St. Petersburg) berichtet über Befreiung eines jungen Mädchens von hysteroepileptischen Anfällen durch diese Procedur. Ich hatte ebenfalls Gelegenheit, einiges über die Wirkungen der Friedreich'schen Methode in einem Falle schwerer Hysterie zu erfahren. Bei der betreffenden Patientin, einer seit langer Zeit bettlägerigen Dame in den Vierzigern, war von einem Collegen die Cauterisation der Clitoris ausgeführt worden. Der Erfolg dieses Heilversuches bestand in Erzeugung einer der Patientin ungemein lästigen geschlechtlichen Aufregung, von welcher bei der Kranken früher nie etwas bestanden hatte. Im Uebrigen hatte der Krankheitszustand keinerlei Veränderung erfahren. Die Friedreich'sche Behandlungsmethode hat, und zwar mit Recht, keine grössere Beachtung gefunden. Das von mir Beobachtete dürfte wohl geeignet sein, vor der Anwendung dieses Verfahrens zu warnen.« (114)

Dieses abschreckende Beispiel, in dem die Verfolgungsstrategien der Hexenverbrennung und die moralistische Brutalität der Zuchtanstalten sich nochmals zu verbünden scheinen, steht für den einen Pol psychiatrischen Denkens und Tuns; den anderen Pol bilden Therapieverfahren, denen man Verständnis und Empathie nicht absprechen kann. Zu ihnen darf man die Mitchell-Playfairsche Mastkur rechnen, über die Freud seinerzeit in der *Wiener Medizinischen Wochenschrift* berichtet hat; er hat das Verfahren auch selbst angewandt. (115) Um dieses Behandlungsprogramm lebhaft vor Augen zu stellen, möchte ich ein Stück Krankengeschichte aus Mitchells Publikation zitieren. Der Bericht selbst stammt von dem an der Verbreitung des Verfahrens verdienten englischen Arzt Playfair:

»Am 10. Septbr. erschien bei mir ein Herr, um mich betreffs seiner Frau zu consultiren: von einem Verwandten, einem wohlbekannten Arzte in London, war seine Aufmerksamkeit auf frühere Schriften von mir gelenkt worden, und so kam er zu mir. Er berichtete, dass seine Frau jetzt fünfundfünfzig Jahre alt sei, und dass sie zehn Jahre ihrer Ehe in Indien zugebracht habe. Im Alter von dreissig Jahren war sie durch mehrere auf einander folgende Fehlgeburten sehr geschwächt worden, und seitdem ward sie immer kränker und kränker. Einer getroffenen Verabredung gemäss schrieb er mir folgendes: ›Ich werde Ihnen sogleich eine kurze Skizze ihrer Krankheit geben. Wir sind vierunddreissig Jahre verheirathet, von denen sie die letzten zwanzig Jahre im Bett oder auf dem Sopha zugebracht hat. Sie ist unfähig auch nur zu stehen, und hat zu heftige Rückenschmerzen, als dass sie das Aufrechtsitzen zu ertragen vermöchte. Sie ist gänzlich von Kräften, hat ein höchst nervöses Temperament und leidet unaufhörlich an Neuralgie. Sie hat überdies eine Krümmung der Wirbelsäule

nach aussen, bietet aber nicht das leiseste Symptom einer Lähmung. Glücklicherweise berührt sie kein Morphium, noch sonst ein narkotisirendes oder excitirendes Mittel, ausser dass sie ein oder zwei Glas Wein täglich trinkt. Dass sie sich schon lange in einem Zustande von Hysterie befunden, ist die Ansicht fast all der zahlreichen Aerzte, die sie gesehen haben.‹
Der Versuch einen so schweren Fall wie diesen zur Heilung zu bringen, war gewiss eine schwere Probe für unsere Behandlungsmethode; gleichwohl entschloss ich mich diese Probe zu wagen. Ich liess die Patientin aus ihrem eigenen Heim entfernen und in einer gemietheten Wohnung isoliren. Ich fand sie im Bett, mit einer grossen Zahl kleiner Kissen am ganzen Körper gestützt, und abgemagerter, als ich je ein menschliches Wesen gesehen zu haben mich entsinne. [...] Der Appetit fehlte gänzlich und ausser etwas Milch, einigen Bissen Brot u. dergl., nahm sie fast gar keine Nahrung zu sich.
Vom ersten Tage der Behandlung an besserte sich der Zustand der Patientin in stetem, gleichmässigem Fortschreiten. Wundervoll geradezu war ihre Zunahme an Fleisch, und man konnte es wirklich sehen, wie sie von Tag zu Tag fetter ward. Innerhalb zehn Tagen waren alle ihre Quälgeister, Neuralgie und Rückenschmerz verschwunden, und seitdem hat man nie mehr etwas von ihnen vernommen; um dieselbe Zeit waren wir auch die vielen kleinen Kissen und alle anderen Krankengeräthschaften losgeworden.
Nicht ohne Interesse wird man sehen, wie weit unser System es bringt, wenn ich hier eine Kopie des Speisezettels vom zehnten Tage der Behandlung einfüge. Und all das verzehrt von dieser bettlägerigen Patientin, die zwanzig Jahre lang am Hungertuch genagt; und nicht nur mit Lust verzehrt, sondern auch vollkommen verdaut!
6 Uhr Morgens: 300 g ungekochter Fleischsuppe.
7 Uhr Morgens: eine Tasse schwarzen Kaffee.
8 Uhr Morgens: ein Teller Haferschleim mit einem Glas Sahne, ein gekochtes Ei, drei Butterbrotschnitte und Cacao.
11 Uhr Vormittags: 300 g Milch.
2 Uhr Mittags: ein halbes Pfund Rumpsteak, Kartoffeln, Blumenkohl, ein schmackhafter Eierkuchen und 300 g Milch.

4 Uhr Nachmittags: 300 g Milch und drei Butterbrotschnitten.
6 Uhr Nachmittags: eine Tasse Fleischbrühe.
8 Uhr Nachmittags: ein gebratener Fisch, drei grosse Schnitten Hammelbraten, grüne Bohnen, Kartoffeln, geschmortes Obst und Sahne und 300 g Milch.
11 Uhr Abends: 300 g rohe Fleischsuppe.
Dieselbe Diätscala wurde während der ganzen Behandlung beibehalten und rief nie, vom ersten bis zum letzten Tage, auch nur die geringsten dyspeptischen Symptome hervor; alles wurde mit Lust und Appetit verzehrt.« (116)
Diesem Diätbericht ist hinzuzufügen, daß die Kur mehrmals täglich – insgesamt bis zu eineinhalb Stunden andauernde – Körpermassagen einschloß.

Heinz Kohut hat als den entscheidenden Beitrag der Psychoanalyse zu den Humanwissenschaften die Einführung der Empathie bestimmt. Wirft man nun einen Blick auf den oben zitierten vorpsychoanalytischen Behandlungsbericht, dann will das nicht mehr so recht einleuchten. Denn Empathie kann man der Mitchellschen Methode keinesfalls absprechen. Ja, es wird in dieser Kur sogar in merkwürdig einfühlsamer Weise etwas vorweggenommen, das wir erst heute richtig einschätzen können: die Entfernung des Patienten aus dem konfliktuösen Familienklima, die Ermöglichung einer geradezu vollständigen Regression, begleitet von Fürsorge und Zuwendung wie für ein Kleinkind, dem alle zwei Stunden Milch gereicht wird, das gestreichelt wird, und so weiter.
Worin liegt dann der Unterschied zwischen dem vorpsychoanalytischen und dem Freudschen Ansatz? Worin besteht die Grenzlinie, die die späteren Psychotherapien von der vorpsychoanalytischen Psychiatrie trennt? Warten wir ab. Sehen wir uns die Krankengeschichte der Anna O. und ihre Folgen an. Vorher freilich müssen wir noch eine wichtige vor-Freudsche Entdeckung bedenken.

Pierre Janet und die Entdeckung des Unbewußten

Wir haben den vorletzten Abschnitt abgeschlossen im Blick auf Pierre Janet. Ich nehme an, daß nicht allen Lesern Janet bekannt ist, obgleich sich der einzige ernst zu nehmende Prioritätsstreit um einen zentralen psychoanalytischen Fund zwischen Freud und ihm abgespielt hat. Henry Ellenberger, dessen Geschichte der »Entdeckung des Unbewußten« soviel Furore macht, beendet den ersten der zwei Bände mit einer Abwägung zwischen Freud und Janet, die – zumal wenn man den Zug der vorangegangenen Argumentation berücksichtigt – die Frage nach dem »Entdecker des Unbewußten« wieder zu öffnen sucht:

»Der hundertste Geburtstag Freuds wurde 1956 an der Salpêtrière gefeiert; in Erinnerung an seinen Besuch in der Klinik Charcots 1885–1886 wurde eine Gedenktafel angebracht. Am hundertsten Geburtstag Janets im Jahre 1959 dachte jedoch niemand daran, ihm an der Salpêtrière eine Gedenkstätte zu errichten, obwohl er dort seine Studien an ›Madame D.‹, ›Marcelle‹, ›Justine‹, ›Achilles‹, ›Irène‹, der berühmten ›Madeleine‹ und so viele andere durchgeführt hatte. 1960, als eine Festschrift zur Gründung des Collège Sainte Barbe veröffentlicht wurde, enthielt sie eine glänzende Aufzählung berühmter Männer, die dort studiert hatten, den Namen Janets nicht. Schlimmer ist, daß Janets Werke niemals neu gedruckt worden sind; sie werden immer seltener oder sind gar nicht mehr zu bekommen.

Man kann also Janets Werk mit einer großen Stadt vergleichen, die wie Pompeji unter Asche begraben liegt. Das Schicksal jeder versunkenen Stadt ist ungewiß; es kann sein, daß sie auf immer begraben bleibt; es kann sein, daß sie verborgen bleibt, aber von Marodeuren geplündert wird. Vielleicht wird sie aber auch eines Tages wieder ausgegraben und zu neuem Leben erweckt.

Und so wurde, während der Schleier der Lesmosyne auf Janet fiel, der Schleier der Mnemosyne gelüftet, um seinen großen Rivalen, Sigmund Freud, festlich zu beleuchten.« (117)
Inhaltlich expliziert Ellenberger seine Bewertung der Janetschen Funde in folgender Weise:
»Das Konzept Bleulers von der Schizophrenie, wonach diese primäre Symptome mit einer Herabsetzung der Assoziationsspannung aufweist und sekundäre Symptome, die sich aus dem primären herleiten, war weitgehend eine Übersetzung des Janetschen Konzepts von der Psychasthenie mit ihrem Absinken der psychischen Spannung. Bleuler selbst hat gesagt, das Wort ›Autismus‹ bezeichne im Grunde unter positivem Aspekt das gleiche, was Janet vom negativen Aspekt aus den ›Verlust des Realitätssinns‹ genannt hatte.
C. G. Jung nimmt mehrmals Bezug auf Janet; er hatte im Wintersemester 1902/1093 die Vorlesungen Janets in Paris besucht. Der Einfluß von *L'Automatisme psychologique* ist daran zu erkennen, daß Jung annimmt, die Seele des Menschen umfasse eine Reihe von ›Unter-Persönlichkeiten‹ (Janets ›gleichzeitige psychische Existenzen‹). Bei der Definition des Wortes ›Komplex‹ erwähnte Jung, es entspreche der ›unterbewußten fixen Idee‹ Janets.
Das Werk Janets hat auch Adlers Individualpsychologie stark beeinflußt. Adler gibt selbst zu, daß seine Arbeit über das Minderwertigkeitsgefühl eine Weiterentwicklung der Beobachtung Janets über das ›sentiment d'incomplétude‹ darstellt.
Der Einfluß Janets auf Freud ist ein umstrittenes Problem; wir werden es in einem späteren Kapitel behandeln. Wir wollen uns hier damit zufriedengeben, ein paar Schlaglichter auf diese Frage zu werfen. In ihrer ›Vorläufigen Mitteilung‹ (1893) und in ihren *Studien über Hysterie* (1895) bezogen sich Breuer und Freud auf Janets Arbeit. Janets Fallgeschichten ›Lucie‹ (1886), ›Marie‹ (1889), ›Marcelle‹ (1891), ›Mme. D.‹ (1892), ›Achilles‹ (1893) und mehrere kürzere, zwischen 1886 und 1893 veröffentlichte Falldarstellungen enthielten Beispiele von hysterischen Patienten, die dadurch geheilt worden waren, daß ›unterbewußte‹ fixe Ideen wieder ins Bewußtsein zurückgebracht und durchgearbeitet worden waren. Auf die

große Affinität zwischen Freuds Konzept von der Übertragung und Janets Konzept vom ›somnambulen Einfluß‹ und vom ›Bedürfnis nach Lenkung‹ hat Jones in einer seiner frühen Schriften hingewiesen. Bei den *Formulierungen über die zwei Prinzipien des psychischen Geschehens* bezieht sich Freud, als er das Realitätsprinzip definiert, auf Janets ›fonction du réel‹. Janets ›Funktion der Synthese‹, die er später in seiner Psychologie der Tendenzen und in seiner Theorie vom Aufbau der Persönlichkeit erweiterte, nahm die Wandlung der Psychoanalyse Freuds von einer Psychologie des Unbewußten zu einer Ich-Psychologie voraus.« (118)
Fassen wir zusammen: Die Rivalität zwischen Freud und Janet kreist, nach Ellenberger, um zwei große Themen:
– die Entdeckung des Unbewußten und
– die Entwicklung eines Persönlichkeitsmodells, das in der Tat, um dies vorwegzunehmen, den Anschauungen Jungs, Adlers und der Kulturisten eher den Boden bereitet, als es Freuds triebtheoretisches Konzept tut. Das Janetsche Persönlichkeitsmodell steht auch all jenen Vorstellungen nahe, die Psychoanalyse nicht auf triebtheoretischer, sondern auf ichpsychologischer Basis zu begründen suchen – von Hartmann bis zu Kohut und Roy Schafer.

Doch stellen wir die Erörterung des zweiten Punktes zurück; bleiben wir bei der Frage nach der Entdeckung des Unbewußten. Hören wir zunächst Freud selbst an. 1907:
»Die Rückführung der nervösen, speziell der hysterischen Krankheitsleistungen auf die Macht unbewußter Gedanken hatte vor dem Verfasser schon Pierre Janet, der Schüler des großen Charcot und im Vereine mit dem Verfasser Josef Breuer in Wien unternommen.« (119)
1913 schreibt Freud von den hysterischen Anfällen:
»Charcot versuchte die Mannigfaltigkeit ihrer Erscheinungsform in deskriptive Formeln zu bannen; Pierre Janet erkannte die unbewußte Vorstellung, die hinter diesen Anfällen wirkt; die Psychoanalyse hat dargetan, daß sie mimische Darstellungen von erlebten und gedichteten Szenen sind, welche die Phantasie der Kranken beschäftigen, ohne ihnen bewußt zu werden.« (120)
Später wird er immer wieder darauf hinweisen, daß die Erkennt-

nisse, die Breuer im Krankheitsfalle Anna O. gewonnen hatte, *vor* Janet entwickelt, wiewohl *nach* Janet veröffentlicht worden sind. Inzwischen nämlich hatte sich der Prioritätsstreit in Paris, aber auch unter Wiener Kollegen ausgebreitet. In »Zur Geschichte der psychoanalytischen Bewegung« merkt Freud mit einiger Bitterkeit an:

»In Paris selbst scheint noch die Überzeugung zu herrschen, der auf dem Londoner Kongreß 1913 Janet so beredten Ausdruck gab, alles, was gut an der Psychoanalyse sei, mit geringen Abänderungen, die Janetschen Ansichten wiederhole, alles darüberhinaus aber sei von Übel.« (121)

Noch 1925 heißt es in der *Selbstdarstellung*:

»während ich dies schreibe, erhalte ich zahlreiche Aufsätze und Zeitungsartikel aus Frankreich, die von dem heftigen Sträuben gegen die Aufnahme der Psychoanalyse zeugen und oft die unzutreffendsten Behauptungen über mein Verhältnis zur französischen Schule aufstellen. So lese ich z. B., daß ich meinen Aufenthalt in Paris dazu benützt, mich mit den Lehren von Pierre Janet vertraut zu machen und dann mit meinem Raube die Flucht ergriffen habe. Ich will darum ausdrücklich erwähnen, daß der Name Janets während meines Verweilens an der Salpêtrière überhaupt nicht genannt wurde.« (122)

Am deutlichsten wird die Kränkung in der folgenden Episode, die uns Jones mitteilt:

»Edouard Pichon, ein französischer Analytiker, übrigens ein Schwiegersohn von Janet, fragte Freud in einem Brief an, ob Janet ihn besuchen könne. Freud kommentierte dies gegenüber Marie Bonaparte folgendermaßen: ›Nein, ich will Janet nicht sehen. Ich könnte es nicht unterlassen, ihm vorzuhalten, daß er sich unfair gegen die Analyse wie gegen meine Person benommen und es nie gutgemacht hat. Er hat sich nicht entblödet, zu sagen, daß die Behauptung der sexuellen Ätiologie der Neurosen nur in der Atmosphäre einer Stadt wie Wien entstehen konnte. Als dann in der französischen Literatur die Verleumdungen auftraten, daß ich seine Vorlesungen angehört und ihm seine Ideen entwendet habe, konnte er dem Gerede durch ein Wort ein Ende machen, denn ich habe ihn in Wahrheit nie gesehen und bei Charcot nie seinen Namen gehört; er hat dies Wort nie gesprochen. Von seinem wissenschaftlichen Niveau kann seine Äußerung eine Vorstellung geben, das Unbewußte sei eine façon de parler. Nein, ich will ihn nicht sehen. Ich dachte anfangs daran, ihm die Unhöflichkeit durch eine Ausrede zu ersparen, ich sei zu wenig wohl, oder ich könnte nicht mehr Französisch sprechen, während er doch gewiß kein Wort Deutsch versteht. Aber ich habe mich dagegen entschlossen. Kein Grund, ihm ein Opfer zu bringen, Aufrichtigkeit das einzig Mögliche, Grobheit ganz am Platz.‹« (123)

Und im Nachruf auf Breuer, ebenfalls im Jahre 1925 geschrieben, kommt Freud noch einmal auf das Thema zurück:

»Zur Zeit unserer ›Studien‹ konnten wir uns bereits auf die Arbeiten von Charcot und auf die Untersuchungen von Pierre Janet beziehen, die damals einem Teil der Breuerschen Entdeckungen die Priorität entzogen hatten. Aber als Breuer seinen ersten Fall behandelte (1881/82), war von alledem noch nichts vorhanden. Janets ›Automatisme Psychologique‹ erschien 1889, sein anderes Werk ›L'état mental des Hystériques‹ erst 1892. Es scheint, daß Breuer durchaus originell forschte, nur durch die Anregungen geleitet, die ihm der Krankheitsfall bot.« (124)

Freuds Erbitterung hatte zwei Gründe, die uns jedoch nicht sonderlich beschäftigen müssen, weil sie vorwiegend persönlicher Natur waren. Da ist, zunächst, die verletzende Unterstellung des »Diebstahls geistigen Eigentums«. Sodann eine hohe Empfindlichkeit angesichts von Prioritätsansprüchen, die für die Naturwissenschaftler mit dem Ruhm ihrer großen Entdeckungen bezeichnend ist. Daß in jenen Kulturwissenschaften, die wir heute als hermeneutische bestimmen, nicht Entdeckungen, sondern Neuinterpretationen die Erkenntnis vorantreiben, entschärft unsere Einschätzung der Prioritätsfrage, zumal es in diesen Bereichen nicht auf den Einzelbefund ankommt, sondern auf dessen »Bedeutung« im dazugehörigen wissenschaftlichen Gesamtsystem. Lassen wir deshalb die Prioritätsfrage beiseite und fragen wir, welche Bedeutungen mit den beiden von Janet vor Freud ausgearbeiteten Theoremen, den Lehren von der Wirksamkeit unbewußter Impulse und vom Zusammenhang zwischen Symptom und lebensgeschichtlicher Erfahrung, verknüpft sind.

Verschaffen wir uns einen Überblick über die Janetsche Auffassung der Hysterie, indem wir eine seiner aufsehenerregenden Krankengeschichten zu Rate ziehen, die er während seiner Zeit in Le Havre (von 1882 bis 1888) aufgezeichnet und 1889 publiziert hat: den »Fall Marie«.

»[...] Diese junge Person wurde vom Lande ins Krankenhaus nach Le Havre gebracht, als sie 19 Jahre alt war. Man hielt sie für wahnsinnig und hatte fast schon die Hoffnung auf eine Heilung aufgegeben. Faktisch hatte sie Perioden mit Krampfanfällen, verbunden mit einem tagelangen Delirium. Nach einer gewissen Beobachtungsdauer wurde klar, daß ihre Krankheit aus periodischen Manifestationen bestand, die immer mit ihrer Menstruation zusammenfielen, und aus weniger schweren Manifestationen, die länger anhielten und zu unregelmäßigen Zeiten in den Pausen zwischen den Menstruationen auftauchten.

Wir wollen mit den ersten anfangen. In der Zeit vor den Menses veränderte sich Maries Charakter; sie wurde finster und gewalttätig, was sie gewöhnlich nicht war, und sie litt unter Schmerzen, nervösen Krämpfen und Zittern am ganzen Körper. Während des ersten Tages verlief jedoch alles noch fast normal, aber knapp zwanzig Stunden nach dem Einsetzen der Menstruation hörte diese plötzlich wieder auf, und ein starkes Zittern überfiel den ganzen Körper; dann stieg ein scharfer Schmerz langsam vom Bauch zum Halse auf, und darauf folgte eine schwere hysterische Krise. Die Anfälle waren zwar sehr heftig, dauerten aber nie lange und hatten nie Ähnlichkeit mit epileptoidem Zittern; statt dessen trat ein sehr langes und schweres Delirium ein. Manchmal stieß Marie Schreckensschreie aus, sprach unausgesetzt von Blut und Feuer, rannte davon, um den Flammen zu entkommen, manchmal spielte sie wie ein Kind, sprach zu ihrer Mutter, kletterte auf den Ofen oder auf die Möbel und brachte die ganze Station durcheinander. Dieses Delirium und die heftigen Verrenkungen des Körpers wechselten während 48 Stunden ab mit kurzen Ruhepausen. Der Anfall endete mit mehrmaligem Erbrechen von Blut; danach wurde alles wieder einigermaßen normal. Nach ein oder zwei Tagen der Ruhe pflegte Marie sich zu beruhigen und erinnerte sich überhaupt nicht mehr an das

Vorgefallene. In den Pausen zwischen den allmonatlichen intensiven Manifestationen behielt Marie begrenzte Kontrakturen an den Armen oder an den Interkostalmuskeln oder verschiedene, wechselnde Anästhesien, und vor allem eine vollständige und dauernde Blindheit des linken Auges. [...] Außerdem hatte sie gelegentlich kleinere Krisen ohne das große Delirium, die vor allem durch Gebärden des Schreckens gekennzeichnet waren. Diese Krankheit, die so offensichtlich mit der Menstruation verknüpft war, schien ausschließlich physischer Art zu sein und schien für den Psychologen wenig Interessantes zu bieten. Darum befaßte ich mich anfangs sehr wenig mit dieser Person. Ich stellte höchstens ein paar hypnotische Versuche mit ihr an und untersuchte ihre Anästhesie, aber ich vermied alles, was sie zu der Zeit, in der ihre Hauptsymptome sich ankündigten, hätte beunruhigen können. Sie war nun schon sieben Monate lang im Krankenhaus; in dieser Zeit hatten die verschiedenen Medikamente und die Hydrotherapie bei ihr nicht die geringste Veränderung bewirkt. Überdies hatten therapeutische Suggestionen, besonders solche, die ihre Menstruation betrafen, nur ungünstige Wirkungen und verschlimmerten das Delirium.
Gegen Ende des achten Monats beklagte sie sich über ihr trauriges Schicksal und sagte mit einer Art von Verzweiflung, es sei ihr ganz klar, daß ihre Symptome immer wiederkommen würden. Da sagte ich aus Neugier zu ihr: ›Nun erklären Sie mir doch einmal, was geschieht, wenn Sie krank werden!‹ – ›Aber Sie wissen es doch [...] alles hört auf, ich fange stark an zu zittern und ich weiß nicht, was dann geschieht.‹ Ich wollte genaue Auskünfte darüber, wie ihre Periode ursprünglich begonnen hatte und wie sie unterbrochen worden war. Sie gab keine klare Antwort und schien die meisten Ereignisse vergessen zu haben, nach denen ich sie fragte. Da kam mir der Gedanke, sie in einen tiefen somnambulen Zustand zu versetzen, einen Zustand, in dem es möglich ist (wie wir gesehen haben), scheinbar vergessene Erinnerungen zurückzuholen, und so konnte ich die genaue Erinnerung an einen Vorfall wieder ans Licht bringen, der uns bisher nur sehr unvollständig bekannt gewesen war.
Im Alter von 13 Jahren hatte Marie ihre erste Menstruation

gehabt, aber wegen einer kindlichen Vorstellung oder wegen etwas, das sie gehört und mißverstanden hatte, meinte sie, es sei etwas Schändliches, und sie dachte sich ein Mittel aus, die Blutung so schnell wie möglich zum Stillstand zu bringen. Etwa 20 Stunden nach dem Beginn der Blutung ging sie heimlich hinaus und setzte sich in einen großen Eimer mit kaltem Wasser. Der Erfolg war vollkommen; die Menstruation hörte plötzlich auf, und obwohl sie heftigen Schüttelfrost bekam, konnte sie den Heimweg gerade noch bewältigen. Sie war ziemlich lange krank und lag mehrere Tage lang im Delirium. Aber alles kam wieder ins Lot und die Menstruation kam erst fünf Jahre später wieder. Als sie erneut eintrat, brachte sie die Störungen mit sich, die ich schon beobachtet hatte. Wenn man nun das plötzliche Aufhören der Blutung, das Zittern, die Schmerzen, die sie heute im Wachzustand beschreibt, mit dem vergleicht, was sie im somnambulen Zustand beschreibt – was übrigens durch Aussagen anderer Leute bestätigt wurde –, dann kommt man zu folgendem Schluß: Jeden Monat wiederholt sich die Szene des kalten Bades, bewirkt das gleiche Aufhören der Menstruation und ein Delirium, das allerdings sehr viel schlimmer ist als früher, bis eine ergänzende Blutung aus dem Magen eintritt. Aber im normalen Bewußtseinszustand weiß Marie nichts von alledem, nicht einmal, daß ihr Zittern durch die Halluzination von Kälte hervorgebracht wird. Es ist daher wahrscheinlich, daß diese Szene unterhalb des Bewußtseins stattfindet, und daß aus ihr die anderen Störungen hervorbrechen.

Nachdem diese Annahme – sei sie nun falsch oder richtig – zustandegekommen war, und nachdem ich mich mit Dr. Powilewicz besprochen hatte, versuchte ich diese fixierte und absurde Vorstellung, die Menstruation werde durch ein kaltes Bad zum Stillstand gebracht, aus dem somnambulen Bewußtsein zu entfernen. Zunächst gelang mir das nicht; die fixe Idee blieb bestehen, und die Menstruation, die zwei Tage später einsetzen sollte, verlief wie gewöhnlich. Aber da ich nun mehr Zeit zur Verfügung hatte, versuchte ich es noch einmal; ich kam nur durch ein ungewöhnliches Mittel zum Erfolg. Es war notwendig, Marie durch Suggestion wieder in das Alter von 13 Jahren zu versetzen, sie in die Anfangsumstände des Deli-

riums zurückzubringen, sie zu überzeugen, daß die Menstruation schon drei Tage lang gedauert habe und nicht durch irgendein bedauerliches Ereignis unterbrochen worden sei. Sobald dies geschehen war, trat die folgende Menstruation zum richtigen Termin ein und dauerte drei Tage lang, ohne irgendwelche Schmerzen, Krämpfe oder Delirien.
Nachdem dieses Ergebnis erreicht war, mußten noch die anderen Symptome untersucht werden. Ich lasse die Einzelheiten der psychologischen Exploration, die zuweilen schwierig war, fort. Die Schreckensanfälle waren die Wiederholung eines Gefühls, das das junge Mädchen empfunden hatte, als es im Alter von 16 Jahren sah, wie eine alte Frau die Treppe hinunter zu Tode stürzte; das Blut, von dem sie während ihren Krisen immer sprach, war eine Erinnerung an diese Szene; was das Bild vom Feuer angeht, so war es vermutlich eine Ideen-Assoziation, denn es war nicht mit irgendetwas Bestimmtem verknüpft. Durch das gleiche Verfahren wie vorher, indem ich die Probandin durch Suggestion bis zum Augenblick des Unfalls zurückbrachte, gelang es mir, wenn auch nicht ohne Schwierigkeiten, Marie zu zeigen, daß die alte Frau nur gestolpert sei, aber sich nicht zu Tode gefallen habe: die Anfälle von Erschrecken traten nicht wieder auf.
Schließlich wollte ich die Blindheit des linken Auges untersuchen, aber Marie war dagegen; sie sagte, das habe sie schon seit ihrer Geburt. Es war leicht, dies mit Hilfe des Somnambulismus nachzuprüfen und herauszubekommen, daß sie sich irrte. Wenn man sie vermittels der bekannten Methode in ein fünfjähriges Kind zurückverwandelt, hat sie wieder die Sensitivität, die sie in jenem Alter hatte, und man kann feststellen, daß sie mit beiden Augen gut sieht. Die Blindheit muß also im Alter von sechs Jahren begonnen haben. Bei welcher Gelegenheit? Im Wachzustand beharrt Marie darauf, sie wisse es nicht. Im somnambulen Zustand lasse ich sie die Hauptereignisse ihres Lebens zu jener Zeit nachspielen, und ich sehe, daß die Blindheit zu einem bestimmten Zeitpunkt anläßlich eines unbedeutenden Vorfalls beginnt. Man hatte Marie trotz ihres Protestgeschreis gezwungen, mit einem gleichaltrigen Kind zusammen zu schlafen, das auf der ganzen linken Gesichtshälfte Impetigo hatte. Einige Zeit später bekam

Marie selbst ein fast gleiches Impetigo an der gleichen Stelle. Dann bekam sie mehrmals etwa zur gleichen Jahreszeit wieder Beulen, die schließlich geheilt wurden; aber niemand bemerkte, daß sie von da an eine Anästhesie der linken Gesichtshälfte hatte und auf dem linken Auge blind war! Seit jener Zeit hatte die Anästhesie fortbestanden oder zumindest – um nicht über das hinauszugehen, was wir beobachten können – war diese Anästhesie stets vorhanden, in welche Periode ihres Lebens ich sie auch durch Suggestion zurückversetzen mochte, während ihre anderen Anästhesien zuweilen ganz verschwanden. Gleicher Heilungsversuch wie vorher. Ich versetze sie zurück in das Zusammensein mit dem Kind, das ihr solches Entsetzen eingeflößt hatte; ich mache sie glauben, das Kind sei sehr nett und habe kein Impetigo; Marie ist halb überzeugt. Nach zweimaligem Wieder-Durchspielen dieser Szene habe ich gewonnen; sie liebkost das imaginäre Kind ohne Furcht. Die Sensivität des linken Auges kehrt ohne Schwierigkeiten zurück, und als ich sie aufwecke, kann Marie mit dem linken Auge deutlich sehen.
Seit der Durchführung dieser Versuche sind nun fünf Monate vergangen. Marie hat nie wieder die geringsten Anzeichen von Hysterie gezeigt, es geht ihr gut und vor allem nehmen ihre Kräfte zu. Ihr körperliches Aussehen hat sich gründlich verändert. Ich messe dieser Heilung nicht mehr Bedeutung bei, als sie verdient, und ich weiß nicht, wie lange sie vorhalten wird, aber ich fand diese Geschichte interessant, da sie zeigt, welche Bedeutung fixierte unterbewußte Ideen haben können, und welche Rolle sie bei bestimmten körperlichen Krankheiten spielen, ebenso wie bei psychischen Krankheiten.« (125)
Ich nehme an, alle, die tiefenpsychologische Krankheitsdarstellungen kennen, sind einigermaßen verblüfft darüber, wie viele Einsichten hier vorweggenommen sind. Versuchen wir, die Vorzüge der Reihe nach aufzulisten. Es fällt auf:
1. eine sorgfältige Registrierung der Geschehnisse um die Patientin – der Schreckensschrei, die verschiedenen Formen ihres Redens, Verhaltens. Was geboten wird, ist eine phänomenologische Skizze der aktuellen und der vergangenen krankheitsrelevanten Ereignisse;

2. eine subtile, einfühlsame Aufspürung des Wechselspiels zwischen den Symptomen, etwa dem Symptom des Zitterns, und den Ereignissen, die als ›Auslöser‹ verstanden werden können: die Menstruation, zum Beispiel. Es wird aber auch die Wechselwirkung zwischen Symptombewegung und Therapie erfaßt – so die Verschlimmerung, sobald während der suggestiven Behandlungen die Rede auf die Menstruation kommt;
3. vor allem wird eine sorgfältige lebensgeschichtliche Recherche vorgelegt. Es gibt Interviews, in denen vergessene Erinnerungen auftauchen, dramatische Ereignisse, deren Bedeutung als Krankheitsursachen augenfällig ist; der Akt des Erinnerns bringt die Symptome zum Verschwinden.
4. Was Janet hier vorträgt, ist ohne Zweifel eine Erklärung der Krankheit als Wiederkehr traumatischer Ereignisse und der Aufbewahrung der traumatischen Ereignisse im Unbewußten.
5. Schließlich finden wir hier die Verknüpfung von Bildern (wie des Bildes vom Feuer) mit einem dazugehörigen traumatischen Ereignis. Beschrieben ist das von Janet als Ideenassoziation; Freud wird später in solchen Fällen von »Symbolisierung« sprechen, aber auch er wird, wie wir noch sehen werden, das Modell der Ideenassoziation benutzen. Bei ihm geht es um die Assoziation von Traumbildern und verdrängten Ereignissen, bei Janet dagegen um die Assoziation von Bildern und traumatischen Eindrücken.

Die Bedeutsamkeit der Traumen ist bei Janet freilich relativiert, liegt doch der Hysterie nach seiner Auffassung eine konstitutionelle Pathologie des Patienten zugrunde, die Unfähigkeit, eine »Synthese« zustande zu bringen. Der traumatische Eingriff von außen ist bloß der ›Auslöser‹, die Krankheitsursache steckt in einer konstitutionellen Schwäche, die im traumatischen Erlebnis zur Abspaltung von Persönlichkeitsteilen, zur Bildung fixer Ideen als »unterbewußter« Anteile der Persönlichkeit führt. Freud hat die Janetsche Theorie recht illustrativ verdeutlicht:

»Sie finden bei Janet eine Theorie der Hysterie, welche den in Frankreich herrschenden Lehren über die Rolle der Erblichkeit und der Degeneration Rechnung trägt. Die Hysterie ist nach ihm eine Form der generativen Veränderung des Nervensystems, welche sich durch eine angeborene Schwäche der psychischen Synthese kundgibt. Die hysterisch Kranken seien

von Anfang an unfähig, die Mannigfaltigkeit der seelischen Vorgänge zu einer Einheit zusammenzuhalten, und daher komme die Neigung zur seelischen Dissoziation. Wenn Sie mir ein banales, aber deutliches Gleichnis gestatten, Janets Hysterische erinnert an eine schwache Frau, die ausgegangen ist, um Einkäufe zu machen, und nun mit einer Menge von Schachteln und Paketen beladen zurückkommt. Sie kann den ganzen Haufen mit ihren zwei Armen und zehn Fingern nicht bewältigen, und so entfällt ihr zuerst ein Stück. Bückt sie sich, um dieses aufzuheben, so macht sich dafür ein anderes los usw.« (126)
Freud hält die psychoanalytische Auffassung dagegen:
»Man kann von der Verdrängung wie von einem Zentrum ausgehen und alle Stücke der psychoanalytischen Lehre mit ihr in Verbindung bringen. Vorher will ich aber noch eine Bemerkung polemischen Inhalts machen. Nach der Meinung Janets war die Hysterika eine arme Person, die in Folge einer konstitutionellen Schwäche ihre seelischen Akte nicht zusammenhalten konnte. Darum verfiel sie der seelischen Spaltung und der Einengung des Bewußtseins. Nach den Ergebnissen der psychoanalytischen Untersuchungen waren diese Phänomene aber Erfolg dynamischer Faktoren, des seelischen Konflikts und der vollzogenen Verdrängung.« (127)
Fügen wir hinzu: Mit »Konflikt« meint Freud die unerträgliche Spannung zwischen *Trieb*wünschen und verbietenden Normen im Erleben. Für Janet indes gründet das Elend in dem, was die moderne psychoanalytische Ichpsychologie eine Ichschwäche nennt. Diese strukturelle Schwäche ist, wie wir lasen, für Janet konstitutionell-erbbiologisch bedingt. Das unterscheidet Janet von vornherein von den »Persönlichkeitstheoretikern«, die dem sozialen Einfluß eine entscheidende Rolle zuweisen: Adler, Fromm, den Kulturisten und auch den psychoanalytischen Ichpsychologen. Freilich dürfen wir den Janetschen »Biologismus« nicht härter beurteilen als den Freudschen. Auch bei Janet entwertet die biologistische Grundannahme die Theorie (die aus klinischen Interpretationen erwachsen ist) nicht im Kern. Kurz, wir müssen Janets Biologismus dasselbe zubilligen, was wir für denjenigen Freuds gelten lassen: Es handelt sich beide Male um Relikte eines ungeschichtlichen Denkens, einer gesellschafts-

blinden Betrachtungsweise. Setzen wir anstelle von »erblicher Schwäche« »Beschädigtheit durch soziale Verhältnisse«, dann bestünde keine Schwierigkeit mehr, die Kulturisten, Traumatologen und Environmentalisten in ihrer Denkweise auf Janet zurückzuführen. Mehr noch, in der oben zitierten Krankengeschichte, nämlich in jenem Teil, der von den Ursachen der Erblindung des Kindes handelt, deutet sich ein Zusammenhang an, der haargenau in die Anschauungen von Autoren wie Alice Miller paßt: unempathische Eltern, die ihr Kind trotz seines Protestgeschreis gezwungen haben, mit einem anderen Kind, das auf der linken Gesichtshälfte Impetigo hatte, das Bett zu teilen – geradezu ein Paradebeispiel schwarzer Pädagogik.
Sofern wir also Beschädigungen der kindlichen Persönlichkeit nicht mehr aus einer Schwäche des Nervensystems erklären, sondern durch seelische Traumen begründet sehen, ist Janets Redeweise von der Dissoziation als Krankheitsgrund eine fast prophetische Vorwegnahme der triebfeindlichen Kohutschen Theorie der Fragmentierung des Selbst. Eine durchaus spannende Gegenüberstellung, zumal Freud an dieser Stelle seine Distanz zu Janet ausdrücklich mit triebtheoretischen Argumenten belegt. Ich wiederhole und füge den Rest des Zitates hinzu: »Nach den Ergebnissen der psychoanalytischen Untersuchungen waren diese Phänomene aber Erfolg dynamischer Faktoren, des seelischen Konflikts und der vollzogenen Verdrängung. Ich meine, dieser Unterschied ist weittragend genug und sollte dem immer wiederholten Gerede ein Ende machen, was an der Psychoanalyse wertvoll sei, schränke sich auf eine Entlehnung Janetscher Gedanken ein. Meine Darstellung muß dem Leser gezeigt haben, daß die Psychoanalyse von den Janetschen Funden in historischer Hinsicht völlig unabhängig ist, wie sie auch inhaltlich von ihnen abweicht und weit über sie hinausgreift. Niemals wären auch von den Arbeiten Janets die Folgerungen ausgegangen, welche die Psychoanalyse so wichtig für die Geisteswissenschaften gemacht und ihr das allgemeinste Interesse zugewendet haben. Janet selbst habe ich immer respektvoll behandelt, weil seine Entdeckungen ein ganzes Stück weit mit denen Breuers zusammentrafen, die früher gemacht und später veröffentlicht worden waren. Aber als die Psychoanalyse Gegenstand

der Diskussion auch in Frankreich wurde, hat Janet sich schlecht benommen, geringe Sachkenntnis gezeigt und unschöne Argumente gebraucht. Endlich hat er sich in meinen Augen bloßgestellt und sein Werk selbst entwertet, indem er verkündete, wenn er von ›unbewußten‹ seelischen Akten gesprochen, so habe er nichts damit gemeint, es sei bloß ›*une manière de parler*‹ gewesen.« (128)

Wir werden in den folgenden Kapiteln darlegen, mit welchen Gründen wir an der Triebtheorie festhalten – gegen eine Tiefenpsychologie auf rein traumatologischer Basis – und weshalb wir in dieser Angelegenheit nicht hinter Freud zurückzugehen gedenken. Notieren wir, was Janet aufgedeckt hat:

1. den Zusammenhang zwischen Neurose und Lebensgeschichte, und zwar in klaren zeitlichen Zuordnungen. Wir lasen von Traumatisierungen »im dreizehnten Jahr«, »im sechsten Jahr« usw.

2. Der Zusammenhang zwischen Neurose und Lebensgeschichte wird auch inhaltlich erfaßt. Die »Krämpfe« werden mit dem Ereignis der Menstruation verknüpft. Das Unglück und die Verzweiflung werden aus jenen »schicksalhaften« Ereignissen erklärt, die am Grunde der hysterischen Phänomene, der Menstruationsstörungen, liegen, insbesondere aus dem traumatisierenden Ereignis der ersten Menstruation. Noch deutlicher vielleicht ist der inhaltliche Zusammenhang bei den Schreckensanfällen, dem Bild vom Feuer, das als »Erinnerung« an »eine Szene« (Tod der alten Frau) gedeutet werden kann.

3. Diese Traumen wiederum werden durchaus als soziale Traumen umrissen. So wird – höchst modern – von Janet erkannt, daß nicht vor allem die Erfahrung der ersten Menstruation, sondern deren sozialer Kontext die Problemquelle ist. Es sind die ›herrschenden Ansichten‹, die sich bei der Patientin subjektiv zu dem Eindruck verdichtet haben, die Menstruation »sei etwas Schändliches«. Diese weiblichen Erfahrungen werden eindeutig als einsozialisierte Rollenerfahrungen bestimmt.

4. Zugleich hat Janet die sozialen Traumen als Beziehungstraumen exponiert. Denn was sind das für Eltern, die sich um das »Protestgeschrei« ihres Kindes nicht gekümmert haben, sondern höchst empathielos das Sechsjährige zwangen, mit einem kranken Altersgenossen das Bett zu teilen!

5. Besonders wichtig aber ist, wie Janet die Traumatisierungen unmittelbar als Beschädigung der Persönlichkeitsstruktur begreift. Wir müßten nur wenig an dem theoretischen Konzept ändern, um aus dem Janetschen Zentralbegriff der »Dissoziation« (1889) den Einriß in konsistente Identitätserfahrung heraushören zu können. Hier liegt bereits zutage, was Autoren wie Kohut in jahrzehntelanger Arbeit aus der Freudschen Neurosentheorie glaubten herausfiltern zu müssen. Sicherlich, das »Unbewußte« ist hier eine *façon de parler*. Aber ist es bei den Handlungs- und Kommunikationstheoretikern etwas anderes?

Bertha Pappenheim oder
Die Umkehrung des Arzt-Patient-Verhältnisses

Beginnen wir die Gegenüberstellung von Janet, Breuer und Freud, indem wir uns die Krankengeschichte der Anna O. ansehen. Zur genauen Kenntnis sei auf die Breuersche Publikation verwiesen. (129) Wir werden uns der komprimierten Darstellung von Ernest Jones bedienen:
»Vom Dezember 1880 bis zum Juni 1882 behandelte Breuer Fräulein Anna O., die heute als klassischer Fall von Hysterie bekannt ist. Die Patientin war ein ungewöhnlich intelligentes Mädchen von einundzwanzig Jahren, die im Zusammenhang mit der tödlichen Krankheit ihres Vaters eine ganze Kollektion von Symptomen entwickelte. ›Sie bot ein buntes Bild von Lähmungen mit Kontrakturen, Hemmungen und Zuständen von psychischer Verworrenheit.‹ Zu diesem Bild gehörten auch ernste und komplizierte Störungen des Seh- und Sprachvermögens, die Unfähigkeit zu essen und ein quälender Husten, dessentwegen Breuer zu Rat gezogen wurde. Noch interessanter war jedoch das Vorhandensein von zwei Bewußtseinszuständen: der eine war ziemlich normal, der andere derjenige eines unartigen und unlenkbaren Kindes. [...] Es war ein Fall von doppelter Persönlichkeit. Der Übergang von der einen zur anderen war durch eine Phase von Autohypnose gekennzeichnet, aus der die Patientin ganz klar und geistig normal zu erwachen pflegte. Diese Phase fiel glücklicherweise einmal mit Breuers Visite zusammen, und sie gewöhnte sich bald daran, ihm alles Unangenehme, das ihr im Laufe des Tages zustieß, zu erzählen, unter anderem auch die schreckerregenden Halluzinationen, nach denen sie sich erleichtert fühlte. Bei einer solchen Gelegenheit schilderte sie ihm einmal das erste Auftreten eines bestimmten Symptoms in allen Einzelheiten, und zu Breuers großer Verwunderung hatte dies zur Folge, daß das Symptom vollständig verschwand. Die Patientin erkannte den Wert dieses Vorgehens

und fuhr fort, Breuer ein Symptom nach dem andern zu beschreiben. Sie nannte das Verfahren ›the talking cure‹ oder ›chimney sweeping‹, denn sie hatte damals ihre deutsche Muttersprache vergessen und konnte nur noch englisch sprechen, und wenn man sie bat, aus einem italienischen oder französischen Buch etwas vorzulesen, tat sie es rasch und fließend – auf englisch. Da die Menge des Materials erdrückend wurde, ergänzte Breuer nach einiger Zeit diese abendliche ›talking cure‹ jeden Morgen durch eine künstliche Hypnose. In jenen Tagen zeugte ein Vorgehen, bei dem der Arzt einer einzigen Patientin, und dazu noch einer hysterischen, weit über ein Jahr lang täglich mehrere Stunden opferte, von einem ungewöhnlichen Maß an Geduld, Interesse und Einsicht. Dafür wurde das psychotherapeutische Rüstzeug um die Methode bereichert, die Breuer ›Katharsis‹ nannte, und die noch heute mit seinem Namen verknüpft ist und häufig benützt wird. Freud hat die seltsamen Umstände, unter denen diese neuartige Behandlung ein Ende nahm, dem Biographen ausführlicher erzählt, als er sie in seinen Schriften schilderte. Offensichtlich hatte Breuer für seine interessante Patientin das entwickelt, was wir heute eine starke Gegenübertragung nennen. Auf alle Fälle scheint er von nichts anderem gesprochen zu haben, so daß es seiner Frau lästig zu werden begann und sie schließlich eifersüchtig wurde. Sie zeigte es zwar nicht offen, aber sie wurde mißmutig und reizbar. Als Breuer, der mit seinen Gedanken anderswo weilte, nach langer Zeit endlich den Grund ihres Gemütszustandes erriet, kam es bei ihm zu einer heftigen Reaktion – wahrscheinlich eine Mischung von Liebe und Schuldgefühl –, und er beschloß, mit der Behandlung aufzuhören. Er teilte dies Anna O. mit, der es jetzt viel besser ging, und verabschiedete sich von ihr. Aber noch am selben Abend holte man ihn wieder zu ihr, und er traf sie in einem Zustand höchster Erregung. Die Patientin, die er bisher für ein völlig geschlechtsloses Wesen gehalten, und während der ganzen Behandlung nie eine Anspielung auf dieses verpönte Thema gemacht hatte, befand sich jetzt in den Wehen einer hysterischen Geburt (Pseudocyesis), dem logischen Abschluß einer Phantomschwangerschaft, die sich während Breuers Behandlung als deren Folge unsichtbar entwikkelt hatte. Trotz seinem Schrecken gelang es ihm, sie durch Hypnose zu beruhigen, bevor er entsetzt das Weite suchte. Tags darauf fuhr er mit seiner Frau nach Venedig auf eine zweite Hochzeitsreise; seine Tochter, die auf dieser Reise gezeugt wurde, sollte sechzig Jahre später Selbstmord begehen, um sich der Deportierung durch die Nazis zu entziehen. Diese Darstellung findet ihre Bestätigung in einem Brief, den Freud zu jener Zeit an Martha schrieb, und der im wesentlichen die gleiche Version enthält. Sie identifizierte sich sofort mit Breuers Frau und gab der Hoffnung Ausdruck, es werde ihr nie etwas Ähnliches passieren, worauf er sie zurechtwies, wie sie sich einbilden könne, andere Frauen würden sich in *ihren* Mann verlieben: ›Um Schicksale zu haben wie Frau Mathilde, muß man die Frau eines Breuer sein.‹ Der unglücklichen Patientin ging es jedoch nicht so gut, wie man nach Breuers veröffentlichten Berichten annehmen würde. Es kam zu Rückfällen, und sie wurde in eine Anstalt in Groß-Enzersdorf gebracht. Ein Jahr nach Beendigung der Behandlung teilte Breuer Freud im Vertrauen mit, sie sei ›ganz zerrüttet‹ und er wünsche ihr den Tod, ›damit die Arme von ihrem Leiden erlöst werde‹. Sie erholte sich jedoch wieder und gewöhnte sich das Morphium ab. Nach einigen weiteren Jahren erzählt Martha in zwei Briefen an ihre Mutter, ›Anna O.‹, eine Freundin von ihr und später durch Heirat ihre Verwandte, habe sie mehrmals besucht. Bei Tag fühlte sie sich damals recht wohl; aber gegen Abend litt sie noch immer an ihren halluzinatorischen Zuständen. Fräulein Bertha (Anna O.) war nicht nur hochintelligent, sondern in ihrer äußeren Erscheinung und als Persönlichkeit ungemein anziehend. Im Sanatorium, in dem man sie untergebracht hatte, verliebte sich der Psychiater, der sie behandelte, in sie. Ihre tyrannische Mutter holte sie dann Ende der achtziger Jahre nach Frankfurt heim; aber Bertha, die in Wien geboren und aufgewachsen war, blieb zeitlebens eine charmante, anmutige und humorvolle Wienerin. Ein paar Jahre vor ihrem Tod verfaßte sie für verschiedene Zeitschriften fünf witzige Nekrologe über sich selbst. Mit dreißig Jahren kam jedoch eine sehr ernsthafte Seite ihres Wesens zum Vorschein, und sie wandte sich als erste Frau Deutschlands und als eine der ersten der Welt der sozialen Arbeit zu. Sie gründete eine Zeitschrift und mehrere Institute, in denen sie Mädchen für die soziale Arbeit ausbildete. Einen großen Teil ihrer Zeit widmete sie der Sache der Frauen, besonders ihrer Emanzipation; aber auch für Kinder tat sie sehr viel. Sie reiste mehrmals nach Rußland, Polen und Rumänien, um Kinder zu retten, deren Eltern bei Pogromen ums Leben gekommen waren. Sie heiratete nicht und blieb zeitlebens sehr fromm.« (130)

Fragen wir ohne Umschweife: Worin liegt das Neue, das grundlegend Neue gegenüber Janet (so wie wir ihn durch die Krankengeschichte der Patientin Marie kennengelernt haben)?

Auf den ersten Blick imponiert ein technischer Kniff, den die Patientin »Anna O.« mit den Bezeichnungen »talking cure« und »chimney sweeping« selbst benannt hat. Es geht dabei um das hilfreiche Erzählen der Lebensszenen unter Zurückverfolgung der Symptomatik bis zum traumatischen Ausgangspunkt. Heilung durch das Gespräch, so könnten wir die neue Therapieform umschreiben.

Und dennoch, obgleich die Kennzeichnung als »Gesprächstherapie« später zu einem Signet der Psychoanalyse werden sollte, kann darin der auszeichnende Unterschied zu den früheren Vorgehensweisen, also auch der Untersuchungsweise Janets, nicht gesehen werden. Als Gesprächstherapien können wir schon die Suggestivverfahren bezeichnen. Die lebensgeschichtliche Aufklärung im Gespräch steht ja in der Janetschen Analyse offen im Vordergrund.

Es muß also wohl eine Besonderheit der Gesprächsstruktur sein, durch die sich die Therapie im Falle der Anna O. von allen früheren Behandlungsformen unterscheidet. Und tatsächlich ist hier in dem, auch von Foucault nachdrücklich herausgestellten, Moment der Arzt-Patient-Beziehung, der Paarbildung von Arzt und Patient, eine folgenschwere Revolution zu verzeichnen: eine radikale Umkehrung des Arzt-Patient-Verhältnisses.

Was das bedeutet, welche Gewichtigkeit diese »Umkehrung« hat, wird nur klar, wenn man sie auf dem Hintergrund der alten Tradition sieht. Hatte bislang stets der Arzt die Anamnese erhoben, Fragen an den Patienten gestellt, hatte er ehedem ohne irgendwelche Erläuterung examiniert, stillschweigend untersucht, beäugt und begutachtet, und hatte der Patient die Antwort auf die ärztlichen Fragen zu geben, so ergreift nun der Patient die Initiative, in einer Entschiedenheit, die früher nicht einmal die Leibärzte ihren königlichen Patienten zugestanden hätten. Der Patient bestimmt das Thema bis in die Einzelheiten, auf die der Arzt lediglich deutend zu antworten hat. Pointiert formuliert: Hatte sich ehedem der Patient einem vorab festgelegten medizinisch-diagnostischen Schema fügen müssen und hatte der Arzt die Behandlung bestimmt, so kehrt sich nun die diagnostisch-therapeutische Situation um. Der Patient erhält das Recht, in freier Themenwahl sein Leiden selbst darzustellen. Zwar war die Darstellung des Leidens immer schon die Pflicht der Patienten und insofern auch deren Recht – denn stets kamen sie mit einem bestimmten Leiden zum Arzt und gaben insoweit das Thema vor –, aber eben nur in sprachloser Körperlichkeit und in einem Bericht darüber. Einzig in seiner Körperdarstellung durfte der Patient an den Arzt frei appellieren. Sprachliche Äußerungen dagegen waren eingeregelt in eine Rede mit ausgewählten Themen, Wendungen und festgelegten Bedeutungen. Sobald sich der Patient redend der Erlebnisseite seines Leidens näherte, mußte er sich fester Schablonen bedienen, während der Arzt, korrespondierend dazu, mehr und mehr formal zu registrieren begann. Jetzt aber wurde dem diagnostizierenden Arzt zugemutet, sich in einen interpretierenden Zuhörer zu verwandeln.

Freud hat diese revolutionäre Wendung institutionalisiert als das Zusammenspiel von »freier Assoziation des Patienten und gleichschwebender Aufmerksamkeit des Arztes«. In den »Ratschlägen« für den behandelnden Arzt fordert er, dieser habe allem, was er zu hören bekommt, die nämliche »gleichschwebende Aufmerksamkeit« entgegenzubringen – »das notwendige Gegenstück zu den Anforderungen an den Analysanden, ohne Kritik und Auswahl alles zu erzählen, was ihm einfällt«. (131) Das war, gemessen an der altgewohnten ärztlichen Machtbehauptung, ziemlich radikal. Und schon das Zitat zeigt, daß die Befreiung des Patienten nicht ohne Widerspruch vonstatten ging. Die tatsächliche Gedankenbefreiung, die Befreiung zur selbstgewählten Bestimmung des Gesprächs durch den Leidenden ist nämlich dort schon wieder ein Stück zurückgenommen, verschleiert und zur »Anforderung« umgebogen. Immerhin aber heißt es in derselben Arbeit, daß der Arzt »sich von jeder Wendung überraschen« lassen soll, denn

>»folgt man bei der Auswahl seinen Erwartungen, so ist man in Gefahr, niemals etwas anderes zu finden, als was man bereits weiß; folgt man seinen Neigungen, so wird man sicherlich die nötige Wahrnehmung fälschen. Man darf nicht darauf vergessen, daß man ja zumeist Dinge zu hören bekommt, deren Bedeutung erst nachträglich erkannt wird«. (132)

Wie verwirrend diese Rollenumpolung für die ärztliche Selbsterfahrung war, verdeutlicht der Jonessche Bericht. Er schwankt zwischen beeindrucktem Herausstreichen der Beiträge der Patientin und ihrer Wiederverharmlosung. Zunächst allerdings zeigt sich die Anerkennung des Neuen in einer ganz ungewöhnlichen und für das ärztliche Reglement fast anstößigen Anmerkung – Jones hebt die Anonymität der Patientin auf und schreibt:

»Da sie die eigentliche Entdeckerin der kathartischen Methode war, verdient ihr wirklicher Name Bertha Pappenheim (27. Febr. 1859 bis 28. Mai 1936) hier Erwähnung.« (133)

Die »eigentliche Entdeckerin« – das deutet sich ja auch in der Krankendarstellung an. So heißt es: »die Autohypnose [...] fiel glücklicherweise einmal mit Breuers Visite zusammen« – es war also zunächst der schiere Zufall, aber gleich darauf folgt: »[...] sie gewöhnte sich bald daran, ihm alles Unangenehme, das ihr im Laufe des Tages zustieß, zu erzählen«. Und: »die Patientin erkannte den Wert dieses Vorgehens und fuhr fort.«

In viererlei Hinsicht also ist der Beitrag der Patientin dokumentiert:
– in der, wenn auch zufälligen, Einführung eines Verfahrens (Autohypnose),
– in der schon nicht mehr zufälligen Verwertung dieser Erfahrung (»... gewöhnte sich«),
– in der Beurteilung des Verfahrens (»... erkannte den Wert ...«),
– in der Benennung: »talking cure«.

Freilich, 23 Seiten weiter dämpft Jones seine Anerkennung. Nach der abermaligen »Neueinführung« einer technischen Wendung durch eine Patientin Freuds ist nun nur noch die Rede von einer fördernden Haltung der Patientin, und die Einschätzung

der Leistung der Anna O. erscheint eigenartig reduziert. Jones fügte eine Fußnote bei:
»Eines der unzähligen Beispiele dafür, wie der Patient die Arbeit des Arztes fördert; das ›chimney sweeping‹ in ihrer Selbsthypnose [i. e. Breuers kathartische Methode] war in Wirklichkeit eine Entdeckung von Fräulein Anna O.« (134)
Eine kleine Fehlleistung, die Jones sich in diesem Zusammenhang zuschulden kommen ließ, wollen wir nicht verschweigen; sie paßt gut ins Bild des Wiederabschwächens, Schwankens: Zwar wird Bertha Pappenheim beim Namen genannt, gerade sie aber fehlt im Personenregister der Jonesschen Freud-Biographie, das ansonsten die beiläufigsten Nennungen verzeichnet. Natürlich ist Jones nicht der einzige, dem die eindrucksvolle Eigenleistung der Patientin auffiel. Lucy Freeman z. B. schreibt in ihrer Biographie der Bertha Pappenheim:
»Von all den großartigen Entdeckungen, die Freud machte, darf Bertha Pappenheim einen Teil für sich beanspruchen. Breuer läßt das Verhältnis zu seiner Patientin als echte Partnerschaft erscheinen, als wolle er sie teilhaben lassen an der erstaunlichen neuen Entdeckung im Seelenleben. Es klingt nach Zusammenarbeit, wenn er in dem Bericht über den Fall der Anna O. sagt, es ›bildete sich die folgende Prozedur heraus‹ (nämlich die Methode, sie zweimal täglich zu hypnotisieren), oder wenn es an anderer Stelle heißt: ›Wir haben oft beobachtet, daß die Furcht vor einer Erinnerung ... ihr Auftauchen hemmt und dieses durch Patientin oder Arzt erzwungen werden muß.‹« (135)
Aber es ist nicht nur die eingeschliffene ärztliche Machttradition (die bis zu den Priesterärzten des Altertums zurückreicht) zu bedenken, will man die wahrhaft revolutionäre Bedeutung der Umkehrung des Arzt-Patient-Verhältnisses würdigen. Denn dieser überkommenen Machtstellung hatten sich ja jene Neuerwerbungen an Einfluß hinzuaddiert, die wir als Paradoxie der »Irrenbefreiung«, der Etablierung des Psychiaters als Herrn wenn auch noch nicht über Leben und Tod, so doch über die Lebensführung kennengelernt haben. Die Szientifizierung schließlich hat die ärztliche Allmacht um das Attribut der Allwissenheit, gegen die es keinen Einspruch gibt, erweitert, also den Autoritätsring um das medizinische Handeln durch unein-

geschränkte Kompetenzzuschreibungen fest geschlossen. Der liberale Löwenfeld z. B. bekräftigt den – wir wir gesehen haben – keineswegs einfühlungslosen Mitchell:

»Ich kann daher Mitchell nur unbedingt beipflichten, wenn er sagt: ›Der Arzt, der sich entschliesst, ein nervöses Frauenzimmer in das Bett zu schicken, muss vollkommen sicher sein, dass sie ihm auch gehorchen wird, wenn die Zeit kommt, sie aufstehen zu lassen‹.« (136)

Parallel zu dieser Machtakkumulation im Terrain der Psychiatrie hatten sich auf der anderen geschichtlichen Linie, die wir verfolgt haben: der Linie von Hysterie, Besessenheit und Hypnose, noch gravierendere Entwicklungen ergeben. Auch hier milderte die Säkularisierung, der Übergang vom Exorzisten zum Hypnotiseur, keineswegs das Machtpotential. Im Gegenteil, der liberale Gestus, mit dem einst der Exorzist Gassner sein Handwerk ausgestattet hatte, wich einer zwar diffuseren, aber sehr viel wirksameren Beeinflussungsfigur: der erotischen Unwiderstehlichkeit des Hypnotiseurs. Das Zwischenspiel des ärztlichen Magiers mündete in die Magie der adligen Magnetiseure. Hatte die religiöse Variante dieser Entwicklung, verkörpert in der stigmatisierten Anna Katharina Emmerich und der Seherin von Prevorst, noch eine Ahnung von der Befreiung der Patientin zur Selbstdarstellung vermittelt, so festigte sich nun die Machtstruktur der säkularisierten Praxis der Mesmerianer in altpaternalistischer Manier. Mehr noch, auf eben diesem Weg, dem Wege der Hypnose, hatte die ärztliche Macht eine qualitative neue Verschärfung erfahren: Die Gewalt drang jetzt *in* den Patienten ein. Schon die Dressurakte Charcots an seinen Patienten stellen das in ein grelles Licht, obgleich es dabei überwiegend um gestische Verhaltensspiele, eine Art Leidenspantomimik ging. Janet dann nimmt in philanthropischer Rücksichtslosigkeit das Innenleben, nimmt Erleben und Bewußtsein der Patientin in Besitz; er usupiert deren Willen. Welch ein Kontrast zwischen diesem ärztlichen Handlungsmuster und demjenigen, dem wir im Falle der Anna O. begegnen! Das Arzt-Patient-Verhältnis wird, in der Tat, in dem Moment umgestürzt, da die einzelnen Linien des ärztlichen Einflußzuwachses sich verbinden zu einem Machtrepertoire, dessen Schrankenlosigkeit spätestens dann sich erweisen sollte, als die Allmacht des Arztes

und die Verdinglichung des Patienten absolut wurden in einer Psychiatrie, die, ein Dutzend Jahre vor der nationalsozialistischen Machtergreifung, jene »Vernichtung lebensunwerten Lebens« projektierte (137), welche von einer »Medizin ohne Menschlichkeit« (138) auch bedenkenlos exekutiert wurde.
Ein Vergleich der Krankengeschichten der Anna O. und der Patientin Marie macht die Bedeutung der Wendung zur Selbstdarstellung des Patienten als Einspruch gegen die Allmacht des Arztes auf dem bevorzugten Gebiet der Apotheose ärztlichen Tuns, nämlich der »Seelenbehandlung«, eklatant. Es kann kein Zweifel daran sein, daß die Janetsche Erhebung der Lebensgeschichte der Patientin Marie einfühlsam vorgenommen wurde. Aber ebenso zweifellos ist dabei die »Füllfederhalter-Methode« dirigierend gewesen; Beobachtung und Registrierung folgten dem Prinzip wissenschaftlicher Hypothesenvalidierung. Janet verhielt sich als ein Forscher, der Augen und Ohren öffnet, um zu beobachten, Verhalten zu registrieren, Motivzusammenhänge aufzuspüren, nachdem die Hypothesenbildung bereits abgeschlossen war. Der *Behandler* Janet gar trieb die praktische Beherrschung oder, um es ohne Umschweife zu sagen, die Entmündigung der Patientin auf die Spitze. Die Blindheit des kleinen Mädchens hat er suggestiv-manipulativ ›weggezaubert‹. Statt der Aufklärung und Bewußtwerdung der Patientin, wie im Falle der Anna O., steht bei ihm deren – gewiß in freundlicher Absicht betriebene – Täuschung im Vordergrund. Und es ist wohl kein Zufall, daß die praxisrelevanten Überbleibsel der Janetschen Psychotherapie nun neuerdings von Leonhard Schwartz mit der Psychotechnik verschmolzen werden. (139)
Kehren wir zu Anna O. zurück. Das neugewonnene Recht zur Selbstdarstellung der Patientin hatte durchaus *inhaltliche* Konsequenzen – an die Stelle der Schilderung der Symptome und der Einklassifizierung des Verhaltens in Rubriken der Medizin trat jetzt die Schilderung der unmittelbaren Lebenssituation des Patienten. Was dieser frei ausdrückte, war nicht länger ausgerichtet auf die im Kopfe des Arztes verborgenen Krankheitsschemata, vorab zugerichtet und fragmentiert zur Einfütterung in den ärztlichen Wahrnehmungsapparat, sondern wahrte den selbsterfahrenen Zusammenhang des Erlebens. Die Darstellungen waren nicht gefiltert zum Zweck einer quasiexperimentel-

len Reinigung der Daten von den »Zufälligkeiten« des Alltags; sie waren vielmehr alltagsunmittelbar.

Daraus ergaben sich zwei einschneidende methodische Konsequenzen für den Untersucher. Zunächst: Es galt, die Mitteilungen des Patienten in vollem Umfang zu respektieren. Das heißt, an die Stelle beobachtungswissenschaftlicher Datenerhebung und des Erklärens der (im »Lichte der Theorie gefundenen«) Daten mußte »Verstehen« treten, ein besonderes Verstehen, das den Patienten in seinem Erlebniszusammenhang beließ, ihn nicht aus seiner sozialen Lage herausbrach, isolierte. Es ging (und geht) darum, die – ehedem abgefilterten – »Zufälligkeiten« seiner Lebenswirklichkeit gelten zu lassen. Gegenstand der Mitteilungen des Patienten war fortan (und ist) die soziale Konkretheit seiner Lebenswelt. Methodisch bedeutet das, der Untersucher mußte lernen, die Mitteilungen des Patienten als Darstellung seiner Lebenssituation, als »szenisch ausgebreitete Erzählungen« zu lesen.

Ich möchte diesen »von vornherein szenischen Charakter« der Selbstdarstellung mit einem Beispiel aus dem Dialog zwischen Breuer und Bertha Pappenheim belegen:

»›Können Sie sich an Gelegenheiten erinnern, bei denen Sie während der Pflege Ihres Vaters nur verschwommen sahen oder schielten?‹ fragte er.

Sie dachte einen Augenblick nach, bevor sie antwortete: ›Im November gab es einmal eine Nacht, in der mir beim Lesen plötzlich alles so vor den Augen verschwamm, daß ich den Druck nicht mehr erkennen konnte. Ich mußte das Buch weglegen.‹

Sie machte eine Pause und fuhr dann fort: ›Und ich erinnere mich auch, daß ich ein paar Wochen vorher einmal so müde war, daß ich kaum sehen konnte. Aber es gelang mir wachzubleiben, weil mein Vater vielleicht um einen Schluck Wasser hätte bitten können oder . . .‹ Sie brach ab und errötete.

›Oder was?‹ fragte Breuer.

›Oder ich ihm auf die Toilette hätte helfen müssen.‹« (140)

Es versteht sich, daß dieser Formwandel auch eine tiefgreifende Umstrukturierung der ärztlichen Wahrnehmung verlangte. Plötzlich wurde dem »Zuhörer« eine Veränderung der Aufmerksamkeit abverlangt, wurde nicht nur der ärztlichen Praxis, sondern der humanwissenschaftlichen Erkenntnistätigkeit überhaupt eine Qualität abgefordert, die so neu und ungewöhnlich war, daß erst heute, 100 Jahre später, zureichend begriffen werden kann, was da geschah. Das Verstehen mußte sich dem »szenischen« Charakter des Erlebens anschmiegen. Ein den Menschen aus seiner Umgebung herausseparierendes »psychologisches« Verstehen konnte dem ebensowenig gerecht werden wie das logische Registrieren »objektiver Strukturen« im Individuum, da beide Verfahrensweisen das, worauf es bei der Selbstdarstellung vordringlich ankommt, vernichten: die Verschränkung der Person mit ihrer Lebenswelt und die Konkretheit ihrer sinnlichen Erlebnisse in ungeschmälerter Fülle.

Auch mußte das neue Verstehen sich von der Rolle eines bloßen Vorreiters des Erklärens lösen. Es mußte, weil szenisches Verstehen, den Erzählfaden aufnehmen, die Erzählfiguren bewahren, um sodann, Schritt für Schritt interpretierend, aus der Unmittelbarkeit der Darstellung herauszutreten. D. h., das ärztliche Verstehen und die Darstellung des Verstandenen in der ärztlichen Niederschrift mußten selber den Charakter der Erzählung annehmen. Wir haben das an dem kurzen Ausschnitt des Gesprächs zwischen Breuer und Bertha Pappenheim bereits gesehen. Und wir finden diese Besonderheit in allen Freudschen Krankengeschichten wieder. Freud selbst hat in einer bedeutsamen Bemerkung in seinem Beitrag zu den *Studien über Hysterie*, die 13 Jahre nach der Krankenbehandlung der Anna O. von Breuer und Freud veröffentlicht worden sind, seiner eigenen, immer noch frischen Verwunderung über den neuartigen Umgang mit den Patienten folgendermaßen Ausdruck gegeben:

»Ich bin nicht immer Psychotherapeut gewesen, sondern bin bei Lokaldiagnosen und Elektroprognostik erzogen worden wie andere Neuropathologen, und es berührt mich selbst noch eigentümlich, daß die Krankengeschichten, die ich schreibe, wie Novellen zu lesen sind, und daß sie sozusagen des ernsten Gepräges der Wissenschaftlichkeit entbehren. Ich muß mich damit trösten, daß für dieses Ergebnis die Natur des Gegenstandes offenbar eher verantwortlich zu machen ist als meine Vorliebe; Lokaldiagnostik und elektrische Reaktionen kommen bei dem Studium der Hysterie eben nicht zur Geltung, während eine eingehende Darstellung der seelischen Vorgänge, wie man sie vom Dichter zu erhalten gewöhnt ist, mir gestattet, bei Anwendung einiger weniger psychologischer Formeln doch eine Art von Einsicht in den Hergang einer Hysterie zu gewinnen.« (141)

30 Jahre später schreibt er in »Zur Geschichte der psychoanalytischen Bewegung«:

»[...] Breuer und ich [...] lenkten die Aufmerksamkeit des Kranken direkt auf die traumatische Szene, in welcher das Symptom entstanden war, suchten in dieser den psychischen Konflikt zu erraten und den unterdrückten Affekt freizumachen. Dabei entdeckten wir den für die psychischen Prozesse bei der Neurose charakteristischen Vorgang, den ich später Regression genannt habe. Die Assoziation des Kranken ging von der Szene, die man aufklären wollte, auf frühere Erlebnisse zurück und nötigte die Analyse, welche die Gegenwart korrigieren sollte, sich mit der Vergangenheit zu beschäftigen.« (142)

Die Entsprechung von szenischer Erzählung und szenischem Verstehen ist hier expressis verbis herausgestellt. Beide Male, im Erzählen und im Verstehen, tritt der *szenische* Charakter hervor; das szenische Verstehen schmiegt sich der szenischen Auffaltung der Lebenspraxis an, die in drei Ebenen ausgebreitet wird:
– der aktuellen Wirklichkeit des Verhältnisses von Analysand und Analytiker,
– der aktuellen Lebenswirklichkeit draußen,
– der immer noch aktuellen Lebenswirklichkeit der Vergangenheit.

Es leidet keinen Zweifel, daß der beschriebene Wandel in der Arzt-Patient-Beziehung gerade auf der Seite des Arztes, also Breuers, aktive Bereitschaft erforderte. Sicherlich war diese Bereitschaft ein Merkmal der Persönlichkeit Breuers:

»Seine geduldige Persönlichkeit, das klinisch-therapeutische Interesse des praktischen Arztes, die unvoreingenommene Betrachtung der gegebenen Phänomene waren wichtige Voraussetzungen einer so ungewöhnlich langen und intensiven Behandlung, wie sie im Fall Anna O. vorlag. Das physiologisch-psychologische Interesse, die Überzeugung von der

durchgängigen Determiniertheit des Psychischen, verbunden mit der Frage nach dem biologischen Sinn und Zweck eines Mechanismus waren entscheidende Faktoren für Breuers erste theoretische Schlußfolgerungen.« (143)
Solche Offenheit und Aufmerksamkeit war aber auch Bestandteil und Ausdruck wissenschaftlicher Neugierde. Ein lediglich achtsamer, freundlicher Breuer wäre nicht in der Lage gewesen, das Problem zu meistern, hätte es nicht den Forscher Breuer gegeben. Die Ereignisse im Krankenzimmer der Anna O. verlangten zu ihrer Entschlüsselung einen wissenschaftlich interessierten Arzt, der imstande war, vom Beobachten und Erklären zur *ars interpretandi* überzugehen, und damit den Grund legte für Freuds Leistung: das szenische Verstehen weiterzutreiben zum Begreifen, zum Organisieren des Verstandenen in einer Theorie der Lebenspraxis. Die Umstellung wird sich auf drei Ebenen vollziehen: der Ausgestaltung der Patientenmitteilung zur szenischen Erzählung, dem szenischen Verstehen des Arztes und dem Ansatz zu einer Theorie der Lebenspraxis, d. h. – angesichts der Wirklichkeit im Krankenzimmer – zu einer Theorie beschädigter Lebenspraxis. Gerade die hartnäckige Bemühung, im Zuge der Veränderung des ärztlichen Verhaltens hin zu einem neuen, professionsfremden szenischen Verstehen und Interpretieren das Verstandene zu organisieren, machte eine Theorie strengster Bauart unerläßlich. Daß Breuer und Freud Maß genommen haben an Ansprüchen, wie sie damals die Naturwissenschaften auszeichneten, hat zur Entwicklung des neuen Verfahrens erheblich beigetragen. Wir haben ja gesehen, welch wichtige Funktion die Szientifizierung dieses Themenbereiches hatte. Die Verpflichtung auf eine systematisch umfassende und widerspruchsfreie Theorie war die notwendige Ergänzung der Bereitwilligkeit, den Patienten zu Wort kommen zu lassen. Anders ausgedrückt: Nur die Bindung an ein strenges Theoriewissen erlaubte es, die Rede des Patienten freizugeben, ohne sie dem Mahlstrom des vorurteilsbestimmten Alltagsbewußtseins (des Arztes und des Patienten), also dem Ungefähren auszuliefern.
Breuer kam, wie Freud, aus der Physiologie. Noch heute lernt jeder Mediziner den »Häring-Breuerschen Atemreflex« kennen; wichtige Erkenntnisse über das Innenohr gehen auf Breuer

zurück. Allerdings stand Breuer, stärker noch als Freud, in der Tradition der funktionell-dynamischen Physiologie.

»Der Regulationsgedanke steht im Mittelpunkt von Breuers physiologischen Veröffentlichungen, und zwar [...] mit unterschiedlicher Akzentuierung der Schwerpunkte. Breuer kann nicht anders als mechanisch denken, wo es um die peripheren Größen des Regulationsmechanismus, um körperliche Vorgänge schlechthin geht. Das ganze System ist aber getragen von einer dahinter stehenden teleologischen Grundauffassung. Das Funktionieren eines *Apparats* ist eingebettet in ein biologisches System, dessen sinnvolle, zweckgerichtete Organisation sich mit mechanistischen Kategorien nicht fassen läßt. Breuers Hypothesen sind zumeist in seiner Grundeinstellung wurzelnde schöpferische Einfälle und nicht auf streng induktivem Weg gewonnen. Bei ihrer Überprüfung verwendet er das Experiment, wo immer möglich, bedient sich aber auch deduktiver Beweisführung und entwickelt gelegentlich eine Theorie nur auf spekulativer Grundlage. Die Validität seiner Theoriebildung noch nach hundert Jahren macht die Fruchtbarkeit dieses Ansatzes deutlich.« (144)

Das bezieht sich auf Breuers physiologische Studien, hat aber auch Bedeutung für seine theoretische Verarbeitung der Erfahrung mit der Selbstdarstellung der Anna O. Es steht zu vermuten, daß die teleologische Betrachtungsweise dem Verständnis der Sinnproblematik in der Darstellung der Patienten den Weg geebnet hat. Doch lassen wir das offen. Tatsache jedenfalls ist, daß im Falle der Anna O. die Selbstdarstellung der Patientin, ihr szenisches Erzählen einerseits und die Offenheit des Arztes in der Form des szenischen Verstehens, Interpretierens und lebenspraktischen Begreifens andererseits fruchtbar ineinandergriffen. Breuers Entwicklung zum Partner der Patientin zeigt sich schön in der folgenden Episode, die zwar an die alte Diagnostikerhaltung und die traditionelle ärztliche Dominanz erinnert, zugleich aber die Aufgeschlossenheit Breuers beleuchtet. Ich zitiere aus der Hirschmüllerschen Breuer-Biographie:

»Während einer Phase der Krankheit machte Breuer zwei Beobachtungen, die für den weiteren Verlauf der Behandlung entscheidend werden sollten:

1. Er erriet, daß Berthas Mutismus psychisch motiviert war. Sie war vom Vater gekränkt worden und hatte beschlossen, nicht mehr nach ihm zu fragen. Breuer zwang sie nun, vom Vater zu sprechen, und damit war der völlige Mutismus durchbrochen. Aber eigentümlicherweise konnte Bertha sich jetzt nur in englischer Sprache äußern.
2. Fiel in ihrer *Abendhypnose* ein Wort aus dem *Vorstellungskreis* des Tages, so begann sie, eine Geschichte in der Art von Andersens ›Bilderbuch ohne Bilder‹ oder ein Märchen zu erzählen. Im Verlauf dieser Erzählungen besserte sich jeweils die Aphasie, und am Schluß erwachte sie beruhigt und ›gehäglich‹.

Aus diesen zufälligen Beobachtungen wurde nun eine gezielte therapeutische Prozedur. Man gab der Patientin am Abend bewußt ein Stichwort, das sie am Tage irgendwann erwähnt hatte, um die ›als psychischen Reiz wirkende Geschichte‹ hervorzulocken und die damit verbundene ›Befreiung und Erleichterung‹ zu erzielen.« (145)

Beachten wir auch die folgende Inszenierung, in der Zuhören und Verstehen einerseits und aktives Eingreifen andererseits sich noch mischen:

»Da hatte er einen Einfall ›Wir wollen das Zimmer so einräumen, daß es aussieht wie das Zimmer Ihres Vaters im Landhaus‹, schlug er vor. ›Vielleicht hilft diese Ähnlichkeit Ihnen, sich zu erinnern, was geschah, als Ihr Arm zum erstenmal gelähmt schien.‹

›Sein Bett stand da drüben.‹ Sie deutete auf die Wandmitte, an der ein kleiner Bücherschrank stand. Breuer nahm die Bücher heraus und zog den Bücherschrank auf die Seite. Dann rückte er ein leichtes Bett an die Wand.

›Sein Schreibtisch war dort.‹ Sie zeigte rechts neben das Bett, und Breuer rückte ihren Schreibtisch, nachdem er die Schubladen herausgenommen hatte, an die angegebene Stelle.

›Und ich saß hier.‹ Sie wies auf eine Stelle links neben dem Bett. Breuer stellte einen Stuhl dorthin, der denjenigen darstellen sollte, auf dem sie in ihres Vaters Zimmer gesessen hatte. Sie setzte sich auf den Stuhl neben dem leeren Bett, und er zog sich einen anderen heran und hypnotisierte sie.

›Stellen Sie sich vor, Ihr Vater läge dort im Bett‹, sagte er.

›Sie sind mit seiner Pflege betraut und sollen dafür sorgen, daß ihm nichts zustößt, daß er die Nacht ohne Schmerzen übersteht. Sie müssen aufpassen, daß er genug Wasser zu trinken hat, daß er warm zugedeckt ist, daß er zur Toilette geht, wenn es nötig ist. Da sitzen Sie nun Stunde um Stunde, beim Schein einer schwach brennenden Lampe. Außer Ihnen ist niemand wach – im Haus, in der ganzen Umgebung. Sie sind erschöpft. Sie bekommen nie genug Schlaf. Sie möchten die Augen zumachen. Aber Sie haben furchtbare Angst, daß Ihr Vater, den Sie von ganzem Herzen lieben, sterben könnte, wenn Sie einschlafen und es veräumen, auch nur das geringste seiner Bedürfnisse zu stillen.‹« (146)

Die »Selbstdarstellung« der Patientin in szenischer Unmittelbarkeit hat hier schon ihr Gegenstück gefunden: die szenische Deutung des Arztes. Die Psychoanalyse wird – in der Behandlung der Erwachsenen – zwar das szenische Zusammenspiel nach innen, ins Gespräch zurücknehmen; sie wird aber die »szenische« Struktur der Darstellung des Patienten und der Deutung des Analytikers bewahren: als einen Grundpfeiler ihrer Methodik.

Die Umkehrung des Arzt-Patient-Verhältnisses veränderte die Struktur nicht nur der ärztlichen Erkenntnisse, sondern auch des ärztlichen Eingriffs. Die Freiheit der Selbstdarstellung öffnete der Freiheit der Selbstverwirklichung das Tor. Wenn Helmut Dahmer, zu Recht, als Breuers Pioniertat die *therapeutische* Anwendung der Hypnose rühmt (147), so ist hinzuzudenken, daß diese Anwendung aus den Autohypnosen der Anna O. erwuchs. Ohne Breuers Verdienst schmälern zu wollen – der »Entdeckerruhm« verteilt sich auf beide: auf das Darstellungsvermögen der Patientin einerseits und die Aufgeschlossenheit sowie Scharfsinnigkeit des Arztes andererseits. Hirschmüller merkt dazu an:

»Bei Breuer rechtfertigte sich die Anwendung der Hypnose aus der Erfahrung, daß *Anna O.* in einem spontanen zweiten Bewußtseinszustand über Kenntnisse verfügte, für die sie im Normalzustand amnestisch war. Er brauchte eine künstliche Hypnotisierung erst, als er die Behandlung auch zu einer Tageszeit durchführen mußte, zu der die Patientin sich nicht in der Autohypnose befand. Theoretisch ergab sich aus der

Erfahrung bei *Anna O.* das Konzept der hypnoiden Zustände und die Möglichkeit, sich auch bei Patienten, die keine Spontanhypnose zeigten, Zugang zu ›abgespaltenen Vorstellungskomplexen‹ mittels künstlicher Hypnose zu verschaffen.« (148)

Anschaulicher noch wird der Arbeitscharakter der Therapie – die Zusammenarbeit zwischen Breuer und seiner Patientin – in der folgenden Episode:

»›Als ich Mitte August zurückkam‹, berichtet Breuer, ›fand ich sie moralisch recht schlecht, unfügsam, launisch, boshaft, träge.‹ Dr. Breslauer hatte die Patientin nicht bewegen können, ihm ihre Geschichte zu erzählen. So war allzu viel ›unerledigt‹ geblieben. Breuer sah sich gezwungen, eine besonders intensive Phase der Therapie einzuschalten, und nahm deshalb die Patientin Ende August für eine Woche in die Stadt, wo er nun ›Abend für Abend 3-5 solche Geschichten ihr abrang‹. Die Art ihrer Erzählungen hatte sich verändert. Sie waren nicht mehr nur poetische Produkte ihrer Phantasie, sondern ›mehr und mehr Referate über ihre Halluzinationen und was sie etwa in den verflossenen Tagen geärgert‹ hatte. Außerdem gingen ihre Berichte nunmehr in die Geschichte der eigenen Erkrankung zurück. Dabei machte Breuer die für den weiteren Verlauf entscheidende Beobachtung: Wenn die Erzählung wahrer Begebenheiten den Anlaß betraf, an dem ein Symptom erstmals aufgetreten war, so verschwand dieses nach der Erzählung, und zwar gleichgültig, wie lange die Entstehung zurücklag. Die *Strumpf-Caprice* und die *Trinkhemmung* waren die ersten Symptome, die auf diese Weise beseitigt wurden. Es folgten der Orbikularkrampf und die Kontraktur des rechten Beines. Merkwürdigerweise erinnert Breuer sich bei diesem letzten und so wichtigen Symptom nicht an die Veranlassung.« (149)

Der Psychoanalytiker Ernst Hammerschlag, ein Verwandter Breuers, hat in einer Mischung aus Nüchternheit und Pathos diese außergewöhnliche Kooperation zu fassen versucht: »Bertha Pappenheim habe in Breuer ›eine Mischung aus Wärme, Fürsorge und tiefem Verständnis‹ gefunden. Ihr Zustand besserte sich, weil sie sein starkes Interesse spürte, weil sie spürte, daß seine Anteilnahme aufrichtig war und daß er sie richtig behandelte – nicht wie ein Kind, sondern mit der Absicht, ihr Gefühlsleben zu kräftigen. Er zog sich zurück, weil er wußte, daß er etwas entfesselt hatte, womit er nicht fertigwerden konnte. Zuerst war er ratlos. Dann begriff er, daß er der Wahrheit irgendwie nahegekommen war. Und die Wahrheit kann gefährlich sein.« (150)

Die emphatische Redewendung von der ›gefährlichen Wahrheit‹ deutet an, daß die neuartige Kooperation zwischen Arzt und Patient mehr als eine Umkehrung des Arzt-Patient-Verhältnisses in den Grenzen ärztlicher Tradition war; daß sie diese Grenzen sprengte. Freud hat in einem Brief an Arnold Zweig dieses Geschehen konkreter und schärfer gezeichnet:

»Was bei Breuers Patientin wirklich vorfiel, war ich imstande, später lange nach unserem Bruch zu erraten, als mir plötzlich eine Mitteilung von Breuer einfiel, die er mir einmal vor der Zeit unserer gemeinsamen Arbeit in anderem Zusammenhang gemacht und nie mehr wiederholt hatte. Am Abend des Tages, nachdem alle ihre Symptome bewältigt waren, wurde er wieder zu ihr gerufen, fand sie verworren, sich in Unterleibskrämpfen windend. Auf die Frage, was mit ihr sei, gab sie zur Antwort: ›Jetzt kommt das Kind, das ich von Dr. B. habe.‹

[...] In diesem Moment hatte er den Schlüssel in der Hand, der den Weg zu den Müttern geöffnet hätte, aber er ließ ihn fallen. Er hatte bei all seinen großen Geistesgaben nichts Faustisches an sich. In konventionellem Entsetzen ergriff er die Flucht und überließ die Kranke einem Kollegen. Sie kämpfte noch monatelang in einem Sanatorium um ihre Herstellung. Dieser meiner Rekonstruktion fühlte ich mich so sicher, daß ich sie irgendwo veröffentlichte. Breuers jüngste Tochter (kurz nach Abschluß jener Behandlung geboren, auch das nicht ohne Belang für tiefere Zusammenhänge!) las meine Darstellung und befragte ihren Vater (es war kurz vor seinem Tod). Er bestätigte mich, und sie ließ es mich nachher wissen.« (151)

Der Ausdruck »konventionelles Entsetzen« signalisiert klar die Aufsprengung des professionellen Grundreglements der Arzt-Patient-Beziehung. Daß die von der Patientin angesonnene Intimität: »Jetzt kommt das Kind, das ich von Doktor B.

habe«, nicht eine individuelle, vermeidbare Rollenverletzung anzeigte, sondern die Grundlage des Arzt-Patient-Verhältnisses erschütterte, deutet Freud selber an: Die Regelverletzung öffnete, in seinen Worten, den »Weg zu den Müttern«. Das neu anzumessende, angemessene Verständnis der Intimität wäre, nach seiner Auffassung, der »Schlüssel« zum Geheimnis der Psychoanalyse geworden, wenn Breuer »faustisch« genug gewesen wäre, der veränderten Anforderung standzuhalten.

Doch sehen wir ab von der Person Breuers. Was ihm zum Verhängnis wurde, war die grundlegende Paradoxie der geschichtlichen Bewegung, die wir unter der Bezeichnung der »Medizinalisierung« gefaßt haben. Das, was das Grundreglement der Arzt-Patient-Beziehung sprengte, war im Zuge der Medizinalisierung in diese Beziehung eingeführt worden: Intimität. Die Medizinalisierung der Hysterie machte das leib-seelische Ausdruckspotential, dessen erotische Anzüglichkeit wir in den Schaubildern der Besessenheit und den Pantomimen von Exorzismus und Mesmerismus wahrnehmen können, zum »Behandlungsinhalt«. Gut 30 Jahre später wird Freud schreiben: »[. . .] daß wir gerade auf Intimitäten des Geschlechtslebens gekommen sind, sollte das zufällig und ohne weiteren Belang sein?« (152)

Die Brisanz der »medizinalisierten Intimität« war jedoch von Anfang an eine doppelte. Zur Intimität des Geständnisses trat eine Intimität der Situation. Das Arzt-Patient-Verhältnis charakterisierte in der Regel immer schon (und erst recht in der Bezeichnung »Privat-Praxis«) eine nach außen abgeschirmte Zwei-Personen-Konstellation. Überblickt man die Geschichte der Hysterie, so wird ganz deutlich, mit welcher Sorgfalt die beiden Seiten der »Intimität« auseinandergehalten wurden. Dort, wo »zweideutig-zwielichtige« oder bloß expressive Gebärdenspiele sich hervortaten, wurde die intime Situation tunlichst vermieden, weitete sich der Behandlungsraum zur öffentlichen Bühne: bei dem Exorzisten Gassner, bei Mesmer, den Séancen der Mesmerianer, bei Liébeault usw. Nur die »stillen Melancholien« erlaubten die situative *und* die Gesprächs-Intimität zwischen Arzt und Patient. Von Cornelia, der Schwester Goethes (153), beispielsweise wissen wir, welch inniges Verhältnis sie zu

ihrem Arzt, Johann Georg Zimmermann, unterhielt. Ulrike Prokop zitiert Witkowski, der von Cornelia schreibt:
»Bis in den Sommer 1776 blieb sie an das Bett gebannt, nicht im Stande, sich selbst nur einen Strumpf anzuziehen, und tief melancholisch. Ihre Einbildungskraft quälte sich immer mit den schrecklichsten Ideen, so daß kein Tag ohne Herzensangst und drückenden Kummer verging. Sie konnte sich mit nichts beschäftigen, weder mit Handarbeit, noch mit Lesen, noch mit Klavierspiel, und das Schreiben fiel ihr so schwer, daß sie zwei Jahre lang keinem Menschen in der Welt schrieb. Ihr Kind mußte sie unter diesen Umständen ganz fremden Leuten überlassen. ›Es ist sehr lustig‹, schreibt die arme Mutter, ›und will den ganzen Tag tanzen, desswegen es auch bey jedem lieber als bey mir ist.‹ [...]
Ungeduldig erwartete deshalb Schlosser den angekündigten Besuch des berühmten Arztes Zimmermann. [...] Von ihm, der so vielen Hülfe gebracht hatte, erhoffte auch Cornelia Genesung. [...] Als Seelenarzt mehr denn durch die alte überlieferte Kunst wirkte er auf die Leidenden, und das blinde Vertrauen wurde oftmals durch wunderbare Heilungen belohnt. Seine tiefe Kenntnis der menschlichen Natur konnte sich gerade bei Cornelia bewähren. [...]
Im Januar 1776 spürte sie große Linderung, wenn auch ihr Körper noch immer elend, kränklich und unfähig zu jeder Beschäftigung blieb, und im folgenden Monat konnte die Frau Rat dem Freunde Zimmermann mitteilen, daß ihre Tochter sich besser befinde und daß sie es nächst Gott gewiß niemand als ihm zu danken habe.
Im Juni ist auch Cornelia ganz von dem Gefühl beseligt, daß Zimmermann sie gerettet hat.« (154)
Erst die ganz und gar abgesicherte Kontrolle des Arztes über den Patienten – in der szientifisch kontrollierten Hypnose, wie Janet sie angewandt hat – erlaubte auch bei der Hysterie die Intimität des Erlebens mit der Intimität der Zweierbeziehungen zusammenzubringen. Die Verfügungsgewalt des Hypnotiseurs und die elitäre Distanz des Naturforschers zu seinem »Gegenstand« entschärften das mit der intimen Situation verknüpfte Risiko. Janet konnte deshalb ausdrücklich situative Intimität fordern: »man soll seine Patienten immer allein, ohne Zeugen

untersuchen« und »sein Interesse auf alles [richten], was der Patient sagt, [auf] die ganze Lebensgeschichte«. Breuer scheint sich in derselben Sicherheit gefühlt zu haben; auch er trat als verantwortlicher Wissenschaftler mit kontrolliertem wissenschaftlichen Interesse der Patientin gegenüber. Doch war bei Breuer zweierlei anders.

Erstens: Die Distanz zwischen Janet und seinem »Untersuchungs-Objekt« war auch sozial pointiert – Marie war eine, wie man zu sagen pflegte, ungebildete Person, die zu Analysezwecken von einem, freilich freundlichen, Experimentator ausgewählt worden war; Anna O. war eine vermögende junge Dame, die nach ihrem Hausarzt verlangen konnte, eine junge Frau, in der die nachmalige Sozialarbeiterin, die zielstrebige Kämpferin gegen Mädchenhandel, die Begründerin des jüdischen Frauenbundes schon angelegt waren. Zweitens: Auch Breuer hypnotisierte, und das heißt, er mobilisierte ebenfalls »intimes« Material. Seine Hypnosen erwuchsen jedoch aus den »Autohypnosen« der Patientin, was bedeutete, daß er die Struktur der Darstellungen der Patientin übernahm. Diese Darstellungsstruktur nun war allerdings, wie wir schon erläutert haben, »szenisch«. Und die »Inszenierung« geriet mehr und mehr in die Hände der Patientin. Sie bestimmte nicht nur das Nacheinander der Szenen – und damit den Interpretationsaufbau –, sie bezog auch die aktuelle Szenerie in die »Inszenierung« ein. Daß Bertha Pappenheim das selbst weder beabsichtigte noch wußte und daß Breuer es keineswegs ahnte, nahm diesem Prozeß nichts von seiner Kraft. »Inszenierung« bedeutet hierbei: Darstellung der persönlichen Leiden, Ängste, Wünsche usw. in Szenen *und* Organisierung eines Zusammenspiels mit dem Anderen, nämlich Breuer, der sich – sei es bereitwillig, sei es widerwillig, sei es geringfügig, sei es weitgehend – darauf einließ. Damit waren beide Arten von Intimität: das intime Geständnis und die intime Situation, miteinander verschmolzen und in den Dienst der Selbstdarstellung des Patienten gestellt.

Ob Breuers zeitaufwendiges und außergewöhnliches Engagement für die Patientin von Sympathie oder gar von Verliebtheit geleitet war, ist nebensächlich für unsere Einschätzung. Es war die »Inszenierung« des Zusammenspiels (das die Psychoanalyse später die Einheit von Übertragung und Gegenübertragung

nennen wird), die ihn in die Rolle des »Liebhabers« brachte. Gerade der Umstand, daß er seine Rolle nicht erkennen konnte (weil er die »Dramatik« weder zu sehen noch zu deuten vermochte), hat ihn diesem Zusammenspiel ausgeliefert.
Im Laufe der Jahre wird sich, wie Freuds Fallbeschreibungen in den *Studien über Hysterie* zeigen, das Verfahren der »Inszenierung« und szenischen Darstellung des Leidens der Patienten entfalten und das ärztliche Verhalten, konvergierend, sich als Bereitschaft zum Mitspiel in einer angesonnenen Rolle und als »szenisches« Verstehen etablieren. Die »Flucht« Breuers wird sich bei Freud wiederholen, aber anders. Im Jahre 1925 berichtet Freud die folgende Episode:
»Als ich einmal eine meiner gefügigsten Patientinnen, bei der die Hypnose die merkwürdigsten Kunststücke ermöglicht hatte, durch die Zurückführung ihres Schmerzanfalls auf eine Veranlassung von ihrem Leiden befreite, schlug sie beim Erwachen ihre Arme um meinen Hals. Der unvermutete Eintritt einer dienenden Person enthob uns einer peinlichen Auseinandersetzung, aber wir verzichteten von da an in stillschweigender Übereinkunft auf die Fortsetzung der hypnotischen Behandlung. Ich war nüchtern genug, diesen Zufall nicht auf die Rechnung meiner persönlichen Unwiderstehlichkeit zu setzen und meinte, jetzt die Natur des mystischen Elements, welches hinter der Hypnose wirkte, erfaßt zu haben. Um es auszuschalten oder wenigstens zu isolieren, mußte ich die Hypnose aufgeben.« (155)
Auch Freud ist also »geflohen«, jedoch nicht mehr vor der Patientin – das von ihm entwickelte Paradigma einer besonderen Arzt-Patient-Beziehung vermochte standzuhalten. Er zog sich auch nicht vor dem Recht zur »Selbstdarstellung« (und das schließt ein: zur Inszenierung des Zusammenspiels) zurück, sondern erweiterte vielmehr dieses Recht ausdrücklich. Er verzichtete auf die leichte Mobilisierung der unbewußten Regungen durch Hypnose und übertrug sogar die Kontrolle über die Situation der Patientin. Fortan meinte »Selbstdarstellung« *Selbstbestimmung* des Analysanden im Zusammenwirken mit dem Analytiker.

Freud – der Kampf um das Verstehen und die strenge Wissenschaftlichkeit des Begreifens

Ich wiederhole: Die Freiheit der Selbstdarstellung des Patienten war nur möglich, weil diejenigen, die sie zuließen – Breuer und Freud –, voll im Schutze der radikalen Szientifizierung des Problemfeldes operierten. Einzig die strikte Disziplin, wie sie damals bloß die Naturwissenschaften kannten, konnte gewährleisten, daß die Arbeit mit und an dieser Selbstdarstellung sich nicht in Mythen verirrte. Nur die Unterwerfung der Erfahrung unter ein konsistentes Theoriesystem bot den szenischen Erzählungen das angemessene Auffangbecken. Lediglich die Ausrichtung nicht auf Gründe, sondern auf Ursachen, verbunden mit der Suche nach der Kausalgesetzlichkeit, hat die Erfahrung allmählich in die Tiefe getrieben: vor das Blickfeld der Tiefenpsychologie.
Desgleichen: Die Chance der Intimität ließ sich nur unter der Schirmherrschaft der Wissenschaftlichkeit ausschöpfen. Kein Zweifel, von allen Beweggründen, den neuen Erfahrungen standzuhalten, kommt der naturwissenschaftlich geschärften Wissenschaftsbesessenheit Freuds die entscheidende Bedeutung zu. Diese Besessenheit hat, nach Bernfelds Zeugnis, Freud sein Leben lang begleitet:
»Mit vierundsiebzig Jahren bemerkte Freud einmal anläßlich einer Feier: ›Meine Lebensarbeit war auf ein einziges Ziel eingestellt. Ich beobachtete die feineren Störungen der seelischen Leistungen bei Gesunden und Kranken und wollte aus solchen Anzeichen erschließen – oder, wenn Sie es lieber hören: erraten –, wie der Apparat gebaut ist, der diesen Leistungen dient, und welche Kräfte in ihm zusammen- und gegeneinanderwirken.‹ Er meint hier seine psychoanalytische Arbeit. Wie wir nun erkennen können, gilt diese Feststellung indessen für alle seine wissenschaftlichen Forschungen bis hin zu seiner ersten Untersuchung bestimmter Nervenzellen bei einem seltsamen und seltenen Fisch. Sie reicht sogar noch

weiter zurück. Das Thema jener schicksalsträchtigen Vorlesung Prof. Brühls, in der Goethes Aufsatz zitiert wurde, war Vergleichende Anatomie.
Als er das Institut verließ, um sich niederzulassen, gab er seine wissenschaftlichen Ambitionen nicht auf. In den folgenden zehn Jahren wechselte er weder den Forschungsgegenstand noch die Methode. In gewisser Weise hat er beides nie preisgegeben. Ungeachtet der neuartigen, revolutionären Züge der Psychoanalyse, ist sie im Kern doch eine Fortsetzung der Arbeit, der Freud bei Brücke nachgegangen war.« (156)
Die hier beschriebene Einstellung bekundet sich ebenfalls in dem physiologistischen Statement in den *Vorlesungen zur Einführung in die Psychoanalyse* (1916):
»Wir haben [...] die Kausalverkettung längst über die Verdrängungen hinaus verfolgt bis zu den Triebanlagen, deren relativen Intensitäten in der Konstitution und den Abweichungen ihres Entwicklungsganges. Nehmen Sie nun an, es wäre uns etwa auf chemischem Wege möglich, in dies Getriebe einzugreifen, die Quantität der jeweils vorhandenen Libido zu erhöhen oder herabzusetzen oder den einen Trieb auf Kosten eines anderen zu verstärken, so wäre dies eine im eigentlichen Sinne kausale Therapie, für welche unsere Analyse die unentbehrliche Vorarbeit der Rekognoszierung geleistet hätte. Von solcher Beeinflussung der Libidovorgänge ist derzeit, wie Sie wissen, keine Rede; mit unserer psychischen Therapie greifen wir an einer anderen Stelle des Zusammenhanges an, nicht gerade an den uns ersichtlichen Wurzeln der Phänomene, aber doch weit genug weg von den Symptomen, an einer Stelle, die uns durch sehr merkwürdige Verhältnisse zugänglich geworden ist.« (157)
Diese in heutiger Sicht irrige Einschätzung von Vorgehen und Gegenstand der Psychoanalyse braucht hier nicht zur Kritik gestellt zu werden; uns interessiert allein ihr damaliger »Nutzen« für die Entfaltung der Psychoanalyse. Vor allem interessieren uns ihre paradoxen Effekte. So war es gerade die Orientierung an naturwissenschaftlicher Forschung, und zwar jener Forschung, in die Freud im Brückeschen Laboratorium eingeführt worden war, die den Respekt vor der Eigenart des »Untersu-

chungsgegenstandes« begründete, also auch den Respekt vor den Erzählungen seiner Patienten. Bernfeld bemerkt zu der vorpsychoanalytischen, physiologischen Arbeitsweise Freuds: »Das Tierexperiment stellt einen ungleich gewaltsameren Angriff auf Rechte und Leben der Kreatur dar als die Untersuchung am toten Körper. Und was ist mit den ›lebensfrischen‹ Zellen des Flußkrebses? Sie sind doch auch ›tot‹, verglichen mit lebendigen Meerschweinchen, Hasen und Hunden. Als Jüngling gab Freud die Idee der Machtausübung über Menschen auf und zog sich in die Wissenschaft von der Natur zurück. Das gleiche Verhaltensmuster zeigt sich noch einmal, als Freud mit etwa Mitte dreißig sich von der Hypnose abkehrte, auf der Suche nach einem weniger grob manipulativen Verfahren. Dies waren die beiden Wendepunkte in Freuds Beziehung zur Wissenschaft; am ersten beschloß er, überhaupt Wissenschaftler zu werden, am zweiten erfand er die Psychoanalyse. Dazwischen hielt er sich, abgesehen von einigen wenigen Versuchen in dieser Richtung, vom aktiven physiologischen Experimentieren fern, blieb bei der subtileren Form von Herrschaft, in der Rolle des Beobachters von Strukturen.« (158)

Bernfeld zufolge bestand Freuds »Methode [...] darin, passiv hinzuschauen und hinzuhören, bei einem Minimum von Einflußnahme auf das Untersuchungsobjekt. Bald gab er die Anwendung elektrischer Instrumente, später auch die Hypnose auf, weil er sich bei so grob manipulierenden Eingriffen taktlos vorkam und unbehaglich fühlte. Erziehen, Kurieren, Regieren – mehrfach hat er bekannt, wie wenig Neigung er zu solchen Tätigkeiten verspürte. Er verglich die Arbeit des Psychoanalytikers gern mit derjenigen des Archäologen, der nichts anderes tut, als die Ablagerungen von Jahrzehnten abzutragen und das darunter Verborgene freizulegen.« (159)

Es darf allerdings bezweifelt werden, ob Freud so geduldig und nachsichtig wie Breuer war. Immerhin waren seine frühen Behandlungspraktiken, soweit wir von ihnen wissen, durch lebhaftes Schwanken zwischen energischem Zugreifen und vorsichtigem Zuhören gekennzeichnet. Im übrigen ist bemerkenswert, daß er nicht schon 1886 mit der Verbindung von kathartischem

Verfahren und Hypnose begann, sondern frühestens 1889, vielleicht sogar erst 1892. Allerdings waren es kräftige Versuchungen gewesen, die Freud zuvor beeinflußt hatten: der manipulativ-diagnostizierende Stil Charcots, die manipulativ-aufdeckende Technik Bernheims sowie erfolgreiche autoritäre Verfahren wie die Mitchellsche Mastkur. Er war es seinen Patienten gewiß schuldig, all dies zur Anwendung zu bringen; doch wie sehr er immer wieder zwischen manipulativem Zugriff und Sich-Einlassen schwankte, läßt sich an der Krankengeschichte der Frau Emmy v. N. ablesen. Freud schildert sein Vorgehen nach einem aufregenden Besuch eines anderen Arztes:

»Nach seinem Fortgehen versetzte ich sie neuerdings in Hypnose, um die etwaigen Reste der Erregung von seinem Besuche her wegzunehmen. Sie ist mit ihrem Benehmen selbst sehr zufrieden, setzt auf seine Behandlung große Hoffnungen, und ich suche ihr an diesem Beispiele zu zeigen, daß man sich vor dem Neuen nicht zu fürchten brauche, da es auch das Gute in sich schließe.« (160)

Allerdings, in der Fußnote, die er dem Text später hinzufügte, ist die bessere Einsicht festgehalten: »Alle solchen lehrhaften Suggestionen schlugen bei Frau Emmy fehl, wie die Folge zeigt.« (161)

Freud fährt in seinem Bericht so fort:

»Abends ist sie sehr heiter und entledigt sich vieler Bedenklichkeiten in dem Gespräche vor der Hypnose. In der Hypnose frage ich, welches Ereignis ihres Lebens die nachhaltigste Wirkung geübt habe und am öftesten als Erinnerung bei ihr auftauche. – Der Tod ihres Mannes. – Ich lasse mir dieses Erlebnis mit allen Einzelheiten von ihr erzählen, was sie mit den Zeichen tiefster Ergriffenheit tut, aber ohne alles Schnalzen und Stottern.

Wie sie in einem Orte an der Riviera, den sie beide sehr liebten, einst über eine Brücke gegangen und er von einem Herzkrampf ergriffen, plötzlich umsank, einige Minuten wie leblos dalag, dann aber wohlbehalten aufstand. Wie dann kurze Zeit darauf, als sie im Wochenbette mit der Kleinen lag, der Mann, der an einem kleinen Tische vor ihrem Bette frühstückte und die Zeitung las, plötzlich aufstand, sie so eigentümlich ansah, einige Schritte machte und dann tot zu

Boden fiel. Sie sei aus dem Bette; die herbeigeholten Ärzte hätten Belebungsversuche gemacht, die sie aus dem andern Zimmer mit angehört; aber es sei vergebens gewesen. Sie fährt dann fort: Und wie das Kind, das damals einige Wochen alt war, so krank geworden und durch sechs Monate krank geblieben sei, während welcher Zeit sie selbst mit heftigem Fieber bettlägerig war; – und nun folgten chronologisch geordnet ihre Beschwerden gegen dieses Kind, die mit ärgerlichem Gesichtsausdrucke rasch hervorgestoßen werden, wie wenn man von jemandem spricht, dessen man überdrüssig geworden ist. Es sei lange Zeit sehr eigentümlich gewesen, hätte immer geschrien und nicht geschlafen, eine Lähmung des linken Beines bekommen, an deren Heilung man fast verzweifelte; mit vier Jahren habe es Visionen gehabt, sei erst spät gegangen und habe spät gesprochen, so daß man es lange für idiotisch hielt; es habe nach der Aussage der Ärzte Gehirn- und Rückenmarksentzündung gehabt, und was nicht alles sonst. Ich unterbreche sie hier, weise darauf hin, daß dieses selbe Kind heute normal und blühend sei, und nehme ihr die Möglichkeit, alle diese traurigen Dinge wieder zu sehen, indem ich nicht nur die plastische Erinnerung verlösche, sondern die ganze Reminiszenz aus ihrem Gedächtnisse löse, als ob sie nie darin gewesen wäre. Ich verspreche ihr davon das Aufhören der Unglückserwartung, die sie beständig quält, und der Schmerzen im ganzen Körper, über die sie gerade während der Erzählung geklagt hatte, nachdem mehrere Tage von ihnen nicht die Rede gewesen war.

Zu meiner Überraschung beginnt sie unmittelbar nach dieser meiner Suggestion von dem Fürsten L . . . zu reden, dessen Entweichung aus einem Irrenhause damals von sich reden machte, kramt neue Angstvorstellungen über Irrenhäuser aus, daß dort die Leute mit eiskalten Duschen auf den Kopf behandelt, in einen Apparat gesetzt und so lange gedreht würden, bis sie ruhig sind. Ich hatte sie vor drei Tagen, als sie über die Irrenhausfurcht zuerst klagte, nach der ersten Erzählung, daß die Kranken dort auf Sessel gebunden würden, unterbrochen. Ich merke, daß ich dadurch nichts erreiche, daß ich mir's doch nicht ersparen kann, sie in jedem Punkte bis zu Ende anzuhören. Nachdem dies nachgeholt ist, nehme ich ihr auch die

neuen Schreckbilder weg, appellierte an ihre Aufklärung, und daß sie mir doch mehr glauben darf als dem dummen Mädchen, von dem sie die Schauergeschichten über die Einrichtung der Irrenhäuser hat. Da ich bei diesen Nachträgen doch gelegentlich etwas Stottern bemerke, frage ich sie von neuem, woher das Stottern rührt. – Keine Antwort. – Wissen Sie es nicht? – Nein. – Ja, warum nicht? – Warum? Weil ich nicht darf (was heftig und ärgerlich hervorgestoßen wird). Ich glaube in dieser Äußerung einen Erfolg meiner Suggestion zu sehen, sie äußert aber das Verlangen, aus der Hypnose geweckt zu werden, dem ich willfahre.« (162)
Auch im Zusammenhang mit diesem Abschnitt offenbaren zwei später hinzugefügte Fußnoten den »Lernfortschritt« Freuds, seine stetig wachsende Bereitschaft, die Patientin gelten zu lassen:
»Ich bin diesmal in meiner Energie wohl zu weit gegangen. Noch eineinhalb Jahre später, als ich Frau Emmy in relativ hohem Wohlbefinden wiedersah, klagte sie mir, es sei merkwürdig, daß sie sich an gewisse, sehr wichtige Momente ihres Lebens nur höchst ungenau erinnern könne. Sie sah darin einen Beweis für die Abnahme ihres Gedächtnisses, während ich mich hüten mußte, ihr die Erklärung für diese spezielle Amnesie zu geben. Der durchschlagende Erfolg der Therapie in diesem Punkte rührte wohl auch daher, daß ich mir diese Erinnerung so ausführlich erzählen ließ (weit ausführlicher, als es die Notizen bewahrt haben), während ich mich sonst zu oft mit bloßen Erwähnungen begnügte.«
Und: »Ich verstand diese kleine Szene erst am nächsten Tag. Ihre ungebärdige Natur, die sich im Wachen wie im künstlichen Schlaf gegen jeden Zwang aufbäumte, hatte sie darüber zornig werden lassen, daß ich ihre Erzählung für vollendet nahm und sie durch meine abschließende Suggestion unterbrach. Ich habe viele andere Beweise dafür, daß sie meine Arbeit in ihrem hypnotischen Bewußtsein kritisch überwachte. Wahrscheinlich wollte sie mir den Vorwurf machen, daß ich sie heute in der Erzählung störe, wie ich sie vorhin bei den Irrenhausgreueln gestört hatte, getraute sich dessen aber nicht, sondern brachte diese Nachträge anscheinend unvermittelt vor, ohne den verbindenden Gedanken-

gang zu verraten. Am nächsten Tag klärte mich dann eine verweisende Bemerkung über meinen Fehlgriff auf.« (163)
Jones hat den Freudschen »Lernprozeß« so kommentiert:
»Zunächst neigte er allerdings noch immer zum Zureden, Stirnedrücken und Befragen, was er als mühsame, aber notwendige Arbeit empfand. Einmal warf ihm eine Patientin vor, er störe mit seinen Fragen ihre Gedankentätigkeit. Er folgte ihrem Wink und tat damit einen weiteren Schritt in der Richtung der freien Assoziation.
Nach diesem vielversprechenden Anfang wurde die Methode nach und nach immer freier. Freud verwendete den Hypnotismus zwar weiter, wo er nur konnte, wenn auch oft nur in gewissen Stadien der Behandlung, und gab ihn als therapeutisches Hilfsmittel erst 1896 endgültig auf, vier Jahre nachdem er bewiesen hatte, daß es auch ohne ihn ging. Je zuversichtlicher er darauf vertraute, daß beim Nachlassen der bewußten Zensur automatisch die wichtigen Erinnerungen zum Vorschein kommen, um so weniger brauchte er den Patienten zu drängen, seine Stirne zu drücken oder seine Gedanken zu lenken; daher gab er denn auch eines nach dem andern auf. In der ›Traumdeutung‹ (1901) empfiehlt er noch das Schließen der Augen, allerdings vielleicht nur bei Selbstanalysen, und 1904 erklärt er auch dies für unnötig.« (164)
Sieht man die frühen Krankengeschichten Freuds durch und liest man den Briefwechsel mit Fließ, so kann man die wachsende Sensibilisierung Freuds für das »Recht der Selbstdarstellung« des Patienten Schritt für Schritt beobachten. Die endgültige Anerkennung dieses Rechtes geschah durch seine eigene Analyse – auf die Entfaltung der Lehre von der freien Assoziation und der gleichschwebenden Aufmerksamkeit (als der Institutionalisierung der methodischen Grundlage der Selbstdarstellung des Patienten) folgt die Aufhebung der Schranke zwischen Arzt und Patient in dem bedeutungsvollen Schritt der Freudschen Selbstanalyse. Aufschlußreich ist, wie konkret Marthe Robert dies deutet – der Psychiater steigt von dem Piedestal der Allmacht und Allwissenheit herab, um Patient zu sein:
»[. . .] und wenn es zutrifft, daß die Psychoanalyse als Wissenschaft nur vom Allgemeinen handeln kann und will, so bleibt doch die Tatsache, daß sie ihre Existenz ganz wesentlich der

Selbstanalyse ihres Schöpfers verdankt, und daß die Zentralgestalt dieser neuartigen Erfahrung nicht irgend ein Vater schlechthin, sondern notwendigerweise Jakob Freud gewesen ist, ein jüdischer Vater, ein ›unklarer Vater‹, der nach allem, was wir über seine Herkunft und seine Zeit wissen, auch seinem Sohn das unsichere Schwanken zwischen zweierlei Geschichte, zwei Kulturen, zwei unvereinbaren Denkweisen aufbürden mußte. Der ›Ödipuskomplex‹, von dem heute kaum noch bestritten wird, daß er das menschliche Drame par excellence ist, verdankt seinen Namen gewiß einer geistigen Welt, der näherzukommen Jakob Freud nie auch nur das Bedürfnis verspürte, aber dieser entliehene Name darf uns nicht über die Urerfahrung hinwegtäuschen, aus der der Begriff entsprang: Jakob, der Jude aus Galizien und nicht ein sagenhafter griechischer König war zunächst für Freud der erschlagene Vater.« (165)

Zu Ende gedacht, heißt das: Der Analytiker begibt sich in die Rolle des Patienten, und zwar nicht in einer Trennung von Körperlichem und Seelischem (wie es ärztliche Selbstversuche vordem schon getan hatten), sondern in Anerkennung dessen, daß die eigene Subjektivität eine behandlungsbedürftige, d. h. beschädigte ist. Freilich, Freud grenzt *seine* Träume dann doch wieder ab von der Kategorie des krankhaft Beschädigten. Im Vorwort zur *Traumdeutung* schreibt er:

»Eigentümlichkeiten des Materials, an dem ich die Traumdeutung erläutere haben mir auch diese Veröffentlichung schwer gemacht. Es wird sich aus der Arbeit selbst ergeben, warum alle in der Literatur erzählten oder von Unbekannten zu sammelnden Träume für meine Zwecke unbrauchbar sein mußten; ich hatte nur die Wahl zwischen den eigenen Träumen und denen meiner in psychoanalytischer Behandlung stehenden Patienten. Die Verwendung des letzteren Materials wurde mir durch den Umstand verwehrt, daß hier die Traumvorgänge einer unerwünschten Komplikation durch die Einmengung neurotischer Charaktere unterlagen.« (166)

Die Kränkung des Selbstgefühls, die, nach einem berühmten Freudwort (167), der Menschheit von der Psychoanalyse zugemutet wird, hat auch Freud selbst nicht leicht verkraftet. Aber auch da ist es die strenge Wissenschaftlichkeit selbst, die ihn

zwingt, die doppelte Verletzung – seiner Intimität und seiner wissenschaftlichen Identiät – in Kauf zu nehmen. Die folgende, an die letzte unmittelbar anschließende Textstelle zeigt es:
»Mit der Mitteilung meiner eigenen Träume aber erwies sich als untrennbar verbunden, daß ich von den Intimitäten meines psychischen Lebens fremden Einblicken mehr eröffnete, als mir lieb sein konnte und als sonst einem Autor, der nicht Poet, sondern Naturforscher ist, zur Aufgabe fällt. Das war peinlich aber unvermeidlich; ich habe mich also darein gefügt, um nicht auf die Beweisführung für meine psychologischen Ergebnisse überhaupt verzichten zu müssen.« (168)
Zögern wir nicht länger, der naturwissenschaftlich bestimmten Haltung Freuds eine vorrangige Bedeutung für die Entfaltung der Wissenschaft vom intimen Geständnis, die wir Psychoanalyse nennen, zuzuerkennen (unter voller Beachtung der Paradoxie, daß wir in der Psychoanalyse eine hermeneutische Wissenschaft – und das heißt, das Gegenstück zu allen gesetzesbildenden Wissenschaften – vor uns haben) und daß das methodische Element in ihr keineswegs einen geringen, sondern den zentralen Platz einnimmt: »Für Freud ist, wie er mehrfach betont hat, die Psychoanalyse an erster Stelle eine neue Technik, durch die ein umfassender, vorher unzugänglicher Faktenbereich allererst ans Licht gebracht werden konnte. Es handelt sich um ein neues Beobachtungsinstrument, eine neue Forschungsmethode. Erst an zweiter Stelle ist die Psychoanalyse ein neuer Wissensfundus, erhoben mittels jenes neuartigen Instruments. Freuds Entdeckungen sind die gleichsam beiläufigen Resultate von Freuds Erfindung.« (169)
Überzeugen wir uns von der Anstrengung Freuds, die lebensnahe Bildhaftigkeit szenischen Verstehens zu gewinnen, getrieben von einer wissenschaftlichen Neugierde, die nicht mehr ›Verhalten‹ klassifizieren und erklären will, sondern darauf aus ist, ›Verhältnisse‹, d. h. Szenen wahrzunehmen. Vergegenwärtigen wir uns eine von Freuds frühen Krankheitsgeschichten, nämlich die Notierungen über Miß Lucy R., veröffentlicht in den *Studien über Hysterie*. Ausgangspunkt ist das Symptom einer unangenehmen Geruchssensation (von verbrannter Mehlspeise), die aufgeklärt werden soll:
»Das Fortbestehen dieses Erinnerungssymbols ließ mich ver-

muten, daß dasselbe außer der Hauptszene die Vertretung der vielen kleinen Nebentraumen auf sich genommen, und so forschten wir denn nach allem, was sonst mit der Szene der verbrannten Mehlspeise in Zusammenhang stehen mochte, gingen das Thema der häuslichen Reibungen, des Benehmens des Großvaters u. a. durch. Dabei schwand die Empfindung des brenzlichen Geruches immer mehr. Auch eine längere Unterbrechung fiel in diese Zeit, verursacht durch neuerliche Erkrankung der Nase, die jetzt zur Entdeckung der Karies des Siebbeines führte.

Als sie wiederkam, berichtete sie auch, daß Weihnachten ihr so zahlreiche Geschenke von seiten der beiden Herren und selbst von den Dienstleuten des Hauses gebracht habe, als ob alle bestrebt seien, sie zu versöhnen und die Erinnerung an die Konflikte der letzten Monate bei ihr zu verwischen. Dies offenkundige Entgegenkommen habe ihr aber keinen Eindruck gemacht.

Als ich wieder ein anderes Mal nach dem Geruche der verbrannten Mehlspeise fragte, bekam ich die Auskunft, der sei zwar ganz geschwunden, allein an seiner Stelle quäle sie ein anderer und ähnlicher Geruch, wie von Zigarrenrauch. Derselbe sei wohl auch früher dagewesen, aber wie gedeckt durch den Geruch der Mehlspeise. Jetzt sei er rein hervorgetreten.

Ich war nicht sehr befriedigt von dem Erfolge meiner Therapie. Da war also eingetroffen, was man einer bloß symptomatischen Therapie immer zur Last legt, man hatte ein Symptom weggenommen, bloß damit ein neues an die freie Stelle rükken könne. Indes machte ich mich bereitwillig an die analytische Beseitigung dieses neuen Erinnerungssymbols.

Diesmal wußte sie aber nicht, woher die subjektive Geruchsempfindung stamme, bei welcher wichtigen Gelegenheit sie eine objektive gewesen sei. ›Es wird täglich geraucht bei uns‹, meinte sie, ›ich weiß wirklich nicht, ob der Geruch, den ich verspüre, eine besondere Gelegenheit bedeutet.‹ Ich beharrte nun darauf, daß sie versuche, sich unter dem Drucke meiner Hand zu erinnern. Ich habe schon erwähnt, daß ihre Erinnerungen plastische Lebhaftigkeit hatten, daß sie eine ›Visuelle‹ war. In der Tat tauchte unter meinem Drängen ein Bild in

ihr auf, anfangs zögernd und nur stückweise. Es war das Speisezimmer ihres Hauses, in dem sie mit den Kindern wartet, bis die Herren aus der Fabrik zum Mittagsmahl kommen. – Jetzt sitzen wir alle um den Tisch herum: die Herren, die Französin, die Haushälterin, die Kinder und ich. Das ist aber wie alle Tage. – Sehen Sie nur weiter auf das Bild hin, es wird sich entwickeln und spezialisieren. – Ja, es ist ein Gast da, der Oberbuchhalter, ein alter Herr, der die Kinder liebt wie eigene Enkel, aber der kommt so oft zu Mittag, das ist auch nichts Besonderes. – Haben Sie nur Geduld, blicken Sie nur auf das Bild, es wird gewiß etwas vorgehen. – Es geht nichts vor. Wir stehen vom Tische auf, die Kinder sollen sich verabschieden und gehen dann mit uns wie alle Tage in den zweiten Stock. – Nun? – Es ist doch eine besondere Gelegenheit, ich erkenne die Szene jetzt. Wie die Kinder sich verabschieden, will der Oberbuchhalter sie küssen. Der Herr fährt auf und schreit ihn geradezu an: ›Nicht die Kinder küssen.‹ Dabei gibt es mir einen Stich ins Herz, und da die Herren schon rauchen, bleibt mir der Zigarrenrauch im Gedächtnis.
Dies war also die zweite, tieferliegende Szene, die als Trauma gewirkt und ein Erinnerungssymbol hinterlassen hatte. Woher rührte aber die Wirksamkeit dieser Szene? – Ich fragte: Was ist der Zeit nach früher, diese Szene oder die mit der verbrannten Mehlspeise? – Die letzte Szene ist die frühere, und zwar um fast zwei Monate. – Warum hat es Ihnen denn einen Stich bei dieser Abwehr des Vaters gegeben? Der Verweis richtete sich doch nicht gegen Sie? – Es war doch nicht recht, einen alten Herrn so anzufahren, der ein lieber Freund und noch dazu Gast ist. Man kann das ja auch ruhig sagen. – Also hat Sie nur die heftige Form Ihres Herrn verletzt? Haben Sie sich vielleicht für ihn geniert oder haben Sie gedacht, wenn er wegen einer solchen Kleinigkeit so heftig sein kann mit einem alten Freunde und Gaste, wie wäre er es erst mit mir, wenn ich seine Frau wäre? – Nein, das ist es nicht. – Es war aber doch wegen der Heftigkeit? – Ja, wegen des Küssens der Kinder, das hat er nie gemocht. – Und nun taucht wieder unter dem Drucke meiner Hand die Erinnerung an eine noch ältere Szene auf, die das eigentlich wirksame

Trauma war und die auch der Szene mit dem Oberbuchhalter die traumatische Wirksamkeit verliehen hatte.
Es hatte sich wieder einige Monate vorher zugetragen, daß eine befreundete Dame auf Besuch kam, die beim Abschiede beide Kinder auf den Mund küßte. Der Vater, der dabei stand, überwand sich wohl, der Dame nichts zu sagen, aber nach ihrem Fortgehen brach sein Zorn über die unglückliche Erzieherin los. Er erklärte ihr, er mache sie dafür verantwortlich, wenn jemand die Kinder auf den Mund küsse, es sei ihre Pflicht, es nicht zu dulden, und sie sei pflichtvergessen, wenn sie es zulasse. Wenn es noch einmal geschähe, würde er die Erziehung der Kinder anderen Händen anvertrauen. Es war die Zeit, als sie sich noch geliebt glaubte und auf eine Wiederholung jenes ersten freundlichen Gespräches wartete. Diese Szene knickte ihre Hoffnungen. Sie sagte sich: wenn er wegen einer so geringen Sache, und wo ich überdies ganz unschuldig bin, so auf mich losfahren kann, mir solche Drohungen sagen kann, so habe ich mich geirrt, so hat er nie eine wärmere Empfindung für mich gehabt. Die würde ihn Rücksicht gelehrt haben. – Offenbar war es die Erinnerung an diese peinliche Szene, die ihr kam, als der Oberbuchhalter die Kinder küssen wollte und dafür vom Vater zurechtgewiesen wurde.« (170)
Die Krankengeschichte demonstriert das Ineinander von Erzählen, d. h. »szenischer« Darstellung, und »szenischem« Verstehen. Die Aufklärung des Symptoms, das hier »Erkenntnissymbol« heißt, entfaltet »außer der Hauptszene« ein ganzes Gefüge von Nebenszenen, die so lange hervorgelockt werden, bis sie in sinnlicher Fülle vor Augen treten: als Tischrunde im Speisezimmer. Das analytische Interesse drängt auf Komplettierung der Szenen, bis der Therapeut feststellen kann: »Dies war also die zweite, die tieferliegende Szene.« Schließlich taucht »eine noch ältere Szene« auf. Und erst jetzt haben sich die Szenen zu einem sinnvollen Drama geschlossen. Wir sehen, es geht Freud nicht darum, ein »Psychogramm«, ein »Persönlichkeitsprofil« zu bilden; es geht ihm um das Individuum *in actu*, als »persona dramatis«, freilich nicht im Hinblick auf den Akteur, sondern auf die Aktion, die Interaktion, die Figurationen des Zusammenspiels, in das die Patientin verstrickt ist. »Szenisches Verstehen«

bedeutet, nicht den Handelnden, sondern die Handlung zum Mittelpunkt der Betrachtung zu nehmen. In der späteren Psychoanalyse wird sich zeigen, daß die einzelnen Szenen nicht dazu dienen, eine Lebensgeschichte herzustellen, sondern die »Persönlichkeit« als Gefüge von Lebensentwürfen, als Entwurf einer zusammenhängenden »Lebenswelt« zu begreifen. Die Lebenswelt, das problematische Lebensdrama der Patienten – das ist der Gegenstand der Psychoanalyse.
Allerdings war auf dem damaligen Stand des Verfahrens die freie Thematisierung noch von reichlichem Fragen durchsetzt. Das Mittel, an schwierigen Punkten der Exploration mit einem »Druck auf die Stirn« der Patientin weiterzuhelfen, war noch nicht ersetzt durch das kombinierte Instrumentarium aus »szenischer Erzählung«, »szenischem Verstehen« und einem Deuten, dessen bildhafte Konkretheit Freud dann in dem Vergleich des Analytikers mit dem Archäologen eindrucksvoll herausgestellt hat. (171)

Vorstufen einer hermeneutischen Erfahrungswissenschaft

Das schönste und deshalb immer wieder zitierenswerte Eingeständnis von Freuds Wandel unter dem Eindruck des neuen Untersuchungsgegenstandes – der Lebensdramatik des Patienten – ist die schon erwähnte Einleitung zur »Epikrise des Fräulein Elisabeth v. R.«, worin der Hinweis vorkommt: »[. . .] daß die Krankengeschichten, die ich schreibe, wie Novellen zu lesen sind«.
Doch vergessen wir darüber nicht, daß Freud zugleich sich bemühte, die Resultate seines Verstehens in exakte naturwissenschaftliche Begriffe zu fassen und daß er zeitlebens an diesem Vorhaben festgehalten hat. 1926 sagt er von der Psychoanalyse, sie führe alle Vorgänge »auf das Spiel von Kräften zurück, die einander fördern, oder hemmen, sich miteinander verbinden« (172), wozu Bernfeld anmerkt (173): »Ich wüßte nicht, wie sich Geist und Inhalt von Brückes Vorlesung besser charakterisieren ließen« – wohlgemerkt, Geist und Inhalt der Brückeschen Vorlesung über Physiologie von 1874!
Von Beginn an herrschte zwischen den beiden »Polen« der Freudschen Erkenntnisanstrengung, zwischen dem »Archäologen« der Sinnstrukturen und dem »Biologen der Seele«, eine starke Spannung. Es muß bezweifelt werden, daß es gelungen wäre, die beiden »Pole« zueinander in eine lebendige Beziehung zu setzen, wenn sich nicht ein Vermittlungsgelenk zwischen sie geschoben hätte. Zwei Sachverhalte vor allem sind dafür ausschlaggebend gewesen: Freuds Aneignung der von Charcot entworfenen »Typenbildung« und die funktional-dynamische Wendung in seiner Aphasielehre.
Zunächst zu Charcot. Freud hat im Vorwort seiner Übersetzung der Charcotschen Vorlesungen ins Deutsche ausführlich dessen Beitrag zum Aufbau eines kasuistisch-interpretierenden Verfahrens gewürdigt – natürlich ohne es so zu nennen und ohne sich der Tragweite dieses Beitrags für den Übergang von einer erklä-

renden zu einer sinnverstehende Wissenschaft – *seiner* sinnverstehenden Wissenschaft – bewußt zu sein. Freud schreibt:
»Einen eigenthümlichen Reiz verdanken diese Vorträge dem Umstande, dass sie ganz oder grösstentheils Improvisationen sind. Der Professor kennt den Kranken nicht, der ihm vorgeführt wird, oder kennt ihn nur oberflächlich. [...] Er fragt den Kranken aus, prüft das eine oder andere Symptom und bestimmt damit die Diagnose des Falles, die er durch weitere Untersuchung einschränkt oder bestätigt. Man merkt, er hat den vorliegenden Fall mit einer Summe von Krankheitsbildern verglichen, die aus der Erfahrung stammend, in seinem Gedächtnis ruhen, und hat dessen Erscheinung mit einem dieser Bilder identificirt. [...]
Die weitere Erörterung gehört der klinischen Besonderheit des Falles. Das Krankheitsbild, die ›êntité morbide‹ bleibt die Grundlage der ganzen Betrachtung, aber das Krankheitsbild besteht in einer Erscheinungsreihe, oft einer Reihe, die nach mehrfachen Richtungen auseinander geht. Die klinische Würdigung des Falles besteht darin, ihm seinen Platz innerhalb dieser Reihe anzuweisen. In der Mitte der Reihe befindet sich der ›Type‹, die bewusst und absichtlich schematisirte, extreme Form des Krankheitsbildes, oder es lassen sich mehrere solcher Typen aufstellen, die durch Uebergangsformen miteinander verbunden sind. Gewiss kann man auch den ›Type‹, die vollständige und charakteristische Ausprägung des Krankheitsbildes antreffen, aber die wirklich beobachteten Fälle weichen meist vom Typus ab, haben den einen oder anderen Zug des Bildes verwischt, sie ordnen sich in eine oder mehrere, von den Typen wegstrebende Reihen, die schliesslich als ganz verschwommene, rudimentäre Formen (Formes frustes) aufhören, in denen nur der Erfahrene noch Abbilder des Typus erkennt. Während die Nosographie die Schilderung der Krankheitsbilder zum Inhalt hat, ist es die Aufgabe der Klinik, der individuellen Ausprägung der Fälle und der Combination der Symptome nachzugehen.
Ich habe die Begriffe der Éntité morbide, der Reihe, des Typus und der Formes frustes hier hervorgehoben, weil in deren Verwendung ein Hauptcharakter der französischen Art, Klinik zu treiben, gelegen ist. Der deutschen Art ist eine

solche Betrachtungsweise eigentlich fremd; das Krankheitsbild, der Typus spielen hier keine Hauptrolle, dagegen tritt ein anderer Zug hervor, der sich aus der Entwickelungsgeschichte der deutschen Kliniker erklärt, die Neigung zur physiologischen Deutung des Krankheitszustandes und des Zusammenhanges der Symptome. Die klinische Beobachtung der Franzosen gewinnt unzweifelhaft an Selbständigkeit, indem sie physiologische Gesichtspunkte an die zweite Stelle bannt. Der Ausfall derselben mag uns aber hauptsächlich den befremdenden Eindruck erklären, den die französische Klinik dem Uneingeweihten macht. Es liegt hier übrigens kein Versäumen, sondern eine absichtliche, für zweckmässig erachtete Ausschliessung vor. Ich habe Charcot sagen gehört: Je fais la morphologie pathologique, je fais même un peu l'anatomie pathologique, mais je ne fais pas la physiologie pathologique, j'attends que quelqu'un autre la fasse.
Das Interesse an der Vorlesung erwacht oft erst recht, wenn die Diagnose gestellt und der Krankheitsfall nach seinen Besonderheiten erledigt worden ist. [...] Dann lauscht man, von der Kunst des Erzählers nicht minder als von dem Scharfsinn des Beobachters gefesselt, jenen kleinen Geschichten, die darthuen, wie sich aus einem ärztlichen Erlebniss eine neue Erkenntniss ergeben hat: dann erhebt man sich mit dem Lehrer von der Betrachtung eines Krankheitsbildes der Neuropathologie zur Erörterung eines grundlegenden Problems der allgemeinen Krankheitslehre, dann sieht man auch mit einem Male den Lehrer und den Arzt hinter dem Weisen zurücktreten, dessen offener Sinn das grosse, bunte Bild des Weltgetriebes in sich aufgenommen hat, und der uns ahnen lässt, dass die Nervenkrankeiten nicht als eine Laune der Pathologie, sondern als ein nothwendiger Bestandtheil des ganzen Zusammenhanges aufzufassen sind.« (174)
Die Gegenüberstellung von »französischer Art, Klinik zu treiben«, und »deutscher Art« – im Sinne einer Unterscheidung der Betrachtung der »Krankheitsbilder« einerseits und erklärungswissenschaftlicher Analyse des Krankheitszustandes andererseits – darf nicht mißverstanden werden. Hier wird nicht »Kunst« gegen Wissenschaft ausgespielt, obschon von der »Kunst des Erzählers« die Rede ist. Vielmehr geht es um zwei

151

verschiedene Arten von Wissenschaftlichkeit. Freuds Bewunderung für das erzählerische Moment in Charcots klinischen Protokollen spekulierte nicht auf Ermäßigung des Wissenschaftsanspruches oder gar die Preisgabe der Anstrengung naturwissenschaftlichen Denkens. Wohl aber lockerte sich am Vorbild Charcot für Freud der Szientifizierungsdruck. Was in Charcots Attitüde zum Ausdruck gelangt, ist die Bedächtigkeit des kasuistischen Sammelns von Krankheitsbildern, in denen sich die Vielfalt des wirklichen Lebens noch spiegelt, und das die wissenschaftliche Erkenntnis noch bei den Bildern des alltäglichen Lebens verweilen läßt (bevor Charcot diesen Zusammenhang dann doch psychiatrisch auflöst). Die Individuen sind in diesem Verweilen noch nicht erniedrigt zu Trägern von Krankheitsdaten, die eilends irgendwelchen Theoriekonstrukten subsumiert werden. Zwar steht für Charcot der Lebensbericht des Patienten noch ganz im Dienste der deskriptiven Einordnung der Phänomene in den Katalog der ärztlichen Materialgliederung mit dem Ziel ihrer naturwissenschaftlichen Erklärung; aber die Zusammenfassung des Individuell-Konkreten zu »Typen« respektiert zunächst durchaus die »individuelle Ausprägung der Fälle«. »Typisierung« meint nicht eine Verallgemeinerung, in der die Individualität wegobjektiviert wird; diese wird lediglich »relativiert«. Im »Type« treten die einzelnen Krankheitsbilder lebender Menschen zusammen zu einem Konkret-Allgemeinen. Zwischen dem »Type« und den Erscheinungen der »wirklich beobachteten Fälle« besteht ein Unterschied (analog dem Unterschied zwischen den Erscheinungsbildern und ihrer Struktur), und gerade darin kommt ein Wechselverhältnis zur Geltung. Es sind die sinnliche Fülle und die seelische Reichhaltigkeit, die so, gegen »die Übergriffe der theoretischen Medizin«, sich ihren Platz als Erkenntnisgegenstand erobern. Freud hat in seinem Nachruf auf Charcot die folgende Episode berichtet:

»Charcot wurde auch niemals müde, die Rechte der rein klinischen Arbeit, die im Sehen und Ordnen besteht, gegen die Übergriffe der theoretischen Medizin zu verteidigen. Wir waren einmal eine kleine Schar von Fremden beisammen, die, in der deutschen Schulphysiologie aufgezogen, ihm durch die Beanstandung seiner klinischen Neuheiten lästig fielen; ›Das kann doch nicht sein,‹ wendete ihm einmal einer von uns

ein, ›das widerspricht ja der Theorie von Young-Helmholtz‹. Er erwiderte nicht: ›Um so ärger für die Theorie, die Tatsachen der Klinik haben den Vorrang‹ u. dgl., aber er sagte uns doch, was uns einen großen Eindruck machte: ›*La théorie, c'est bon, mais ça n'empêche pas d'exister.*‹« (175)
Doch nochmals sei betont: Man würde Freuds Wissenschaftsverständnis, seine niemals nachlassenden intensiven Bemühungen, die Einzelbefunde zu einer spannungsvollen, aber auf die Beseitigung aller Widersprüche abzielenden Theoriebildung zusammenzufassen, ebenso mißverstehen wie Charcots Wissenschaftlichkeit, wenn man in der Verteidigung der klinischen Arbeit Theoriefeindlichkeit am Werke glaubte. Die eben zitierte wie auch die weiter oben wiedergegebene Episode aus dem Vorwort zur Charcot-Vorlesung machen deutlich, daß es allein darum geht, die wissenschaftliche Verarbeitung des Wahrgenommenen von der Lebenswirklichkeit des Gegenstandes bestimmen zu lassen, die wissenschaftliche Tätigkeit nicht kurzschlüssig an ein naturwissenschaftliches Modell zu binden und somit das Krankheitsbild aus dem Lebenszusammenhang des Kranken auszugliedern.
Es versteht sich von selbst, daß Freud zur Zeit der Übersetzung der Charcotschen Vorlesungsprotokolle noch weit entfernt war von der Erkenntnis, daß sich zwischen Charcots Diagnostizieren und seiner eigenen Bearbeitung der Selbstdarstellung der Patienten eine tiefe Kluft auftun wird – Charcots Psychiatrie operierte jenseits des Grenzflusses, der die naturwissenschaftlich klassifizierende Medizin von der lebenspraktisch-interpretierenden Psychoanalyse trennt.
Sehen wir uns eine der von Charcot notierten Krankheitsgeschichten näher an, die Krankenvorstellung Nr. 2 aus der Poliklinik vom 17. 1. 1880, mit dem Titel »Hysterie mit großen Anfällen«.
»2. Eine Frau von 22 Jahren.

Charcot (zur Kranken, die in Begleitung ihrer Mutter gekommen ist): Wie alt sind Sie?
Die Kranke: 22 Jahre.
Charcot: Seit wann haben Sie Ihre Anfälle?
Die Kranke: Seit dem 24. December.

Charcot: Wissen Sie eine Ursache dafür?
Die Mutter der Kranken: Wir können keine angeben.
Charcot: Hat Ihre Tochter eine Kränkung erfahren?
Die Mutter: Ich weiss nichts davon, aber sie kränkt sich seit einiger Zeit beständig über jede Kleinigkeit.
Charcot: Hat sie in letzter Zeit eine fieberhafte Krankheit gehabt?
Die Mutter: Nein.
Charcot: Was thut sie denn?
Die Mutter: Sie ist Wäscherin, sie bügelt.
Charcot: Arbeitet sie angestrengt?
Die Mutter: Seit mehreren Monaten, ja.
Charcot: Meine Herren, Dank einer kleinen Note, die mir mein Assistent zugesteckt hat, weiss ich, dass diese Kranke einen gewissen Grad von Parese an beiden Händen, besonders deutlich an der rechten Hand, zeigt und überdiess eine Hautanästhesie von ähnlicher Begrenzung wie bei der Kranken, die wir eben vorhin studirt haben. Es kann ja sein, dass ihre Thätigkeit, die darin besteht, immer viele Stunden im Tag bald mit der einen, bald mit der anderen Hand das schwere Bügeleisen zu führen, bei ihr, als einer zur Hysterie disponirten Person, die Rolle einer traumatischen Ursache übernommen und die Entwicklung einer hysterotraumatischen Lähmung veranlasst hat, nach demselben Mechanismus, den wir bei der Geschichte von der Ohrfeige kennen gelernt haben. Die Charaktere einer solchen Lähmung sind hier minder deutlich, minder in die Augen springend als im vorigen Fall. Die Aufhebung des Muskelsinnes ist hier ganz ausgeblieben. Ich weiss nun aber, dass der Entstehung dieser Lähmung ein Krampfanfall vorhergegangen ist.
(Zur Mutter:) Wann war dieser Anfall?
Die Mutter: Am 27. December.
Charcot: Man hat mir mitgetheilt, dass sonst keine Anästhesie und keine Einschränkung des Gesichtsfeldes bei der Kranken zu finden ist. Die Anfälle aber sind häufig und ganz charakteristisch.
(Zur Kranken:) Können Sie mir sagen, was Sie im Moment, wenn der Anfall losbricht, verspüren?
Die Kranke: Ich fühle etwas wie elektrische Schmerzen in

allen Gliedern und dann verkrümmt sich Alles. Mehr weiss ich nicht.

Charcot: (Zur Mutter.) Sie haben ja so viele Anfälle mitangesehen: können Sie uns schildern, was dann geschieht?

Die Mutter: Zuerst wirft sie sich auf die Erde, wälzt sich herum, beisst und zerreisst Alles, was ihr in die Hände fällt, dann schreit sie, bekommt einen starren Blick, springt auf, läuft der Person nach, die gerade dabei ist, und will sich auf sie stürzen.

Charcot: Keine schlechte Schilderung. Wir erkennen in ihr die Charaktere des grossen Anfalles, wie wir ihn beschrieben haben, zuerst die Periode der grossen Bewegungen, dann die der leidenschaftlichen Stellungen und Gebärden. Sie wälzt sich herum, zerreisst alles, plötzlich richtet sie ihren Blick starr auf einen Punkt, sie hat dabei offenbar eine Vision, und die Bewegungen, die sie dabei ausführt, sind in gewissem Sinne durch die Hallucination bedingt.

Die Mutter: Manchmal sieht sie dabei ganz selig aus, und lacht, dann scheint es wieder, als ob sie etwas sehen möchte, was sie erschreckt.

Charcot: Also wechseln erfreuliche Bilder mit düsteren ab, wie es eigentlich die Regel ist. – Spricht sie dabei?

Die Mutter: Ja, sie spricht einmal das und dann wieder etwas anderes. Manchmal ruft sie mich und sagt mir, dass sie einen Mann mit einem grossen Bart sieht.

Charcot: Einen Mann?

Die Mutter: Ja, manchmal einen Mann, andere Male ist es eine Frau. Der Mann, den sie im Anfalle sieht, ist zum Erschrecken hässlich.

Charcot: Da kann auch eine Geschichte dahinter stecken; es hat aber keinen Werth, jetzt darauf einzugehen. Wir wissen genug, um zu erklären, dass es sich nicht um Epilepsie, sondern um Hysterie handelt, und zwar um grosse Hysterie oder ›Hystero-epilepsie mit gemischten Anfällen‹.

(Zur Mutter): Wird sie nicht, sobald sie hinfällt, aber ehe sie beisst und sich herumwälzt, einen Moment lang ganz steif und zeigt dann ein allgemeines Zittern?

Die Mutter: Ja, das ist oft, aber nicht immer.

Charcot: Damit ist die Reihe vollständig. Da ist 1. die epileptoide Phase, 2. die Phase der grossen Bewegungen, 3. die der Hallucinationen mit den leidenschaftlichen Stellungen und Gebärden. Das entspricht jetzt vollkommen der Beschreibung, die wir von der grossen Attaque der Hysterischen gegeben haben. – Da sehen Sie also die classische Form des hysterischen Anfalls mit seinen drei charakteristischen Phasen, bei einer Kranken, die nie das Spital besucht und nie einen grossen hysterischen Anfall mitangesehen hat. Ich erlaube mir einige meiner Kritiker hierauf aufmerksam zu machen, die die Behauptung ausgesprochen haben, der grosse Anfall, wie wir ihn beschreiben, komme in der Natur gar nicht vor. Er soll nach ihnen ein Kunstproduct sein, das sich ausserhalb der Salpêtrière nicht vorfindet, ein Erfolg der ›ärztlichen Züchtung der Hysterie‹, wie sie sich so schön ausdrücken. Es handelt sich, wenn man diesen Herren glaubt, um Erscheinungen, die sich nur durch gegenseitige Nachahmung, durch Suggestion mit einem Wort erklären lassen. Aber dann muss die Suggestion ihre Wirkung durch Jahrhunderte fortgesetzt haben, denn wir erkennen alle Züge des grossen hysterischen Anfalls in den Berichten von den einst epidemisch aufgetretenen Daemoniomanien des Mittelalters von den ›Campsmeetings‹ der Amerikaner und den ›Revivals‹ Irlands; sie muss ferner über Continente und Meere hinreichen, sonst wäre es nicht zu erklären, dass dieselben Beschreibungen nicht nur aus den entlegensten Provinzen Frankreichs, sondern auch aus Russland, Deutschland, Amerika u. s. w. eintreffen. Die Herren hätten sich überhaupt die Unannehmlichkeit erspart, ein Urtheil so leichtfertig abgegeben zu haben, wenn sie sich die Mühe gegeben hätten, in dem schönen Werk von P. Richer das lange Capitel nachzulesen, welches von der Geschichte des grossen hysterischen Anfalls durch alle Zeiten und von seiner Erscheinung in allen Ländern handelt, in denen er zu unseren Zeiten beobachtet worden ist. Sie hätten dort 200 Seiten voll glaubwürdiger Zeugnisse gefunden, auf welche wir diese Skeptiker verweisen dürfen.

In Wahrheit steht die Sache so, dass der hysterische Anfall, wie ich ihn beschrieben habe, einen richtigen und echten Krankheitstypus darstellt, der sich in allen Zeiten, bei allen Rassen, in allen Ländern wiederfindet und gar nichts von einem ärztlichen Kunstproduct an sich hat. Ich will hinzufügen, dass man ohne eine gründliche Kenntniss des typischen Bildes unmöglich die Hysterie verstehen kann, in deren Erscheinung die mannigfaltigen Abänderungen, welche dieser Typus erfahren kann, eine sehr bedeutende Rolle spielen. Ich werde wiederholt Gelegenheit haben, auf dieses Thema zurückzukommen.« (176)

Dazu gibt es eine aufschlußreiche Fußnote des Übersetzers Freud. Sie lautet:

»Ich benütze den im Text gegebenen Anlass, um dem Leser eine selbständige Ansicht über den hysterischen Anfall vorzulegen. Ich habe versucht, das Problem des hysterischen Anfalles anders als descriptiv zu fassen und bin durch das Examen von Hysterischen im hypnotischen Zustande zu neuen Ergebnissen gelangt, von denen ich einige hier mittheilen will: Der Kern des hysterischen Anfalls, in welcher Form er sich immer zeigen mag, ist eine *Erinnerung*, das hallucinatorische Wiederdurchleben einer für die Erkrankung bedeutungsvollen Scene. Dieser Vorgang ist es, der sich in der Phase der attitudes passionelles wahrnehmbar äussert, er ist aber auch dort vorhanden, wo der Anfall scheinbar nur motorische Phänomene enthält. *Inhalt der Erinnerung* ist in der Regel das psychische *Trauma*, welches entweder seiner Intensität nach geeignet war, den hysterischen Ausbruch bei der Kranken zu provociren, oder das Ereigniss, welches durch sein Eintreffen in einem bestimmten Moment zum Trauma geworden ist.

In Fällen sog. ›traumatischer‹ Hysterie ist dieser Mechanismus der gröbsten Beobachtung auffällig, er lässt sich aber auch bei Hysterie ohne einmaliges grosses Trauma nachweisen. Hier findet man dann wiederholte kleinere Traumen oder bei Ueberwiegen des Faktors der Disposition zu Traumen erhobene, oft an sich indifferente Erinnerungen. Ein Trauma wäre zu definiren als ein *Erregungszuwachs* im Nervensystem, *dessen sich letzteres durch motorische Reaction nicht hinreichend zu entledigen vermag*. Der hysterische Anfall ist *vielleicht* aufzufassen als ein Versuch, die Reaction auf das Trauma zu vollenden – Ich darf hier auf eine mit Herrn Dr. Josef Breuer begonnene Arbeit über dies Thema hinweisen.« (177)

Das zitierte Gespräch zwischen Charcot, der Kranken und ihrer Mutter vermittelt einen lebhaften Eindruck von der Autoritätsgebärde des Klinikers. Der Arzt baut sich mächtig auf, die Situation ist ganz und gar nicht intim. Der Untersucher weiß alles – womit nicht auf den kleinen Zettel angespielt sein soll, sondern darauf, daß Charcot vorweg die Richtung angibt, in der sich das Gespräch entwickeln soll, z. B. mit Fragen wie: »Hatte Ihre Tochter eine Kränkung erfahren?« Oder: »Arbeitet sie angestrengt?« Fällt die Antwort erwartungsgerecht aus, so gibt es eine gute Note für den Bericht: »Keine schlechte Schilderung.« Was den Untersucher interessiert, ist klar: die Eigentümlichkeiten des Prozeßverlaufs, die Form, in der die Krankheit erscheint, etwa, ob sie den Charakter des großen Anfalls aufweist. Und wenn der Bericht – wohlgemerkt: der Bericht der Mutter, nicht der Bericht der Patientin – sich dem Erlebnisinhalt zuwendet, wenn die Mutter schildert, daß die Patientin ganz selig aussieht und lacht, dann stehen die formalen Ordnungskategorien schon bereit: »Also wechseln erfreuliche Bilder mit düsteren ab, wie es eigentlich die Regel ist.« Der Erlebniskern der Mitteilung, nämlich daß die Patientin »einen Mann mit einem großen Bart sieht – zum Erschrecken«, spielt für Charcot keine Rolle. Freud dagegen wünscht »das Problem des hysterischen Anfalles anders als descriptiv zu fassen«: im Wege der Erinnerungen als »für die Erkrankung bedeutungsvollen Szene[n]«. Ausdrücklich weist er darauf hin, es gehe um den »Inhalt der Erinnerung«.

Fassen wir den Unterschied methodisch: Während Charcot das Beobachten und Beschreiben eines klinischen Bildes, das in die nosologischen Erwartungen des Untersuchers eingeordnet werden muß, anstrebt, handelt es sich bei Freud um das Verstehen und Interpretieren einer Szene und um das Begreifen der Szene im Rahmen einer angemessenen Theorie. Der entscheidende Schritt der wissenschaftlichen Verarbeitung des szenischen Verstehens ist hierbei der Versuch, das Verstandene im Lichte einer Typologie der Lebenssituationen zu organisieren, einer Typologie, die sich aus den vielen Szenen, die sich entdecken ließen, aufbaut. Intendiert ist die Erkenntnis der Lebenssituation des Patienten, wobei durch schrittweise Interpretation der einzelnen Szenen der »Sinn der Symptome« freigelegt wird. Weil die

Freudsche Würdigung des einzelnen Krankenbildes auf der Selbstdarstellung des Patienten und nicht auf ärztlich angeleiteten Dialogen nach Art der traditionellen Krankenexploration beruht, geht das, was Charcot ausklammerte, nämlich der Erlebnisinhalt, bei ihm in die Darstellung der Krankenbilder ein. Weil Freud sich von seinen Patienten Geschichten erzählen läßt, statt wie Charcot zu befinden: »da kann auch eine Geschichte dahinterstecken; es hat aber keinen Wert, jetzt darauf einzugehen«, geraten Freuds Krankengeschichten zu »Novellen«. Seine »Typisierung« folgt zunehmend einem anderen Leitkriterium als die Charcotsche »Typenbildung«. Seine Aufmerksamkeit gilt dem, was bei Charcot übergangen wird, nämlich dem Inhalt der Geschichten, die die Patienten erzählen. Seine Typisierung wird deshalb zu einer inhaltlichen Fassung von Lebensbildern, Konflikten, Lebensentwürfen. Obwohl Charcot im Zuge seiner »Typenbildung« die Spannung zwischen dem Konkret-Individuellen und dem Formal-Abstrakten noch festhält, verschwindet das Individuelle, sobald es ins Rasterbild seiner Neurosenlehre eingruppiert ist. Bei Freud dagegen bleiben der konkrete Inhalt des Erlebens, die Thematik der sozialen Situation und die individuelle Lebensgeschichte gewahrt. Die Spannung zwischen dem Lebensbericht des Patienten und der analytischen Typisierung wird nicht in einem Schritt, sondern in einer allmählichen Stufenfolge aufgehoben. Am Ende wird der entscheidende Unterschied zwischen dem Charcotschen und dem Freudschen Verfahren darin bestehen, daß jenes eine Typologie von Symptomen, von Verhaltensformen bildet, während dieses, als Typologie von Erlebnisinhalten, das Panorama der menschlichen Lebenssituation enthüllt. Ähnlich wie bei der Aufklärung eines Kriminalfalls dienen hier die Ermittlungen nicht dazu, die vielfältigen Elemente eines konkreten Sachverhaltes wegzuerklären, sondern sie durchsichtig zu machen; auch da ist es ausschlaggebend, in Erfahrung zu bringen, wer der Täter war, wie die Tat zustande kam und wie der Konflikt zwischen dem Täter und dem Opfer sich entwickelt hat.
Doch hat die Kultivierung der klinischen Beschreibung durch Charcot unstreitig wesentlich dazu beigetragen, dem Erzählen, dem »szenischen« Verstehen und Interpretieren einen Platz in

der wissenschaftlichen Untersuchung der Neurosen zu bereiten. Insofern ist Charcots Arbeitsweise für Freud (der zu seinen Lehrern stets ein achtungsvoll-mimetisches Verhältnis hatte) bedeutsam geworden als Gegenmittel zu der kühl abstrahierenden Naturwissenschaftlichkeit des Brückeschen Physiologielabors, die zielstrebig zum Erklären hindrängte, die Beobachtung ganz in den Dienst des Erklärens stellte, die lebenspraktische Vielfalt des »Weltgetriebes« wegobjektivierte. Erinnern wir uns nochmals der Schilderung, die Freud von Charcot gegeben hat: »Dann lauscht man, von der Kunst des Erzählers nicht minder als von dem Scharfsinn des Beobachters gefesselt, jenen kleinen Geschichten, die dartun, wie sich aus einem ärztlichen Erlebnis eine neue Erkenntnis ergeben hat; dann erhebt man sich mit dem Lehrer von der Betrachtung eines Krankheitsbildes [...] zur Erörterung eines grundlegenden Problemes der allgemeinen Krankheitslehre, dann sieht man auch mit einem Male den Lehrer und den Arzt hinter dem Weisen zurücktreten, dessen offener Sinn das große, bunte Bild des Weltgetriebes in sich aufgenommen hat.« (178)

Soviel zu Charcot, der Bedeutung seiner Einsichten und seiner Methode für die Begründung einer Hermeneutik der Lebenssituation. Doch die »Denk-Umstellung« in der wissenschaftlichen Formulierung des Verstandenen, in der Veränderung des neurologisch-physiologischen Modells, die Freud mit seiner »Aphasiestudie« einleitete, ist dafür nicht minder wichtig. Ob dieser Wandel damit zusammenhängt, daß Freud inzwischen selbst mit dem Therapieren begonnen hatte, muß offen bleiben. Tatsache jedenfalls ist, daß Freud in seiner Anfang der neunziger Jahre verfaßten Studie über die Aphasien, d. h. hirnorganisch bedingten Sprachstörungen, sich einem funktionell-dynamischen Deutungskonzept zuwandte.

Im letzten Drittel des vergangenen Jahrhunderts waren, vor allem von den Forschern Broca und Wernicke, Gehirnzentren entdeckt worden, deren Beschädigung zu einer Störung des Sprachvermögens führt, zur motorischen Aphasie – zu einer schweren Störung der artikulierten Sprache, wenn das von Broca entdeckte Hirnzentrum in Mitleidenschaft gezogen ist, oder zur sensorischen Aphasie, zum Verlust des Sprachverständnisses, wenn die von Wernicke entdeckte Hirnregion betroffen ist. Beide Formen der psychischen Behinderung wurden also auf somatische Hirnprozesse, d. h. auf lokalisatorische »Hirnausfälle« zurückgeführt. Nun gibt es zwischen den reinen Formen dieser beiden Störungen allerlei Kombinationen, die von den nachfolgenden Forschern gleichfalls als morphologisch-anatomische Schäden in den Verbindungsbahnen erklärt wurden. Diese Erklärungsversuche verwarf Freud. Er erkannte zwar die – heute noch gültigen – Annahmen über Zerstörungen der Hauptzentren an, deutete aber »Unterfälle« als komplexe Störungen im Zusammenspiel der zerebralen Funktionen. Das Gehirn insgesamt hat er als ein dynamisches System aufgefaßt.

Doch lassen wir uns diese Abkehr von der »mechanischen Betrachtungsweise« von einem kompetenten Beurteiler der Freudschen Entwicklung erläutern, nämlich von Jones:

»Eine eingehende Analyse der veröffentlichten Fälle zeigte ihm, daß die Schemen innere Widersprüche enthielten, worauf er sich erkühnte, die ganze Grundlage der Lehre anzuzweifeln: daß nämlich verschiedene Aphasien durch das, was man subkortikale Schädigungen in den Assoziationsbahnen genannt hatte, erklärt werden können. [...] Statt dieses minutiösen Lokalisierungsschemas führte Freud eine ganz andere, funktionelle Erklärung ein. Er gab zu, daß die Zerstörung der drei Hauptzentren, des motorischen, des akustischen und des visuellen, zu entsprechender motorischer und sensorischer Aphasie und zur Alexie führen, schlug aber vor, alle übrigen Unterarten durch verschiedene Grade funktioneller Störung, die von einer mehr oder weniger schwer geschädigten Zone ausgehen, zu erklären. Er zitierte dabei Hughlings Jacksons Theorie von der ›Disinvolution‹, nach welcher später erworbene oder weniger wichtige Fähigkeiten früher leiden als die fundamentaleren, und führte dafür zahlreiche Beispiele an. Er beraubte die ›Zentren‹ Brocas und Wernickes ihres halbmystischen Charakters von selbsttätigen Instanzen und wies nach, daß ihre Bedeutung nicht physiologisch, sondern rein anatomisch ist und im ersten Fall auf ihre Nachbarschaft zu den motorischen Gehirnzonen, im zweiten auf derjenigen zur Eintrittsstelle der Fasern von den akustischen Kernen beruht, daß die Zentren also nichts weiteres sind als Knotenpunkte im allgemeinen Netzwerk. Das alles bedeutete eine Etappe in Freuds Emanzipation von der mehr mechanischen Betrachtungsweise der Helmholtzschen Schule, von der er herkam.« (179)

Die »Emanzipation«, zu der er sich Freud »erkühnte«, indem er zu einem funktionalen Modell überging, wird Bedeutung weit über die Aphasielehre hinaus erlangen – der Begriff »Körperapparat« geriet in Bewegung. Das war schon sensationell genug im Rahmen der Aphasieproblematik (für ein psychophysisches Funktionsspiel, das sich ganz innerhalb eines psychologisch-biologischen Modells darstellen läßt, weil es ausschließlich um psychophysische *Fähigkeiten* der – biologischen – Gattung Mensch geht). Der Wandel wird aber ungleich brisanter, wenn es sich nicht um psychophysische Instrumentalität und *eine* – nämlich physiologische – Betrachtung handelt, sondern *zwei* Betrachtungsweisen aufeinander zu beziehen sind: die der organismischen Strukturen einerseits und die der Erlebnisdramatik andererseits. Die ›funktionalistische Betrachtungsweise‹ eröffnet die Chance, Hirnprozesse und Erlebnisdynamik auf einen Nenner zu bringen, indem sie die Strukturen des Erlebens und die Strukturen der physiologischen Erlebnisregistrierung gleicherweise als Spiel-Systeme bestimmt. Daraus ergibt sich die einzigartige Möglichkeit, Erlebnisszenen und organismische Prozesse zueinander in Beziehung zu setzen.

Indem Freud das Bild vom menschlichen Körper »verflüssigte«, hat er jene Verknüpfung von Erleben und Leiberfahrung ermöglicht, welche den Blick der Psychoanalyse auszeichnet. Seit Breuer-Pappenheim spielt der Trauma*inhalt*, das heißt: die Lebensdramatik, genauer: die Dramatik zwischenmenschlicher Beziehungen, die bestimmende Rolle. Diese Dramatik läßt sich nur über das funktionell-dynamische Konzept, über ein neurophysiologisches Spiel auf den menschlichen »Leib« beziehen. Dahmer hat die Bedeutung des in den Aphasiearbeiten begründeten Funktionalismus so eingeschätzt: »Damit war aber die Möglichkeit geschaffen, die Geschichtlichkeit des Menschen in die naturwissenschaftliche Krankheitslehre einzubringen, im Rahmen der Neurosenpsychologie der Einsicht in die historische Modifizierbarkeit der Menschennatur Geltung zu schaffen. Der Weg zur Sozialpsychologie war eröffnet. Doch Freud war sich dieser Möglichkeit nicht bewußt; seine als naturwissenschaftliche konzipierte neue Psychologie blieb der traditionellen ›Idee einer Ontologie der Seele, die ein Analogon sein könnte der Physik‹ verhaftet.« (180) Aufs Ganze gesehen: Der Freudsche »Funktionalismus« hat die Doppelnatur des psychoanalytischen Erkenntnisgegenstandes, nämlich die »Sozialität des Leibes« und die »Leiblichkeit des Sozialen«, wahrnehmbar und notierbar gemacht.

Gewiß, Freud war ein naiver Materialist, d. h. sein Materialismus war derjenige der Naturwissenschaft seiner Zeit. Doch auf diesem Fundament hat er, gleichsam absichtslos, die für eine geschichtsmaterialistische Deutung von Subjektivität (wie auch für eine hermeneutische Einschätzung der Psychoanalyse) entscheidende Vermittlung von Erlebnisinhalt und Organismus angelegt. Das Aphasiebuch ist der Schlüssel zu dieser Vermittlung. Mancher Topos der Freudschen Theorie bleibt ohne Kenntnis dieses Buches unklar oder mißverständlich, wie schon Ludwig Binswanger hervorhob. (181)

Das Unbewußte

Das Unbewußte – wir haben diese Zentralkategorie der Psychoanalyse bislang (bei Janet, in den Krankengeschichten der Anna O. und der Lucy R.) nur beiläufig bedacht. Fragen wir deshalb jetzt systematischer: Was ist das? Und versuchen wir die Frage in einem Vergleich der Krankengeschichten, die Janet einerseits, Breuer und Freud andererseits aufgezeichnet haben, zu beantworten.
Bei Janet ist die Rede von Ereignissen, von vergessenen Ereignissen. So heißt es beispielsweise: »Sie gab keine klare Antwort und schien die meisten Ereignisse vergessen zu haben, nach denen ich sie fragte.« (182) Gemeint sind »scheinbar vergessene Erinnerungen«, die es zurückzuholen gilt, um die »genaue Erinnerung an einen Vorfall wieder ans Licht zu bringen, der uns bisher nur sehr unvollständig bekannt« war. Diese Ereignisse haben eine Bedeutung, sie können z. B. im Falle der Patientin Marie »etwas Schändliches« bedeuten. Allerdings tritt bei Janet die Frage nach der Bedeutung des Ereignisses ganz zurück hinter der bloßen Rekonstruktion des Geschehens. Es geht ihm um die Vergleichung der realen Ereignisse, die im Trauma vorgefallen waren, mit der szenischen Darstellung in der Symptomatik. Die Erkundung des »Inhalts« ist dabei nur insofern wichtig, als es darauf ankommt, das traumatische Ereignis so genau zu rekonstruieren, daß eine Linie zwischen der Ereignisszene und dem Symptom gezogen werden kann. Die Inhaltlichkeit der Szenen spielt pathogenetisch keine Rolle. Pathogenetisch entscheidend ist allein das formale Merkmal der Unverträglichkeit. Der Patient ist nicht in der Lage, die psychische Spannung eines Erlebnisses auszuhalten. So entsteht die Abspaltung des Erlebten vom Erinnerten; so sprengt das szenische Erleben das Fassungsvermögen des Bewußtseins; so ergibt sich, daß die »Szene unterhalb des Bewußtseins stattfindet und daß aus ihr die [. . .] Störungen hervorbrechen«. Der Inhalt der Realszenen, Vorstel-

lungsszenen, szenischen Idee und szenischen Darstellung ist wissenschaftlich von Belang einzig zur Spurensicherung. Das therapeutische Handeln hat lediglich die Aufgabe, aus der Kenntnis des Vorstellungsinhalts eine Gegenvorstellung des Therapeuten zu destillieren, um den Patienten kontra-traumatisch manipulieren zu können.

Man sieht, das Unbewußte ist bei Janet tatsächlich eine *façon de parler*. Der Begriff »unbewußt« bzw. »unterbewußt« bezeichnet hier lediglich die traumatisch bewirkte Absplitterung eines Ideenkomplexes, eines psychophysischen Handlungskomplexes, der aus dem Gedächtnis getilgt ist, der aber, abgesehen von dieser formalen Eigenschaft, nichts Auffälliges an sich hat. Diese unbewußten Komplexe bilden in keiner Weise eine eigene Sinnstruktur. Das ist ein wichtiger Punkt, auf den wir noch mehrfach zurückkommen werden, weil sich an ihm Freuds Auffassung von derjenigen Janets ebenso scheidet wie von den neueren handlungstheoretischen Konzepten der Psychoanalyse. Ist das Unbewußte bzw. Unterbewußtsein für Janet nichts anderes als ein Stück abgesunkenen Bewußtseins, so erkennen auch die Handlungstheoretiker das Unbewußte nicht als *ein eigenständiges* Sinngefüge an.

Auch in dem Krankheitsverständnis, das in der Krankengeschichte der Anna O. herrscht, steht die traumatische Spannung zwischen Ereignis und psychophysischem Apparat zentral. Doch ist hier diese Spannung nicht durch ein quantitatives Mißverhältnis von seelischer Leistungsfähigkeit und äußerlicher Zumutung gekennzeichnet, sondern durch die Qualität des Erlebens. Ursache der Störung ist nicht eine degenerative Schwäche des »Seelenapparates«, sondern die inhaltliche Besonderheit der Erlebnisse und des Erlebens. Achten wir auf die Darstellung dieses Zusammenhangs, wie sie Breuer und Freud in dem Vortext zu den *Studien über Hysterie* »über den psychischen Mechanismus hysterischer Phänomene« gegeben haben. Es heißt dort:

»Oft ist der Zusammenhang so klar, daß es vollständig ersichtlich ist, wieso der veranlassende Vorfall eben dieses und kein anderes Phänomen erzeugt hat. Dieses ist dann durch die Veranlassung in völlig klarer Weise determiniert. So, um das banalste Beispiel zu nehmen, wenn ein schmerz-

licher Affekt, der während des Essens entsteht, aber unterdrückt wird, dann Übelkeit und Erbrechen erzeugt und dieses als hysterisches Erbrechen monatelang andauert. Ein Mädchen, das in qualvoller Angst an einem Krankenbette wacht, verfällt in einen Dämmerzustand und hat eine schreckhafte Halluzination, während ihr der rechte Arm, über der Sessellehne hängend, einschläft: es entwickelt sich daraus eine Parese dieses Armes mit Kontraktur und Anästhesie. Sie will beten und findet keine Worte; endlich gelingt es ihr, ein englisches Kindergebet zu sprechen. Als sich später eine schwere höchst komplizierte Hysterie entwickelt, spricht, schreibt und versteht sie nur Englisch, während ihr die Muttersprache durch 1 1/2 Jahre unverständlich ist. – Ein schwerkrankes Kind ist endlich eingeschlafen, die Mutter spannt alle Willenskraft an, um sich ruhig zu verhalten und es nicht zu wecken; gerade infolge dieses Vorsatzes macht sie [. . .] ein schnalzendes Geräusch mit der Zunge. Dieses wiederholt sich später bei einer anderen Gelegenheit, wobei sie sich gleichfalls absolut ruhig verhalten will, und es entwickelt sich daraus ein Tic, der als Zungenschnalzen durch viele Jahre jede Aufregung begleitet. – Ein hochintelligenter Mann assistiert, während seinem Bruder das ankylosierte Hüftgelenk in der Narkose gestreckt wird. Im Augenblicke, wo das Gelenk krachend nachgibt, empfindet er heftigen Schmerz im eigenen Hüftgelenke, der fast ein Jahr andauert u. dgl. m.« (183)
Jaspers, der aufgrund seiner Animosität gegenüber Freud gewiß zu keinem Gefälligkeitsvotum bereit war, hat die Innovation, die von Breuers und Freuds Einsichten ausging, klar festgehalten: »Hatte Janet die Abspaltung ganz spontan, allein aus der Anlage heraus entstehen lassen, so erkannten diese Autoren, daß unter Voraussetzung einer Anlage die Abspaltung durch bestimmte Erlebnisse geschehen kann.« (184)
Dem »Inhalt« des Erlebnisses korrespondiert in Freuds Konzeption eine »inhaltliche« Erlebnisreaktion, eine – aus welchen Gründen auch immer – sozial behinderte Reaktion. Seine Aufmerksamkeit richtete sich auf zwei inhaltlich miteinander verbundene Komplexe: das Trauma draußen und das Erlebnis innen. Das Aufspüren des veranlassenden Vorfalls in der Selbstdarstellung des Patienten, in der Flut der dargestellten Szenen,

war bestimmt von dem Willen, auf naturwissenschaftlicher Basis die Einheit von Krankheitsursache, Krankheitsbild und spezifischer Therapie zu begründen. Im Laufe dieser Suchbewegung wurde der veranlassende Vorfall festgestellt, wurde die therapeutische Wirksamkeit der Aufdeckung der Erlebnisse eingeschätzt:

»Wir fanden nämlich, anfangs zu unserer größten Überraschung, daß die einzelnen hysterischen Symptome sogleich und ohne Wiederkehr verschwanden, wenn es gelungen war, die Erinnerung an den veranlassenden Vorgang zu voller Helligkeit zu erwecken, damit auch den begleitenden Affekt wachzurufen, und wenn dann der Kranke den Vorgang in möglichst ausführlicher Weise schilderte und dem Affekt Worte gab. Affektloses Erinnern ist fast immer völlig wirkungslos; der psychische Prozeß, der ursprünglich abgelaufen war, muß so lebhaft als möglich wiederholt, in *statum nascendi* gebracht und dann ›ausgesprochen‹ werden. Dabei treten, wenn es sich um Reizerscheinungen handelt, diese: Krämpfe, Neuralgien, Halluzinationen – noch einmal in voller Intensität auf und schwinden dann für immer. Funktionsausfälle, Lähmungen und Anästhesien schwinden ebenso, natürlich ohne daß ihre momentane Steigerung deutlich wäre.« (185)

Damit wird zugleich bestätigt, daß der Inhalt getroffen ist, Ursache und Wirkung miteinander verknüpft sind, und daß diese inhaltliche Verknüpfung der Krankheit beikommt. Beide Male – beim Erkennen der Beschädigung und bei ihrer Heilung – kommt es auf den inhaltlichen Zusammenhang an.

Das macht den Unterschied zu Janet aus. Für ihn war das Unbewußte lediglich ein Artefakt der traumatischen Überlastung des seelischen Apparates. Die Frage nach dem Inhalt hielt er nur insofern für belangvoll, als sich mit ihr Hinweise für eine Gegensuggestion zur Reparatur der beschädigenden Einwirkung gewinnen ließen – Krankheitsursache war für ihn allemal eine Persönlichkeitsschwäche.

Auch bei Breuer und Freud wirkt das Ereignis als Trauma auf die Persönlichkeit ein, aber »dazwischen« steht die Einheit von Erlebnisinhalt und Erlebnisreaktion. Dort, wo der Erlebnisinhalt beispielsweise unerlaubte Reaktionen provoziert, wird

die Reaktion auf das Erlebnis unterdrückt, das Erlebnis kann nicht abreagiert werden. Ist der Erlebnisinhalt gewichtig genug, so wird er, nun unbewußt geworden, aus dem Unbewußten heraus seine krankmachende Wirkung entfalten. Um diese Wirkung aufzuheben, ist es notwendig, den Inhalt des Erlebnisses aufzufinden, und zwar genau den Inhalt, um den es im krankmachenden Ereignis gegangen ist. Er muß aufgefunden werden, nicht um daraus die Anregung für eine Gegensuggestion zu gewinnen, sondern um die Einheit von authentischem Inhalt, zugehörigem Affekt und inhaltlich angemessenem Handeln herzustellen. Der Inhalt muß richtiggehend abreagiert werden. Der rote Faden der Verursachung ebenso wie der Therapie ist ein Erlebniskomplex mit »spezifischem« Gehalt und einer »spezifischen« Antwort darauf.
Bemerkenswert ist, daß die Breuer-Pappenheimsche Therapieform von Anfang an den drei Konstitutiva dieser Einheit, nämlich Inhalt, zugehörigem Affekt und zugehöriger Handlung, ein viertes Konstitutivum hinzufügte, nämlich das Wort. Statt durch Handlung kann dem Inhalt auch mit Worten entsprochen werden. Der bedrängende Handlungsimpuls kann sehr wohl durch Erzählen seines Inhalts abreagiert werden. Vom Vorgang des Erzählens und dem Begreifen der therapeutischen Wirkung dieses Erzählens als »talking cure« her hatte sich ja die wundersame Bedeutung des kathartischen Verfahrens entwickelt.
Doch sehen wir zunächst noch davon ab, wie die traumatischen Erlebnisszenen mit der Sprache, mit dem Sprachsinn korrespondieren. Unterhalb der Sprache haben die Autoren Breuer und Freud nämlich eine zweite Reaktionsebene ausgemacht: den assoziativen Zusammenhang der Lebensszenen.

»Das ›Abreagieren‹ ist indes nicht die einzige Art der Erledigung, welche dem normalen psychischen Mechanismus des Gesunden zur Verfügung steht, wenn er ein psychisches Trauma erfahren hat. Die Erinnerung daran tritt, auch wenn sie nicht abreagiert wurde, in den großen Komplex der Assoziation ein, sie rangiert dann neben anderen, vielleicht ihr widersprechenden Erlebnissen, erleidet eine Korrektur durch andere Vorstellungen.« (186)

Was mit »Komplex der Assoziation« gemeint ist, mag die Erinnerung an die bekannte Geschichte vom rachsüchtigen Elefanten verdeutlichen: Ein Elefant wird an der Bude eines Schneiders, der ihn vor vielen Jahren mit einer Nadel in den Rüssel gestochen hatte, vorbeigeführt; er saugt eine ordentliche Portion Wasser aus einem Wasserfaß und bläst es seinem einstmaligen Peiniger ins Gesicht. Mit den Begriffen der *Studien über Hysterie* gesprochen: Die damals nicht abreagierte Erinnerung trat in den Komplex der Assoziationen ein, wurde aufbewahrt, um bei nächster Gelegenheit als Verhaltensimpuls die Vergeltung zu inszenieren. Was der Elefant freilich nicht kann, ist, jene Erwägungen anzustellen, von denen die Autoren anschließend sprechen:

»Nach einem Unfalle z. B. gesellt sich zu der Erinnerung an die Gefahr und zu der (abgeschwächten) Wiederholung des Schreckens die Erinnerung des weiteren Verlaufes, der Rettung, das Bewußtsein der jetzigen Sicherheit. Die Erinnerung an eine Kränkung wird korrigiert durch Richtigstellung der Tatsachen, durch Erwägungen der eigenen Würde u. dgl., und so gelingt es dem normalen Menschen, durch Leistungen der Assoziation den begleitenden Affekt zum Verschwinden zu bringen.« (187)

Kurz gesagt, es kommt als zweite Erinnerungsebene die Sprache, in der die Szenen »abgebildet« werden, hinzu. Mittels der Sprache können wir sinnlich-bildhafte Szenen mit abstrakten Gedankengebilden wie etwa den »Erwägungen der eigenen Würde« verbinden.

Der Satz: »Die Erinnerung [...] tritt, auch wenn sie nicht abreagiert wurde, in den großen Komplex der Assoziation ein«, macht schon an dieser frühen, von Breuer und Freud gemeinsam geschriebenen Arbeit deutlich, daß es auf beiden Ebenen keinesfalls beliebige Verknüpfungen der Szene mit anderen Szenen gibt, sondern daß die Einzelszenen in größere dramatische Gesamtzusammenhänge eingebettet wahrgenommen werden, weil sie von vornherein Teile dieser – ein sozialisierten – dramatischen Gesamtzusammenhänge sind. Sowohl die Verbindung von Erlebnis und Erlebnis als auch die Verknüpfung der Erlebnisse mit der Sprache kommen nicht erst und nicht lediglich im therapeutischen Erzählen zustande. Denn »in der Sprache findet der Mensch ein Surrogat für die Tat, mit dessen Hilfe der Affekt nahezu ebenso ›abreagiert‹ werden kann«.

Ich fasse zusammen: Der »Erlebniskomplex« hat drei Bestandteile, nämlich
1. die Erlebnisszene im lebenspraktischen Zusammenhang mit anderen Szenen,
2. den dazugehörigen Affekt,
3. die dazugehörigen Sprachfiguren, die als szenische Erzählung in Anspruch genommen werden können.
Diese Einheit von »Erlebnis, Handlung, Affekt und Sprache« – welche Einheit den Menschen auszeichnet – birgt nun freilich eine Gefahr, die für die Neurose grundlegend wichtig ist. In Breuers und Freuds Text ist von der beruhigenden Möglichkeit die Rede, daß »die Erinnerung an eine Kränkung« korrigiert werden könne durch »Erwägungen der eigenen Würde« und dergleichen. Diese Möglichkeit hat allerdings auch eine Kehrseite: Auf eben diesem Wege kann nämlich der innere Konflikt auch *entstehen*, durch Kollision der erlebten Szene mit den Wertvorstellungen.
Die Kollision eines Erlebnisses, eines Ereignisses mit Wertvorstellungen, mit den Verpflichtungen sittlichen Handelns und den Lebenserwartungen vergegenwärtigt das folgende Textstück, das den Bogen von den krankmachenden Erinnerungen zu den Traumen und deren Ursachen zurück schlägt.

»Das Verblassen oder Affektloswerden einer Erinnerung hängt von mehreren Faktoren ab. Vor allem ist dafür von Wichtigkeit, ob auf das affizierende Ereignis energisch reagiert wurde oder nicht. Wir verstehen hier unter Reaktion die ganze Reihe willkürlicher und unwillkürlicher Reflexe, in denen sich erfahrungsgemäß die Affekte entladen: vom Weinen bis zum Racheakt. Erfolgt diese Reaktion in genügendem Ausmaße, so schwindet dadurch ein großer Teil des Affektes; unsere Sprache bezeugt diese Tatsache der täglichen Beobachtung durch die Ausdrücke ›sich austoben, ausweinen‹ u. dgl. Wird die Reaktion unterdrückt, so bleibt der Affekt mit der Erinnerung verbunden. Eine Beleidigung, die vergolten ist, wenn auch nur durch Worte, wird anders erinnert, als eine, die hingenommen werden mußte. Die Sprache anerkennt auch diesen Unterschied in den psychischen und körperlichen Folgen und bezeichnet höchst charakteristischerweise eben das schweigend erduldete Leiden als ›Kränkung‹. – Die Reaktion des Ge-

schädigten auf das Trauma hat eigentlich nur dann eine völlig
›kathartische‹ Wirkung, wenn sie eine adäquate Reaktion ist,
wie die Rache. Aber in der Sprache findet der Mensch ein Surrogat für die Tat, mit dessen Hilfe der Affekt nahezu eben ›abreagiert‹ werden kann. In anderen Fällen ist das Reden eben
selbst der adäquate Reflex, als Klage und als Aussprache für
die Pein eines Geheimnisses (Beichte!). Wenn solche Reaktion durch Tat, Worte, in leichtesten Fällen durch Weinen
nicht erfolgt, so behält die Erinnerung an den Vorfall zunächst
die affektive Betonung.« (188)
Hier ist die »Inhaltlichkeit« von Trauma, Erlebnis, Erlebnisreaktion, szenischer Selbsterfahrung und der Gesamteinstellung
zur Welt dingfest gemacht. Das »inhaltlich unverträgliche«
Erlebnis rumort im Unbewußten, was Breuer und Freud in die
Formel gefaßt haben, »der Hysterische leide größtenteils an
Reminiszenzen«. Allerdings benennen sie noch einen weiteren
Grund für die hysterische Fehlreaktion:
»Die zweite Reihe von Bedingungen wird nicht durch den
Inhalt der Erinnerungen, sondern durch die psychischen Zustände bestimmt, mit welchen die entsprechenden Erlebnisse
beim Kranken zusammengetroffen haben. Als Veranlassung
hysterischer Symptome findet man nämlich in der Hypnose
auch Vorstellungen, welche, an sich nicht bedeutungsvoll,
ihre Erhaltung dem Umstande danken, daß sie in schweren
lähmenden Affekten, wie z. B. Schreck, entstanden sind,
oder direkt in abnormen psychischen Zuständen, wie im halb-
hypnotischen Dämmerzustande des Wachträumens, in Autohypnosen u. dgl. Hier ist es die Natur dieser Zustände, welche
eine Reaktion auf das Geschehnis unmöglich machte.
Beiderlei Bedingungen können natürlich auch zusammentref-
fen und treffen in der Tat oftmals zusammen. Dies ist der Fall,
wenn ein an sich wirksames Trauma in einen Zustand von
schwerem, lähmendem Affekt oder von verändertem Bewußtsein fällt, es scheint aber auch so zuzugehen, daß durch
das psychische Trauma bei vielen Personen einer jener abnormen Zustände hervorgerufen wird, welcher dann seinerseits
die Reaktion unmöglich macht.« (189)
Schwenken Breuer und Freud damit nicht doch auf die Position
Janets ein, zumindest teilweise? Gewiß, aber es ist festzuhalten,

daß diese zweite »Reihe von Bedingungen« ein Argument von Breuer gewesen ist. Freud hat sich nur unter Bedenken dieser Annahme angeschlossen und sich später entschieden von ihr distanziert (und gerade diese Distanzierung war einer der Anlässe der Entfremdung zwischen Breuer und Freud).
Versuchen wir jetzt, auf dieser frühen Stufe der – immer noch als Katharsis firmierenden – Psychoanalyse uns einen Überblick darüber zu verschaffen, was der Begriff »Unbewußtes« bedeutete. Es lassen sich drei Merkmale angeben.
Erstens: Das Unbewußte, von dem hier die Rede ist, meint ein lebenspraktisches Verhalten, das, weil es in Reaktion auf Einwirkungen von außen entstanden ist, auch wieder nach außen abgeleitet werden muß. Die Reaktion auf den Eindruck und das Abreagieren gehören zusammen. Wird die Wendung nach draußen verhindert, so sinken die Erlebnisse als Verhaltensimpulse ins Unbewußte und werden von dort aus wirksam. Diese *Wirksamkeit* verdrängter Erlebnisse wird ganz deutlich an einem Beispiel, das Freud in seinen Vorlesungen, aber auch in anderen Schriften (190) benutzt hat, um das Unbewußte zu erläutern: den Bernheimschen Experimenten, in deren Verlauf eine Person in hypnotischen Zustand versetzt wurde und ihr in der Hypnose der Auftrag erteilt wurde, eine bestimmte Handlung zu einem bestimmten Zeitpunkt auszuführen, ohne sich des hypnotischen Befehls zu erinnern. Das vielleicht bekannteste Beispiel ist das von dem Patienten, dem in der Hypnose anbefohlen worden war, im Krankenzimmer einen Regenschirm aufzuspannen, und der diesen Befehl auch ausführte, aber kein Motiv angeben konnte. Freud beschließt die Beschreibung des Experiments mit der Bemerkung:

»Wir können aber aus einem solchen Experiment noch mehr lernen. Wir werden von einer rein beschreibenden zu einer *dynamischen* Auffassung des Phänomens hinübergeleitet. Die Idee der in der Hypnose aufgetragenen Handlung wurde in einem bestimmten Augenblick nicht bloß ein Objekt des Bewußtseins, sondern sie wurde auch *wirksam*, und dies ist die auffallendere Seite des Tatbestandes; sie wurde in Handlung übertragen, sobald das Bewußtsein ihre Gegenwart bemerkt hatte. Da der wirkliche Antrieb zum Handeln der Auftrag des Arztes ist, kann man kaum anders als einräu-

men, daß auch die Idee des Auftrages wirksam geworden ist.
Dennoch wurde dieser letztere Gedanke nicht ins Bewußtsein aufgenommen, wie es mit seinem Abkömmling, der Idee der Handlung geschah; er verblieb unbewußt und war daher gleichzeitig *wirksam* und *unbewußt.*
Die posthypnotische Suggestion ist ein Produkt des Laboratoriums, eine künstlich geschaffene Tatsache. Aber wenn wir die Theorie der hysterischen Phänomene, die zuerst durch P. Janet aufgestellt und von Breuer und mir ausgearbeitet wurde, annehmen, so stehen uns natürliche Tatsachen in Fülle zur Verfügung, die den psychologischen Charakter der posthypnotischen Suggestion sogar noch klarer und deutlicher zeigen.
Das Seelenleben des hysterischen Patienten ist erfüllt mit wirksamen, aber unbewußten Gedanken; von ihnen stammen alle Symptome ab. Es ist in der Tat der auffälligste Charakterzug der hysterischen Geistesverfassung, daß sie von unbewußten Vorstellungen beherrscht wird.« (191)
Zweitens: Bei den »Inhalten« des unbewußten Handelns, die aus Realszenen hervorgingen und ihre Abfuhr in realen oder erzählten Szenen verlangen, handelt es sich um Figuren *sozialen Zusammenspiels,* um Formeln sozialen Verhaltens. Die ins Unbewußte abgesunkenen »Szenen« sind ja eben dadurch »wirksam«, daß sie »Lebensentwürfe«, »Verhaltensentwürfe« sind, die den Umgang des Menschen mit der Realität »bestimmen«. Den Therapeuten interessieren diese Szenen vordringlich deshalb, weil sie das Verhalten des Patienten aus dem Unbewußten regulieren.
Drittens: Das Unbewußte ist sprachlos. Die ins Unbewußte abgesunkenen Erlebniskomplexe haben den Zusammenhang mit Sprache verloren – jenen Zusammenhang von Lebensentwürfen und Selbstbesinnung, Erinnerungsvermögen, Bewußtsein, der unser Verhalten für das Nachdenken zugänglich macht. Freud verdeutlicht auch das an einem Hypnoseexperiment von Bernheim:
»Als ich im Jahre 1889 die ungemein eindrucksvollen Demonstrationen von Liébeault und Bernheim in Nancy mitansah, war ich auch Zeuge des folgenden Versuches. Wenn man einen Mann in den somnambulen Zustand versetzt hatte, ihn

in diesem alles mögliche halluzinatorisch erleben ließ und ihn dann aufweckte, so schien er zunächst von den Vorgängen während seines hypnotischen Schlafes nichts zu wissen. Bernheim forderte ihn dann direkt auf zu erzählen, was sich mit ihm während der Hypnose zugetragen. Er behauptete, er wisse sich an nichts zu erinnern. Aber Bernheim bestand darauf, er drang in den Mann, versicherte ihm, er wisse es, müsse sich daran erinnern, und siehe da, der Mann wurde schwankend, begann sich zu besinnen, erinnerte zuerst wie schattenhaft eines der ihm suggerierten Erlebnisse, dann ein anderes Stück, die Erinnerung wurde immer deutlicher, immer vollständiger und endlich war sie lückenlos zu Tage gefördert. Da er es aber nachher wußte und inzwischen von keiner anderen Seite etwas erfahren hatte, ist der Schluß berechtigt, daß er um diese Erinnerungen auch vorher gewußt hat. Sie waren ihm nur unzugänglich, er wußte nicht, daß er sie wisse, er glaubte, daß er sie nicht wisse. Also ganz der Fall, den wir beim Träumer vermuten.« (192)
Erst dann, wenn die Sprachfiguren wieder mit den unbewußten Erlebniskomplexen, den Lebensentwürfen also, verbunden sind, kann der Mensch wieder über seine Erinnerung und seine Praxis verfügen, kann er Denken als »Probehandeln« (193) aktualisieren.
Die verschiedenen Zitate aus der Zeit nach 1897 (dem Datum, an dem die Frühgeschichte der Psychoanalyse endet) sollten anschaulich machen, wie sich die drei Merkmale des Unbewußten (und weitere) allmählich enthüllten. Allerdings, der Begriff des Unbewußten wies von vornherein drei Facetten auf, er bestimmte das Unbewußte als
sprachlosen,
aber wirksamen
Komplex von Lebensentwürfen.
Sprachlosigkeit, Wirksamkeit, Verhaltensanweisung – wie nachdrücklich Freud die Einheit dieser drei Merkmale betonen wollte, verrät eine kleine Täuschung seiner Leser: Die Geschichte mit dem Regenschirm in Bernheims Klinik hat sich so, wie Freud es in den *Vorlesungen* darstellte, nicht abgespielt. In den *Vorlesungen* vergleicht Freud das Verhalten einer Patientin mit der ›Regenschirm-Geschichte‹:

»Sie hatte sich ganz ebenso benommen, wie ein Hypnotisierter, dem Bernheim den Auftrag erteilte, fünf Minuten nach seinem Erwachen im Krankensaal einen Regenschirm aufzuspannen, der diesen Auftrag im Wachen ausführte, aber kein Motiv für sein Tun anzugeben wußte. Einen solchen Sachverhalt haben wir im Auge, wenn wir von der Existenz *unbewußter seelischer Vorgänge* reden. Wir dürfen alle Welt herausfordern, von diesem Sachverhalt auf eine korrektere wissenschaftliche Art Rechenschaft zu geben, und wollen dann gern auf die Annahme unbewußter seelischer Vorgänge verzichten. Bis dahin werden wir aber an dieser Annahme festhalten und wir müssen es mit resigniertem Achselzucken als unbegreiflich abweisen, wenn uns jemand einwenden will, das Unbewußte sei hier nichts im Sinne der Wissenschaft Reales, ein Notbehelf, *une façon de parler*. Etwas nicht Reales, von dem so real greifbare Wirkungen ausgehen wie eine Zwangshandlung!« (194)

Bei Bernheim jedoch heißt es (in der Übersetzung von S. Freud!):

»Ein andermal (als mein College Charpentier dabei war) suggerirte ich ihm [dem Patienten] gleich zu Beginn seiner Hypnose, dass er sofort nach dem Erwachen den Regenschirm meines Collegen nehmen würde, welcher an das Bett gelehnt war; er sollte dann denselben öffnen, sich auf den Gang begeben, welcher an das Krankenzimmer stiess, und zweimal auf demselben hin und her gehen. Ich erweckte ihn erst lange Zeit darnach, und wir machten uns Beide davon, ehe er die Augen geöffnet hatte, um ihn nicht durch unsere Gegenwart an die Suggestion zu erinnern. Alsbald sahen wir ihn mit dem Regenschirm in der Hand, der aber trotz der Suggestion nicht geöffnet war, ankommen und zweimal die ganze Länge des Ganges durchmessen. Ich fragte ihn: ›Was machen Sie da?‹ Er antwortete: ›Nichts, ich schöpfe ein bisschen Luft.‹ – ›Warum denn? Ist Ihnen heiss?‹ – ›Nein, es ist mir nur so eingefallen; ich gehe manchmal hier auf und ab.‹ – ›Aber was wollen Sie denn mit dem Regenschirm? Der gehört ja Herrn Charpentier!‹ – ›So? Ich habe ihn für meinen gehalten, er ist dem meinigen so ähnlich; ich werde ihn zurückbringen, wo ich ihn gefunden habe.‹« (195)

Es ist wenig wahrscheinlich, daß es noch einen anderen, ähnlichen ›Regenschirm-Fall‹ gab (den Bernheim im Kapitel über »posthypnotische Suggestionen« unterdrückt hätte). Nach unseren heutigen Einsichten hätte es besonderer Umstände bedurft, damit das Experiment hätte gelingen können. ›Den Regenschirm zu öffnen und mit geöffnetem Schirm auf einem Krankenhausgang auf und ab zu gehen‹ setzt entweder ein hohes Maß an Clownerie oder einen massiven Dressurakt voraus. Die angesonnene Verhaltensweise ist allzu ›ausgefallen‹, als daß sie in der Folge eines einfachen posthypnotischen Befehls befolgt werden könnte. Die Ausführung eines posthypnotischen Befehls ist allemal ein Kompromiß zwischen einer Suggestion und den Normen des bewußten Handelns des Betroffenen.
Warum aber verformte Freud die Geschichte zur Groteske? Nun, er wollte offensichtlich die Wirkung des Unbewußten in kompromißlos klarer Weise zeigen. Für ihn war gerade das ›Ausgefallene‹, das vernünftigem Handeln Widersprechende des Beispiels wichtig. Denn die wirksamen Verhaltensentwürfe des Unbewußten sind nach seiner Auffassung eben nicht Absprengel des Bewußtseins, sprachlich-rationaler Handlungsregeln, sondern irrationale, nicht konsensfähige, gesellschaftlich nicht zugelassene Impulse – es ist ein irrationaler ›Sinn‹, der sich dann von ›unten‹ her durchsetzen will.
Nicht von ungefähr hat Freud in seinen *Vorlesungen* das Kapitel, in dem er die lebenspraktische Wirksamkeit der unbewußten Inhalte erörtert, unter die Überschrift gestellt »Der Sinn der Symptome«. Er hat dort dargelegt, daß die »klinische Psychiatrie sich um die Erscheinungsform und den Inhalt des einzelnen Symptoms wenig bekümmert, daß aber die Psychoanalyse gerade hier angesetzt und zunächst festgestellt hat, das Symptom sei sinnreich und hängt mit dem Leben des Kranken zusammen«. (196) Von daher läßt sich leicht klarmachen, weshalb das Freudsche »UBW« keine *façon de parler* ist: weil es einen *eigenen Inhalt hat*. In der Vorstellung Janets ist das Unbewußte eine Maschine, der verselbständigte Teil einer zerbrochenen Maschine, der – wie ein Uhrwerk mit ausgehängtem Perpendikel – sinnlos surrt. Freud zufolge haben die Symptome einen Sinn, weil das »UBW« einen Inhalt besitzt. Ihm hat Freud auch einen Namen gegeben: *Sexualität*.

Sexualität

Für Freud war die »Sexualproblematik« jenes Kernstück der Theorie, dessen Anerkennung das differenzierende Erkennungszeichen der Psychoanalyse sein sollte. Doch fraglos bildete diese Thematik von Anfang an einen Kristallisationspunkt für Mißverständnisse – von Breuer über Adler, Jung, Fromm, Bloch bis zu den Kontroversen der Gegenwart, wie ja noch der Lärm, den jüngst Sulloway und Ellenberger in ihrer Attacke gegen Freuds »Originalität« angestimmt haben, beweist. Sulloway hat seinen Angriff, der mit viel Aufwand und vielen Zeugnissen vorgetragen wird, damit begründet, daß nicht Freud die »infantile Sexualität und das Unbewußte entdeckte«, und er hat seine Kritik mit Hinweisen auf die vor-Freudsche Sexualwissenschaft, die schon vor Freud gewonnene Kenntnis der infantilen Sexualentwicklung und auch des Zusammenhanges von Sexualität und Hysterie gewiß überzeugend belegt. Aber keiner dieser Einwände betrifft einen entscheidenden Freudschen Fund. Zu wissen, daß es eine entfaltete Sexualpathologie schon vor Freud gab, daß es bereits vor Freud eine gute Kenntnis der infantilen Sexualität gegeben hat und daß auf dem Grunde der Hysterie sexuelle Probleme schon vor ihm vermutet worden sind, verdunkelt keine der Freudschen Leistungen. All dies zählt nicht zu den Errungenschaften der Psychoanalyse, sondern zu den Voraussetzungen der Freudschen Entdeckungen. Diese Voraussetzungen haben zweifellos zu einem guten Teil das Interesse Freuds dirigiert und sensibilisiert – und das verwundert niemanden, der nicht der naiven Auffassung huldigt, einer, der die Welt veränderte, müsse die Gerätschaften, die er dabei gebraucht hat, alle selber und eigenhändig gebastelt haben.
Nun ist allerdings die Wissenschaftsgeschichte der Psychoanalyse gerade am Punkte der Sexualtheorie verklammert mit ihrer kulturpolitischen Wirkungsgeschichte, wobei Freud der Versu-

chung, daraus eine Heldengeschichte zu machen, nicht ganz widerstanden hat. Seine Unerschrockenheit, eine für richtig erkannte Auffassung konsequent zu verfechten, ist nicht zu bezweifeln. Zum Schaden der Aufklärung dessen, was Sexualität in der Psychoanalyse heißt, worum es bei der einschneidenden, tiefgreifenden Umstrukturierung der Psychiatrie ging, hat Freud jedoch die Opposition gegen die Psychoanalyse allzu eindeutig auf die Abwehr der Aufhebung eines Sexualtabus eingeengt.

»Die besondere Natur meiner Funde erkannte ich zunächst nicht. Ich opferte unbedenklich meine beginnende Beliebtheit als Arzt und den Zulauf der Nervösen in meine Sprechstunde, indem ich konsequent nach der sexuellen Verursachung ihrer Neurosen forsche, wobei ich eine Anzahl von Erfahrungen machte, die meine Überzeugung von der praktischen Bedeutung des sexuellen Moments endgültig festlegten. Ich trat ahnungslos in der Wiener Fachvereinigung, damals unter dem Vorsitze von v. Krafft-Ebing, als Redner auf, der erwartete, durch Interesse und Anerkennung seiner Kollegen für seine freiwillige materielle Schädigung entschädigt zu werden. Ich behandelte meine Entdeckungen wie indifferente Beiträge zur Wissenschaft und hoffte dasselbe von den anderen. Erst die Stille, die sich nach meinen Vorträgen erhob, die Leere, die sich um meine Person bildete, die Andeutungen, die mir zugetragen wurden, ließen mich allmählich begreifen, daß Behauptungen über die Rolle der Sexualität in der Ätiologie der Neurosen nicht darauf rechnen könnten, so behandelt zu werden wie andere Mitteilungen. Ich verstand, daß ich von jetzt ab zu denen gehörte, die ›am Schlaf der Welt gerührt haben‹, nach Hebbels Ausdruck, und daß ich auf Objektivität und Nachsicht nicht zählen durfte.« (197)

Zugegeben, die Erörterung der hysterischen Lebensproblematik als Sexualproblematik hat einige Unruhe ausgelöst. Aber ob die Erfahrung, »an den Schlaf der Welt gerührt zu haben«, mit der Verletzung sexueller Tabuierung zureichend erklärt ist, muß doch bezweifelt werden. Tatsächlich ist nicht zu übersehen, daß die Sexologie damals schon ein anerkanntes Forschungsgebiet war und im Wiener Wissenschaftsterrain Psychiater wie Krafft-Ebing unangefochten über Sexualität forschen konnten, so wie

es in Berlin Moll getan hat. Und obwohl zwischen der akademischen Ausdrucksweise Krafft-Ebings, seinen fachspezifisch verschlüsselten Beispielen einerseits und Freuds klarer und unverstellter Wiedergabe der Mitteilungen der Patienten andererseits ein wesentlicher Unterschied bestehen mag, so bleibt doch offen, ob allein dies es war, womit Freud an den Schlaf der Welt gerührt hat. Es wäre zu klären, ob die Verketzerung nicht insbesondere aus dem Unbehagen der etablierten Psychiatrie herrührte, dem Forscher Freud in eine neue Umgangsweise mit dem Patienten zu folgen, die vorab durch die Aufhebung der Distanz zwischen Patient und Arzt, die Umkehrung des Arzt-Patient-Verhältnisses und die Zumutung, »Betroffenheit« zu begreifen und sie wissenschaftlich zu rechtfertigen, gekennzeichnet war. Die »Heldenlegende« – um Sulloways ironisches Wort zu benutzen – ist also nicht falsch, sondern anders. Es wäre zu prüfen, ob nicht gerade die Behauptung Freuds, seine Vereinsamung sei die Folge der Einführung der Sexualität in die Hysterie*theorie* gewesen, schiefe Fronten geschaffen und die Einsicht in das, was Sexualität im Sinne der Psychoanalyse bedeutet, behindert hat.
Schauen wir uns an, was vom Verhältnis zwischen Hysterie und Sexualproblematik vor Freud bereits bekannt war.
Wir haben schon dargetan, was Freud selbst über die beiläufigen Bemerkungen Charcots und Breuers zum sexuellen Hintergrund der Hysterie geschrieben hat. Ich füge dem noch ein weiteres Textstück aus diesem Bericht hinzu:
»Ein Jahr später hatte ich als Privatdozent für Nervenkrankheiten meine ärztliche Tätigkeit in Wien begonnen und war in allem, was Ätiologie der Neurosen betraf, so unschuldig und so unwissend geblieben, wie man es nur von einem hoffnungsvollen Akademiker fordern darf. Da traf mich eines Tages ein freundlicher Ruf Chrobaks, eine Patientin von ihm zu übernehmen, welcher er in seiner neuen Stellung als Universitätslehrer nicht genug Zeit widmen könne. Ich kam früher als er zur Kranken und erfuhr, daß sie an sinnlosen Angstanfällen leide, die nur durch die sorgfältigste Information, wo sich zu jeder Zeit des Tages ihr Arzt befinde, beschwichtigt werden könnten. Als Chrobak erschien, nahm er mich beiseite und eröffnete mir, die Angst der Patientin rühre daher, daß sie

trotz achtzehnjähriger Ehe Virgo intacta sei. Der Mann sei absolut impotent. Dem Arzt bleibe in solchen Fällen nichts übrig, als das häusliche Mißgeschick mit seiner Reputation zu decken und es sich gefallen zu lassen, wenn man achselzukkend über ihn sage: Der kann auch nichts, wenn er sie in soviel Jahren nicht hergestellt hat. Das einzige Rezept für solche Leiden, fügte er hinzu, ist uns wohl bekannt, aber wir können es nicht verordnen. Es lautet:

   Rp. Penis normalis
      dosim
   Repetatur!

Ich hatte von solchem Rezept nichts gehört und hätte gern den Kopf geschüttelt über den Zynismus meines Gönners.« (198)

Freud beschreibt das »Rezept« als eine floskelhafte Redewendung unter Kollegen bzw. als nicht ganz ernst zu nehmenden Zynismus. Und er macht zugleich ganz deutlich, welch entscheidender Unterschied zwischen einer salopp-beiläufigen Mutmaßung und der genauen wissenschaftlichen Begründung mit einer Darstellung des Wirkungszusammenhanges besteht. Er schreibt nämlich:

»Ich habe die erlauchte Abkunft der verruchten Idee gewiß nicht darum aufgedeckt, weil ich die Verantwortung für sie auf andere abwälzen möchte. Ich weiß schon, daß es etwas anderes ist, eine Idee ein oder mehrere Male in Form eines flüchtigen Aperçus auszusprechen – als: ernst mit ihr zu machen, sie wörtlich zu nehmen, durch alle widerstrebenden Details hindurchzuführen und ihr ihre Stellung unter den anerkannten Wahrheiten zu erobern. Es ist der Unterschied zwischen einem leichten Flirt und einer rechtschaffenen Ehe mit all ihren Pflichten und Schwierigkeiten. *Epouser les idées de . . .* ist eine wenigstens im Französischen gebräuchliche Redewendung.« (199)

Allerdings, Sulloway weist nach, daß der Zusammenhang von Sexualproblematik und Nervenleiden schon vor Freud in aller Ernsthaftigkeit dargestellt worden war: in einer – freilich in Amerika publizierten – Arbeit des Gynäkologen A. F. A. King aus dem Jahre 1891. Ich zitiere Sulloways Referat der Kingschen Arbeit:

»Obgleich ›Hunderte von Hysteriefällen bei männlichen Patienten nachgewiesen worden sind‹, ist die Hysterie hauptsächlich eine Krankheit von Frauen zwischen der Pubertät und der Menopause, und besonders von Frauen, deren sexuelle Wünsche unbefriedigt bleiben; die Anfälle treten häufiger im Frühling und Sommer auf, und öfter bei müßigen Frauen als bei denen, die im Existenzkampf stehen. Der Anfall tritt nie ein, wenn die Patientin allein ist. Die Patientin ist scheinbar bewußtlos, aber sie ist es nicht wirklich. Während des Anfalls wirkt sie nicht allzu krank, ›ihre Schönheit wird nicht beeinträchtigt‹, und vielfach wirkt sie besonders anziehend auf Männer. Während sie in diesem Zustand ist, kann eine sanfte Berührung mit der Hand heftige Schmerzen hervorrufen, die durch starken Druck und rauhe Behandlung verschwinden. Wenn der Anfall vorbei ist, schämt sich die Frau seiner immer; es macht ihr Vergnügen, Mitleid zu erregen, aber je mehr Mitleid man ihr bezeigt, desto schlimmer wird ihr Zustand. Kurzum, man kann sagen, ›in ihrem Wahnsinn ist Methode‹; alles wirkt gezielt, und die Frau ›scheint eine Rolle zu spielen‹. Ihre ganze Haltung erinnert an die einer Frau, die sich einer Vergewaltigung aussetzt, während sie scheinbar jeden Gedanken daran ablehnt. Die Tatsache, daß die Patientin von dem Zusammenhang zwischen den Anfällen und ihren sexuellen Bedürfnissen nichts weiß, wird durch die Theorie von der ›dualen Persönlichkeit‹ erklärt.« (200)

Auch dieses Beispiel belegt, daß man kräftige Vermutungen über die sexuelle Bedeutung hysterischer Symptome schon vor Freud gesammelt hatte, daß aber die Formulierung des Umsetzungsmechanismus der Erlebnisproblematik ins körperliche Symptom über formale, vom »Inhalt« des Erlebnisses ganz absehende Thesen, wie sie ja auch Janet vorgetragen hat, nicht hinausgegangen war. Die Einsicht in den »Sinn der Symptome«, die wortwörtlich-konkrete Ermittlung der Sexualdramatik, die in den Schilderungen der Patientin auftauchte, und die Entschlüsselung des »Sexualschicksals« bleiben die Pioniertat Freuds. Es kann ernstlich niemanden erstaunen, daß diese Einsichten nicht voraussetzungslos dem Kopf Freuds entsprangen, sondern vorbereitet worden sind: in wissenschaftlichen Erörterungen und in lebenspraktischen Erfahrungen. Um die Ausgangssituation der Freudschen Entdeckerreise lebhafter und eindrucksvoller vorzustellen, als es die Charcotschen, Breuerschen, Chrobakschen Aperçus vermögen, will ich aus einer Erzählung von Schnitzler zitieren. Für diejenigen, denen Schnitzler nicht vertraut ist, sei wenigstens erwähnt, daß er selbst Mediziner war; aus seiner Feder stammt übrigens ein Bericht über Freuds Vortrag vor der Kaiserlichen Akademie der Ärzte in Wien. Sein Vater war Laryngologe und eine der Koryphäen der Wiener medizinischen Fakultät. Schnitzler war also im ärztlichen Milieu heimisch. Seine Erzählung ist 1896 (also zwei Jahre vor Freuds Aufsatz »Die Sexualität in der Ätiologie der Neurosen«) geschrieben (allerdings erst 1936 aus dem Nachlaß publiziert) worden, wobei hier nicht die Prioritätsfrage interessiert, sondern allenfalls das Problem der »Konkurrenz« zwischen dem Dichter und dem Psychoanalytiker. Immerhin hat Freud Schnitzler seinen »Doppelgänger« genannt.

Die Novelle trägt den Titel *Der Empfindsame* und ist von Schnitzler als »eine Burleske« charakterisiert worden. Sie handelt davon, wie eine Gruppe von Freunden traurig beisammen sitzt. Einer der Ihren hatte sich acht Tage zuvor erschossen. Niemand wußte, weshalb. Nun aber bringt einer aus der Tafelrunde einen Brief, den er im Nachlaß des Toten gefunden hat – den Brief der Geliebten des Toten. Sie teilt darin ihrem Freunde mit, daß sie ihn verlassen werde, weil sie ein Engagement als Opernsängerin bekommen habe. Sie fährt dann fort:

»Erinnerst Du Dich des Abends, an dem wir uns das erstemal begegnet sind? Aber was frage ich Dich . . . wie oft haben wir von diesem Abend miteinander gesprochen! Erst heute hast Du mir ja wieder gesagt, daß Du es nicht fassen könntest, wie Du Dich kaum eine Stunde nach dem ersten Lächeln, mit dem Du die Unbekannte auf der Straße begrüßtest, in ihren Armen – und in den Armen eines unschuldigen Mädchens fandest. Dieses Staunen, in dem wohl auch ein bißchen Stolz gewesen ist, nicht wahr, Du lieber Fritz, wird nun bald ein Ende haben. Denn was Dir damals geglückt ist, hätte vielleicht auch anderen an diesem Abend glücken können. Dein Stolz darf nur sein, daß ich Dir treu geblieben bin, denn das hab' ich an jenem Abend nicht vorhergesehen.

Weißt Du noch, wie ich am Café Impérial vorüberging vor dem Tisch, wo Du so ganz allein dasaßest, mit den vielen Zeitungen auf dem Sessel neben Dir, die Du gar nicht anschautest? Du hast in die Luft gestarrt, und anfangs sahst Du mich auch so an, als wenn ich Luft wäre, bis Du merktest, daß auch ich Dich ansah, und da hast Du gelächelt und bist aufgestanden und bist eine Weile hinter mir gegangen in respektvoller Entfernung, bis die Entfernung und, ach Gott, auch der Respekt immer geringer wurden, und dann kamst Du näher zu mir und näher. Am Gitter des Stadtparkes hörte ich schon, wie Du leise vor Dich pfiffst, um Dir Mut zu machen. Und dann sprachst Du mich an: ›Erlauben Sie, mein Fräulein, daß ich mich Ihrem einsamen Spaziergange‹ ... und so weiter ... Es war nicht sehr klug, aber es hätte noch dümmer sein dürfen. Denn ich hatte Dich mit Sehnsucht erwartet. Dich, gerade Dich? Ja, Dich, denn Du bist ja der Richtige gewesen.
An diesem Abend, mein lieber Fritz, bin ich von meinem Arzt gekommen, von meinem vierundzwanzigsten, glaub' ich. Von dem einen zum andern war ich gelaufen, ruhelos, mit der Zeit fast hoffnungslos, denn ich wollte meine schöne, meine wunderschöne Stimme wieder haben, die ich mit sechzehn gehabt hatte, und keiner konnte sie mir wiedergeben. Ja, mein Fräulein, Ihnen fehlt eigentlich gar nichts ... sagten sie alle. Aber behandelt haben sie mich alle. Du ahnst nicht, was ich ausgestanden habe. Ich bin gepinselt, elektrisiert, geätzt, massiert worden – massiert am ganzen Körper wegen zweier kleiner Stimmbänder, die nicht ordentlich schließen wollten. Man hat mich höflich, man hat mich grob, man hat mich – beinahe zärtlich behandelt. Daß ich wieder meine Stimme bekommen würde, hat mir jeder versichert, aber – und das sagten sie alle, nachdem sie mich wochenlang behandelt hatten – Sie sind ja ganz gesund. Gesund, ich! die sich gar kein Leben ohne ihre Kunst vorstellen könnte, ich, die von ihrem vierzehnten Jahre an nur von Erfolgen auf der Bühne, von einem Triumphzug durch die ganze Welt, von einer Zukunft als große und berühmte Sängerin geträumt hatte.
Aber das ging so durch drei Jahre, durch drei volle Jahre. Auch von einem Gesangslehrer zum andern bin ich in dieser

Zeit gewandert. Ich dachte, es läge vielleicht an der Stimmbildung. Und da mir jeder sagte, der vorige habe mir die Stimme verdorben, so bedeutete jeder neue für mich eine neue Hoffnung. Aber vergeblich, alles war vergeblich. Erst mein vierundzwanzigster Arzt – ich übertreibe vielleicht ein wenig, aber ich bleibe der Kürze halber bei der Zahl vierundzwanzig – hat mich gerettet, oder hat mir das Mittel zu meiner Rettung gegeben. Allerdings ist es mir seither schon manchmal so vorgekommen, als täte ich den dreiundzwanzig anderen auch Unrecht, denn sie haben es an Andeutungen nicht fehlen lassen. Aber dieser vierundzwanzigste war so deutlich, so göttlich grob, er hat es so einfach, so kurz ausgedrückt, daß es mir gleich das erstemal nicht wie ein Scherz, wie eine Galanterie, wie eine Dummheit oder wie eine Impertinenz vorkam, sondern wie das einzige, schwere, aber auch sichere Mittel zu meiner Heilung.

Mancher hatte schon gesagt: Ach, mein Fräulein, Sie sind eben nervös, es wäre gut, wenn Sie heirateten; und andere drückten sich ungeheuer vorsichtig aus und sprachen von einer durchgreifenden Änderung der Lebensweise; und einige waren riesig verschmitzt und sagten: Fräulein, waren Sie denn noch nie verliebt . . . Und andere waren wieder frech und sagten: Wissen Sie, was Sie brauchten . . . und machten sehr glühende Augen, und das war mir so zuwider . . . Freilich ging's mir selbst zuweilen durch den Kopf, aber doch nur so, als wenn es gar nie ernst werden könnte, und wenn ich daran denken wollte, daß ich dadurch meine schöne, wunderschöne Stimme wiederbekommen sollte – ich hab' einfach lachen müssen. Aber ich fing an zu verzweifeln. Meine Stimme blieb, wie sie war. Ich ermattete nach zwei Tönen, und die Kolleginnen, mit denen ich zu studieren begonnen, wurden alle fertig, gingen ins Engagement und feierten Triumphe. Ich führte ein unheimliches Leben. Es gab Zeiten, in denen ich von drei oder vier Ärzten zugleich behandelt wurde, von einem zum andern lief wie im Traume, drei Kuren zugleich über mich ergehen ließ. Ich verbrachte schauerliche Nächte. Ich träumte von den Erfolgen meiner Kolleginnen. Weißt Du, was das bedeutet? Nach einer Nacht, in der ich drei solche Träume gehabt, nach einem Vormittag, an dem ich bei zwei

Gesangsprofessoren gewesen, nach einem Nachmittag, an dem mich zwei Ärzte behandelt, begab ich mich – es war fünf Uhr abends – zum dritten, das heißt zum vierundzwanzigsten. Sein Name war mir schon oft genannt worden. Durch einen Zufall hatte ich bisher versäumt, ihn zu Rate zu ziehen. Ich sagte schon, es war fünf. Sein Wagen stand vor dem Haustor, und wie ich hinauf kam, stand er, der Professor selbst, mit Hut und Rock im Vorzimmer zum Weggehen bereit. Er schrie mich beinahe an: ›Was wollen Sie?‹ Und noch bevor ich antworten konnte: ›... Ich habe keine Zeit, ich muß fort, kommen Sie morgen.‹ Er war noch nicht alt, vielleicht fünfundvierzig. Und seine Grobheit machte mir gar nicht bange. ›Bitte, untersuchen Sie mich doch noch‹, bat ich einfach. Er war beinahe starr, um so mehr, als ich, ohne seine Antwort abzuwarten, voran ins Zimmer ging. Er folgte mir. Ich durchschritt das Wartezimmer, vor der Türe zum Operationszimmer blieb ich stehen. Er öffnete, ging mir voraus, und jetzt erst nahm er den Hut ab, warf ihn auf einen Sessel, setzte sich selbst auf den Stuhl vor dem Schreibtisch und begann mich auszufragen, fast ohne mich anzusehen. Dann untersuchte er mich, spiegelte mir in den Hals, stellte einige Fragen an mich und schaute mich, nachdem ich ihm alles sehr ehrlich beantwortete, eine Weile mit einem ernsten, beinahe bösen Blick an. Dann stand er auf. ›Ihnen fehlt nichts‹, sagte er, ›adieu.‹ Ich erwiderte heftig: ›Das haben alle gesagt, das ist nichts Neues.‹ Er noch heftiger: ›Ich bin ja nicht dazu da, um Ihnen was Neues zu sagen...‹ Ich mit zusammengepreßten Zähnen: ›Meine Stimme will ich wieder haben.‹
›Ihre Stimme, ja, dafür gibt's kein Rezept, das man aufschreiben kann.‹
Ich, von einem Hoffnungsstrahl durchleuchtet: ›Aber vielleicht sagen...‹ Er, indem er den Hut in die Hand nimmt: ›Sagen, ja.‹ Ich, in meiner Erregung, statt ihn zu bitten, schreie ich ihn an, wütend, fast weinend: ›Also was soll ich nehmen?‹
Darauf er, wütend, als wenn er mir was antun wollte, auf mich zu und schreit: ›Einen Liebhaber...‹
Fritz, so wie dieser Mann mußte man mir's sagen. Das war deutlich. Ich spürte ja wieder in dem Augenblick, da ich es

hörte, daß mir dasselbe schon viele, möglicherweise alle gesagt hatten. Aber so beiläufig, so ohne wissenschaftlichen Ernst. Und die meisten mit so schlecht verhehltem Egoismus. Der aber sagte jene Worte in einem Ton, mit dem er auch hätte sagen können: ›Chinin oder Zyankali...‹ Das erste Mal hatte ich einen ärztlichen Rat bekommen, und noch während ich die Treppe hinunterstieg, war ich fest entschlossen, ihn zu befolgen.
Und da ging ich zufällig vor dem Café Impérial vorbei. Sei aber nicht gar zu böse. Ich war schon eine Stunde spazierengegangen, hatte viele junge und hübsche Männer begegnet, und mancher hat mich angesehen und mancher angelächelt. Du warst der erste, dessen Lächeln ich erwiderte, nicht wahr, sonst wärst Du doch auch nicht so keck gewesen und mir nachgegangen? Und Du bist auch nicht böse, daß ich Dir nicht gleich alles gestanden. Ich war ja in den ersten Tagen nahe daran. Da überlegte ich aber, daß es Dich zu sehr verstimmen könnte – und das hätte Deiner Zärtlichkeit und auch mir natürlich geschadet... Und dann, daß ich Dir's nur gestehe, es gab wirklich Momente, da ich fast vergaß, was Du mir ursprünglich bedeuten solltest, und ich begann mich in Dich zu verlieben, wie in einen Geliebten, den man nur zu seinem Vergnügen hat. Schau, Fritz, ich muß aufrichtig sein, ich bin Dir zu viel Dank schuldig. Du weißt, daß meine Stimme wunderschön geworden ist. Von Tag zu Tag konnte ich den Fortschritt merken. Mein Gesangslehrer war frappiert. Die Agenten, denen ich vorgesungen habe, waren entzückt. Und der Direktor... vom Theater (Rhode verschwieg den Namen), vor dem ich vor acht Tagen Probe sang, hat mich sofort auf drei Jahre mit steigender Gage für erste Partien engagiert. Fritz, Fritz... ich kann meiner Kunst leben, wie es der Traum meiner Kinder- und Mädchenjahre war. Ich werde eine gefeierte Sängerin sein, und Du wirst das Bewußtsein haben, daß ich es in Deinen Armen geworden bin. Wenn Du mich wirklich so lieb gehabt hast, wie Du mir's oft gesagt, so muß Dir das ein Trost dafür sein, daß Du die Geliebte verloren.
Und wer weiß, wie gern ich Dich gehabt hätte, wenn ich nicht immer daran hätte denken müssen, daß Du mir eigentlich

verschrieben worden bist! Leb wohl, mein lieber Fritz, glaube, daß, während ich diesen Lebenslauf niederschreibe, eine Träne über meine Wange fließt, und denke in Güte eines Wesens, das Dir so lange dankbar sein wird, als es atmet und singt.« –
»Hier folgt die Unterschrift«, schloß Albert Rhode und ließ den Brief auf die Marmorplatte des Tisches sinken.
Die Freunde waren still.
»Und du glaubst«, fragte endlich Hugo, »daß er aus diesem Grunde...?«
Albert Rhode nickte. »Gewiß. Ich stelle mir das auch sehr entsetzlich vor. Denk dir nur, glauben, daß man von einem jungen Mädchen angebetet wurde, und erfahren, daß sie einen – eingenommen hat. Er mußte sich ja selber nach Empfang dieses Briefes widerwärtig und unheimlich vorkommen. Die ganze Zeit, die er mit ihr verbracht hatte, mußte ihm ja als vergiftet erscheinen.«
»Daß er sich erschossen hat wegen dieser herzlosen Person, das ist doch übertrieben und kaum zu begreifen«, fanden die Freunde.
»Wenn man zu empfindsam ist«, sagte Rhode...
»Es ist sehr traurig. Und du willst uns den Namen dieser Dame nicht sagen?« – »Nein, sie wird sehr berühmt werden, dank unserm armen Fritz.«
Der andere schüttelte den Kopf.
»Und sein Name«, fuhr Albert Rhode fort, indem er den Brief zerknitterte und in die Tasche steckte, »sein Name – so ungerecht ist der Ruhm – wird in keiner Musikgeschichte zu finden sein.« (201)
Lassen wir die Frage beiseite, ob der Ratschlag aus der Novelle in der Wirklichkeit seinen Zweck erfüllt hätte, und halten wir uns allein an die brillante Schilderung der Verhaltensirritationen, an Schnitzlers literarisch gestalteten Katalog allgemeiner Verlegenheit vor dem Thema Sexualität, der Freuds Eindruck von der Ablehnung der Sexualthematik durch seine ärztlichen Kollegen bestätigt. Doch darf Freud, wenn von solcher Verlegenheit gesprochen wird, nicht ausgenommen werden. Er war ein überaus zurückhaltender Mann. Ludwig Marcuse hat zu Recht von ihm gesagt: »Dem Fanatiker der Nüchternheit fehlte

der Hang zum Exhibitionismus.« (202) Dies belegen zahlreiche Dokumente, unter anderen ein Brief, in dem Freud berichtet, er habe als kleines Kind während einer Reise seine Mutter nackt gesehen, ein Erlebnis, das er bezeichnenderweise in die Worte faßte, er habe damals »matrem nudam« erblickt. (203) Beispiele und Indizien dieser Art bestärken nicht die Vermutung, Freud habe mit hervorstechenden Direktheiten es seinen Patienten erleichtert, das Thema der Sexualität ans Licht zu heben, solange es nicht als Gegenstand ärztlicher Aufmerksamkeit verläßlich legitimiert war.

Die Schwierigkeiten der Patienten in dieser Sache sind unschwer zu verstehen. Zu dem Sexualtabu, das sie verstummen ließ, kam die Scham hinzu, intime Erfahrungen als intime Niederlagen mitteilen zu müssen. In Schnitzlers Novelle ist dies vorzüglich nachgebildet. Sogar längst Geahntes und Erahntes konnte sich erst in dem Augenblick in den Ausdruck wagen, als die Empfehlung des Fachmanns, genauer: die Anordnung des Arztes, das Einbekenntnis der Niederlage ersparte und sie manipulativ überspielen half. Wenn die Scham dem Patienten den Mund verschließt, damit das Geheimnis seiner intimen Niederlage gehütet bleibe, der Analytiker vom Analysanden jedoch gerade die Öffnung des Geheimnisses »fordert« (204), dann versteht es sich von selbst, daß die methodische Erschließung von Intimität ein Weg mit vielen Schwierigkeiten war und insgesamt ein erhebliches beiderseitiges Wagnis bedeutete. Versuchen wir den Gang der Erschließung zu skizzieren. Ein Bewegungsmoment bestand in dem »erziehlichen Einfluß« des ärztlichen Handelns auf »das Publikum«:

»Von älteren Frauen, die ihre Jugendjahre in der Provinz zugebracht haben, hört man oft noch erzählen, daß sie einst durch übermäßige Genitalblutungen bis zur Erschöpfung heruntergekommen waren, weil sie sich nicht entschließen konnten, einem Arzt den Anblick ihrer Nacktheit zu gestatten. Der erziehliche Einfluß, der von den Ärzten auf das Publikum geübt wird, hat es im Lauf einer Generation dahin gebracht, daß bei unseren jungen Frauen solches Sträuben nur höchst selten vorkommt. Wo es sich träfe, würde es als unverständige Prüderie, als Scham am unrechten Orte verdammt werden. Leben wir denn in der Türkei, würde der Ehemann fragen,

wo die kranke Frau dem Arzte nur den Arm durch ein Loch in der Mauer zeigen darf?« (205)
Allerdings gibt es zwischen der Lockerung der »Intimitätsschranke« vor der Zumutung, im Dienste einer sorgfältigen ärztlichen Untersuchung den Körper zu entblößen, und der Mitteilung von »Intimitäten des Geschlechtslebens« (206) einen Unterschied. Zwar gilt:
»Wenn Momente aus dem Sexualleben wirklich als Krankheitsursachen zu erkennen sind, so fällt die Ermittlung und Besprechung dieser Momente eben hiedurch ohne weiteres Bedenken in den Pflichtenkreis des Arztes. Die Verletzung der Schamhaftigkeit, die er sich dabei zuschulden kommen läßt, ist keine andere und keine ärgere, sollte man meinen, als wenn er, um eine örtliche Affektion zu heilen, auf der Inspektion der weiblichen Genitalien besteht, zu welcher Forderung ihn die Schule selbst verpflichtet.« (205)
Aber gegen die freiere Einstellung im Umgang auch mit ›seelischer Nacktheit‹, gegen die »Verletzung der Schamhaftigkeit« vor »Intimitäten des Geschlechtslebens« erhob sich wütender Einspruch der Ärzte und der empörten Öffentlichkeit.
»Wer sich bei seinen Kranken überzeugen will, ob ihre Neurosen wirklich mit ihrem Sexualleben zusammenhängen, der kann es nicht vermeiden, sich bei ihnen nach ihrem Sexualleben zu erkundigen und auf wahrheitsgetreue Aufklärung über dasselbe zu dringen. Darin soll aber die Gefahr für den einzelnen wie für die Gesellschaft liegen. Der Arzt, höre ich sagen, hat kein Recht, sich in die sexuellen Geheimnisse seiner Patienten einzudrängen, ihre Schamhaftigkeit – besonders der weiblichen Personen – durch solches Examen gröblich zu verletzen. Seine ungeschickte Hand kann nur Familienglück zerstören, bei jugendlichen Personen die Unschuld beleidigen und der Autorität der Eltern vorgreifen; bei Erwachsenen wird er unbequeme Mitwisserschaft erwerben und sein eigenes Verhältnis zu seinen Kranken zerstören. Es sei also seine ethische Pflicht, der ganzen sexuellen Angelegenheit ferne zu bleiben.
Man darf wohl antworten: Das ist die Äußerung einer des Arztes unwürdigen Prüderie, die mit schlechten Argumenten ihre Blöße mangelhaft verdeckt.« (205)

Die Antwort auf die Frage, was, trotz der heftigen Gegenreaktion, die »Verletzung der Schamhaftigkeit« begünstigt und befördert habe, weist in doppelter Hinsicht auf die Bedeutung des »Szenischen« zurück. Schon Breuer hat, wie wir gesehen haben, in der Entfaltung der »szenischen Dramatik« den Bereich schamhaft gehüteter Erfahrung geöffnet und auch den Organismus, von dem ja in der ärztlichen Praxis zuallererst die Rede ist, in »szenisch-dramatischer« Perspektive wahrgenommen. Körperliches Leiden erschien, beinahe selbstverständlich, als lebenspraktisch-soziales Geschehen. Zunächst freilich blieb der soziale Inhalt des Leidens recht vage; es wurden am Organismus – von Freud übrigens noch 1892 – vorwiegend Regungen entziffert, die »in einer Art von Schattenreich eine ungeahnte Existenz fristen, bis sie als Spuk hervortreten und sich des Körpers bemächtigen, der sonst dem herrschenden Ich-Bewußtsein gedient hat«. (207) Allmählich indes verschmolz der Gesichtspunkt sozial-lebenspraktischer Prozesse mit der »körperlichen Dynamik« zu jener leibbestimmten Sozialstruktur, die Freud dann »Sexualität« nannte. Doch hat er »Sexualität« anfangs noch ganz und gar im Alltagsverstand aufgefaßt. Die Krankengeschichten, die wir aus den *Studien über Hysterie* kennen, nehmen die Sexualproblematik noch konkretistisch-wörtlich als ein Moment unter anderen. 1895 schreibt er, sehr vorsichtig:

»Meine Erfahrungen hatten mich gelehrt, daß in der Ätiologie der Neurosen (wenigstens der *erworbenen* Fälle und *erwerbbaren* Formen) sexuelle Momente eine hervorragende und viel zu wenig gewürdigte Rolle spielen, so daß etwa die Behauptung, ›die Ätiologie der Neurosen liege in der Sexualität‹, bei all ihrer notwendigen Unrichtigkeit *per excessum et defectum* doch der Wahrheit näher kommt als die anderen, gegenwärtig herrschenden Lehren. Ein weiterer Satz, zu dem mich die Erfahrung drängte, ging dahin, daß die verschiedenen sexuellen Noxen nicht etwa unterschiedslos in der Ätiologie aller Neurosen zu finden seien, sondern daß unverkennbar besondere Beziehungen einzelner Noxen zu einzelnen Neurosen beständen. Ich durfte so annehmen, daß ich die *spezifischen* Ursachen der einzelnen Neurosen aufgedeckt hatte. Ich suchte dann die Besonderheit der sexuellen Noxen, welche die Ätiologie der Angstneurose ausmachen, in eine

kurze Formel zu fassen, und gelangte (in Anlehnung an meine Auffassung des Sexualvorganges, l. c. p. 61) zu dem Satze: Angstneurose schaffe alles, was die somatische Sexualspannung vom Psychischen abhalte, an ihrer psychischen Verarbeitung störe. Wenn man auf die konkreten Verhältnisse zurückgeht, in denen sich dieses Moment zur Geltung bringt, so ergibt sich die Behauptung, daß freiwillige oder unfreiwillige Abstinenz, sexueller Verkehr mit unvollständiger Befriedigung, Coitus interruptus, Ablenkung des psychischen Interesses von der Sexualität u. dgl. m., die spezifischen ätiologischen Faktoren der von mir Angstneurose genannten Zustände seien.« (208)
Selbst noch in dem Aufsatz »Die Sexualität in der Ätiologie der Neurosen« aus dem Jahre 1898 hat Freud zwar sexuellen Störungen die Rolle der »nächsten« Ursachen neurotischer Erkrankung zugeschrieben, aber der Sexualität noch nicht die eines Generalthemas. 1905 erschienen dann die *Drei Abhandlungen zur Sexualtheorie*. Doch noch 1910 präsentierte er Sexualität, neben dem Hunger, in unverändert konkretistischer Färbung: »Von ganz besonderer Bedeutung für unseren Erklärungsversuch ist der unleugbare Gegensatz zwischen den Trieben, welche der Sexualität, der Gewinnung sexueller Lust, dienen und den anderen, welche die Selbsterhaltung des Individuums zum Ziele haben, den Ich-Trieben. Als ›Hunger‹ oder als ›Liebe‹ können wir nach den Worten des Dichters alle in unserer Seele wirkenden organischen Triebe klassifizieren.« (209)
Erst 1914 setzte sich, in der Studie »Zur Einführung des Narzißmus«, jene »monistische« Betrachtungsweise durch, die die Sexualität zum Hauptthema der Psychoanalyse erheben und ihr jene umfassende Bedeutung verleihen sollte, die, nun eben nicht mehr konkretistisch an einem Gegensatz von Liebesbeziehungen und anderen sozialen Beziehungen orientiert, »Sexualität« als den Grundtrieb aller sozialen Zuwendungen, welcher Art auch immer, begreift. (Daß es danach mit der Entwicklung der Konzeption von Eros und Todestrieb in den zwanziger Jahren erneut eine dualistische Intervention gegeben hat, muß uns nicht berühren. Dieser Dualismus operiert hinter der eigentlichen Theorie der Psychoanalyse.)

Beschließen wir vorläufig diesen Überblick über drei Jahrzehnte, in denen sich das Thema »Sexualität« in der Psychoanalyse entfaltete, mit einem Freud-Zitat von 1921:
»Den Kern des von uns Liebe Geheißenen bildet natürlich, was man gemeinhin Liebe nennt und was die Dichter besingen, die Geschlechtsliebe mit dem Ziel der geschlechtlichen Vereinigung. Aber wir trennen davon nicht ab, was auch sonst an dem Namen Liebe Anteil hat, einerseits die Selbstliebe, anderseits die Eltern- und Kindesliebe, die Freundschaft und die allgemeine Menschenliebe, auch nicht die Hingebung an konkrete Gegenstände und an abstrakte Ideen. Unsere Rechtfertigung liegt darin, daß die psychoanalytische Untersuchung uns gelehrt hat, alle diese Strebungen seien der Ausdruck der nämlichen Triebregungen, die zwischen den Geschlechtern zur geschlechtlichen Vereinigung hindrängen, in anderen Verhältnissen zwar von diesem sexuellen Ziel abgedrängt oder in der Erreichung desselben aufgehalten werden, dabei aber doch immer genug von ihrem ursprünglichen Wesen bewahren, um ihre Identität kenntlich zu erhalten (Selbstaufopferung, Streben nach Annäherung).
Wir meinen also, daß die Sprache mit dem Wort ›Liebe‹ in seinen vielfältigen Anwendungen eine durchaus berechtigte Zusammenfassung geschaffen hat, und daß wir nichts Besseres tun können, als dieselbe auch unseren wissenschaftlichen Erörterungen und Darstellungen zugrunde zu legen. Durch diesen Entschluß hat die Psychoanalyse einen Sturm von Entrüstung entfesselt, als ob sie sich einer frevelhaften Neuerung schuldig gemacht hätte. Und doch hat die Psychoanalyse mit dieser ›erweiterten‹ Auffassung der Liebe nichts Originelles geschaffen. Der ›Eros‹ des Philosophen Plato zeigt in seiner Herkunft, Leistung und Beziehung zur Geschlechtsliebe eine vollkommene Deckung mit der Liebeskraft, der Libido der Psychoanalyse, und wenn der Apostel Paulus in dem berühmten Brief an die Korinther die Liebe über alles andere preist, hat er sie gewiß im nämlichen ›erweiterten‹ Sinn verstanden, woraus nur zu lernen ist, daß die Menschen ihre großen Denker nicht immer ernst nehmen, auch wenn sie sie angeblich sehr bewundern.
Diese Liebestriebe werden nun in der Psychoanalyse a potiori

und von ihrer Herkunft her Sexualtriebe geheißen. Die Mehrzahl der ›Gebildeten‹ hat diese Namengebung als Beleidigung empfunden und sich für sie gerächt, indem sie der Psychoanalyse den Vorwurf des ›Pansexualismus‹ entgegenschleuderte. Wer die Sexualität für etwas die menschliche Natur Beschämendes und Erniedrigendes hält, dem steht es ja frei, sich der vornehmeren Ausdrücke Eros und Erotik zu bedienen. Ich hätte es auch selbst von Anfang an so tun können und hätte mir dadurch viel Widerspruch erspart. Aber ich mochte es nicht, denn ich vermeide gern Konzessionen an die Schwachmütigkeit. Man kann nicht wissen, wohin man auf diesem Wege gerät; man gibt zuerst in Worten nach und dann allmählich auch in der Sache.« (210)

Wir haben gesehen, wie das Problem »Sexualität« mehr und mehr in den Mittelpunkt der Freudschen Theorie getreten ist. Zu beachten ist aber auch, daß sich gleichzeitig der Begriff »Sexualität« zu dem der »Psychosexualität« erweitert hat, und zwar in zweifacher Weise. »Psychosexualität« schließt nicht nur die pervers-phantastischen und die neurotisch verkürzten Formen des Sexualverhaltens ein, vielmehr müssen alle Regungen bis hin zu den sublimsten Tätigkeiten des Geistes als »umgewandelte« Ausdrucksformen der Psychosexualität aufgefaßt werden. »Psychosexualität« umgreift zudem die gesamte Bildungsgeschichte der menschlichen Erfahrung, weist also zurück in die frühesten Beziehungen zwischen Mutter und Kind, meint mithin auch die orale Zuwendung des Kindes zur Mutterbrust und die anale Lust bei den Körperausscheidungen. Die verschiedenen Phasen des »Oralen«, »Analen«, »Phallisch-Genitalen« charakterisieren Stationen, die in der narzißtischen Ungeschiedenheit der Mutter-Kind-Einheit beginnen. All dies zählt zur »Psychosexualität«. Freud hat diesen Begriff vom »populären« Verständnis folgendermaßen abgegrenzt:

»Der Begriff des Sexuellen umfaßt in der Psychoanalyse weit mehr; er geht nach unten wie nach oben über den populären Sinn hinaus. Diese Erweiterung rechtfertigt sich genetisch; wir rechnen zum ›Sexualleben‹ auch alle Betätigungen zärtlicher Gefühle, die aus der Quelle der primitiven sexuellen Regungen hervorgegangen sind, auch wenn diese Regungen eine Hemmung ihres ursprünglich sexuellen Zieles erfahren

193

oder dieses Ziel gegen ein anderes, nicht mehr sexuelles, vertauscht haben. Wir sprechen darum auch lieber von *Psychosexualität*, legen so Wert darauf, daß man den seelischen Faktor des Sexuallebens nicht übersehe und nicht unterschätze. Wir gebrauchen das Wort Sexualität in demselben umfassenden Sinne, wie die deutsche Sprache das Wort ›lieben‹.« (211)

In dem Text aus dem Jahre 1921, den ich oben zitiert habe, ist die »umfassende« Bedeutung der Sexualität noch schärfer expliziert. In der »Geschlechtsliebe mit dem Ziel der geschlechtlichen Vereinigung«, so lesen wir dort, gründe nicht allein das Verhältnis von Mann und Frau, sondern das gesamte Beziehungsgeflecht zwischen Menschen. Sie bestimme außerdem die »Hingebung an konkrete Gegenstände und an abstrakte Ideen«, also die ganze Skala menschlicher Tätigkeiten, soweit sie emotional getönt sind. Kurz, die »körperliche Liebe« ist der Stoff, aus dem die gesellschaftlichen Beziehungen der Menschen gebaut sind.

Verknüpft man diese Einsicht in die fundamentale Bedeutung der Sexualität mit der Perspektive der »Lebensgeschichte«, so wird klar, daß die körperlichen Regungen, die Freud unter dem Stichwort der Psychosexualität erfaßt hat, nicht nur die Matrix des sozialen Verhaltens der Individuen bilden, sondern dieses ›subjektiv‹ konstituieren. Körper und Geist, Körperlichkeit und soziales Geschehen, Körperlichkeit und »Sinn« sind in einer Weise miteinander verwoben, die sich in zwei Richtungen lesen läßt – in der Freudschen Sichtweise wird die »Körperlichkeit der Sinnstrukturen« und die »Sinnhaftigkeit des Körpers« erkannt; nach Ludwig Biswanger gilt von »Freuds Auffassung im Lichte der Anthropologie, man kann ebensogut sagen, die Leiblichkeit sei hier auch schon seelisch bestimmt, wie, das Seelische sei auch schon leiblich bestimmt« (212), wobei freilich zu ergänzen wäre, was wir uns unter dem »Seelischen« vorzustellen haben: Lebensentwürfe, Formeln gesellschaftlichen Verhaltens, Interaktionsformen. Den »psychophysischen Kern« des Systems von Lebensentwürfen und Interaktionsformen aber hat Freud als »Sexualität« identifiziert.

Während heute in den Humanwissenschaften die Sphären der Körperlichkeit und der Sinnfindung immer mehr auseinander treten – in die naturwissenschaftliche Erforschung des Körpers einerseits und die kultur- bzw. sozialwissenschaftliche Analyse von Sinnproduktion und Sinnstrukturen andererseits –, waren und sind beide in dem Begriff »Sexualität«, so wie Freud ihn entwickelt hat, innig aufeinander bezogen. Die Hartnäckigkeit, mit der er an diesem Begriff festhielt, zeigt an, daß er den Zusammenhang von sozialer Interaktion und Körperlichkeit nicht nur im Bereich der beobachtbaren Erscheinungen beachtet, sondern ihn als Kennzeichen der »Körperdynamik« hervorgehoben sehen und wahrgenommen wissen wollte. Hinter den »Körpererscheinungen« soll die Körperdynamik und in den Erscheinungen der Körpersymptomatik soll der »Sinn der Symptome« (213) aufgesucht und entschlüsselt werden. Die Körperdynamik aber hat einen Inhalt: Das Wort »Sexualität« steht in Freuds Gedankengebäude nicht stellvertretend für »sexuelle Akte«; es meint vielmehr eine lebensbestimmende, verhaltenswirksame *Sinnstruktur,* deren Ursprung in der Kindheit (wir fügen heute hinzu: im Mutterleib) liegt.

Nach drei Jahrzehnten intensivster Forschungs- und Erkenntnisanstrengung hat Freud die Frage gestellt: »Eine Frau hat nicht viel Intimeres zu erzählen als die Geschichte ihrer Hochzeitsnacht. Und daß wir gerade auf Intimitäten des Geschlechtslebens gekommen sind, sollte das zufällig und ohne weiteren Belang sein?« (206) Es bekundet sich in diesem Satz ein ungebrochenes Erstaunen, daß der Einblick in die menschliche Sexualität derartig einschneidend die psychoanalytische Erfahrung angeleitet hat. Heute, ein Jahrhundert später, erscheint das nicht mehr ganz so erstaunlich, läßt sich jedenfalls mit guten Gründen erläutern, warum die Sexualität zu dem großen Thema der neuen Wissenschaft vom Menschen geworden ist. Im inneren Koordinatensystem der Person bezeichnet Sexualität jenen Punkt, an dem Gesellschaftlichkeit und Individualität sich unmittelbar austauschen, an dem soziale Erfahrungen den Einzelnen in seiner Leiblichkeit, leibhaftig treffen. Und zwar – in der zweifachen Bedeutung des Wortes – intim, nämlich körperlich und sozial im Felde menschlicher Beziehungen: *face to face,* sinnlich direkt. Die Sexualität ist *Beweggrund und Angelpunkt unserer Welterfahrung als einer sinnlich-sozialen Erfahrung, und sie ist die Zentralachse der Welterfahrung zurück bis in die Ur-*

anfänge der Ontogenese. Das wiederum heißt, die entscheidenden und fundamentalen menschlichen Bedürfnisse und Lebensfiguren versammeln sich auf der Linie dieser Zentralachse. Die prägenden Verhaltensmuster korrespondieren auf dieser Linie mit den körperlichen Reaktionen im Mutterleib, also mit jenen fundamentalarchaischen Bewegungsformeln, die das Reich der körperlichen Wünsche und unbewußten Sinnstrukturen bilden.

Indes, haben wir mit ihrer anthropologischen »Erhöhung« zum Grundelement des menschlichen Sozialverhaltens, zum Grundmuster menschlichen Handelns, die Sexualität nicht gleichzeitig verharmlost? Haben wir ihr damit nicht jene Anstößigkeit und Unbezähmbarkeit abgesprochen, die im Widerstand der Patienten und in der Scheu der Ärzte, von ihr zu reden, aber auch in der jahrzehntelangen Ächtung der Freudschen Einsichten sich deutlich spiegeln? Sicher, das wäre der Fall, wenn wir Sexualität nicht auch als den leiblichen »Kern« des Widerspruchs zwischen Subjektivität und gesellschaftlichem Zwang erkennten. Die ins Individuum einsozialisierten gesellschaftlichen Normen und Regeln – die Psychoanalyse wird später das Über-Ich, aber auch Anteile des Ich als innere Repräsentanzen der gesellschaftlichen Ordnung ausweisen – bilden den Widerpart zu den fundamentalen Bewegungsformeln, dem Reich der körperlichen Wünsche und unbewußten Sinnstrukturen. Sexualität ist der Ort, an dem die Auseinandersetzung zwischen individueller Eigenart und kollektiven Normen unausweichlich wird – ein Schauplatz *der Anpassung ebenso wie des Widerstandes.* Und das hat Folgen. In jenen psychosexuellen Problemen, die Freud als bewegende Unordnung auf dem Grund der Hysterie ausgemacht hat, trifft die Analyse auf den *geheimen, »intimen« Punkt der gesellschaftlichen Beschädigung der Subjekte.* An eben diesem Punkt verbinden sich die beiden Fundamentalthemen der Psychoanalyse, nämlich »Psychosexualität« und »Unbewußtes«. Denn wenn die gesellschaftliche Zumutung – das Trauma – bis in den Bereich der Psychosexualität, also der körperlich-fundamentalen Lebensentwürfe hineinreicht, dann werden die anstößigen Körperwünsche ins Unbewußte verdrängt, wo sie dann als unbewußte Impulse wirksam werden.

Hatten wir unterm Stichwort von Leiblichkeit und Sozialität

geklärt, weshalb die einmal freigegebene Selbstdarstellung des Patienten mit Notwendigkeit das Sexualthema aufgreift, so mag nun klar werden, daß es der sexuelle Konflikt ist, der zuallererst zur Selbstdarstellung des Unglücks drängte, jenes Unglücks, das abzuwenden keine billigen Ratschläge helfen, weil es sich längst in der psychophysischen Struktur der Persönlichkeit eingenistet hat.
Wir werden noch mehrmals zu diesem beunruhigenden Sachverhalt zurückkehren. Ich darf mich deshalb jetzt damit begnügen, einen geschichtlichen Hinweis zu geben. Wie sehr die Sexualität die Stätte der einschneidendsten Spannung zwischen Normen und Wünschen, Verhalten und Phantasie ist, hatte in schrecklich verdüsterter Scharfsichtigkeit der Wahn der Hexenrichter vorgeführt. Ihre Gedanken kreisten nicht nur unablässig um das Thema der »Teufelsbuhlschaft«, sie erforschten auch die anstößige Sozialität am Leibe ihrer Opfer. Die stereotype und verbissene Suche nach »Hexenmalen« als Zeugnissen des Teufelsbundes galt dem Zusammenspiel von Leiblichkeit und sozialer Ordnung, das auch die psychoanalytische Auseinandersetzung mit dem sozialen Elend exponiert. Das Verbrennen der Körper der Hexen war die wahnhafte Konsequenz des Versuchs, den zerfallenden kulturellen und gesellschaftlichen Ordnungssystemen dadurch wieder Geltung zu verschaffen, daß die Wohnungen der Freiheit vernichtet wurden. Michelet formulierte das 1874 so: »Die Diener einer tief beunruhigten kirchlichen und feudalen Ordnung personifizierten das Widerständig-Aufständige im Teufel und verfolgten ihn in den Elenden, in denen er seine Wohnung wählte; man verbrennt, man zerstört die lebenden Wohnungen, wo er sich festgesetzt hat. Findet man ihn zu stark in der Seele eingewurzelt, so will man ihn aus dem Körper vertreiben.« (214)
Die Redewendung von den »Wohnungen des Teufels« ist noch zu verschärfen. Lesen wir den Satz von Michelet nämlich im Lichte der Einsichten ins »Unbewußte«, so kann kein Zweifel daran sein, daß der »Teufel«, der »den Körper hat, weil er die Seele hat«, in den verbotenen und daher verborgenen Imagines des Unbewußten besteht. Das Unbewußte ist die Tiefendimension des »beseelten Körpers«, in der die Seelenimagines gleichzeitig Körperimagines, Körperdynamik sind; es ist jene »Seele

des Körpers« und jene »Körperlichkeit der Seele«, zu deren Bezeichnung der reichlich mißbrauchte Begriff »Leib« durchaus taugt, ein Begriff, der gerade in seinen Mystifikationen noch eine Ahnung von »Sinnhaftigkeit« bewahrt hat, die dem Wort »Körper« von den natur- und sozialwissenschaftlichen Positivisten inzwischen ausgetrieben worden ist. Der »unbewußte Leib« – dies meint das von allen objektiven Sinnsystemen abweichende subjektive Sinnsystem, das den herrschenden Ordnungen, der Ordnung der Herrschenden widersteht. Der Widersacher dieser Ordnung »wohnt« nicht im Leib, er *ist* der Leib. Allerdings, der Widerstand bleibt stumm, solange er nicht in kollektive Symbole gefaßt wird; er bleibt passives Leiden, solange die Widerstandskräfte nicht überindividuell organisiert werden. Wir werden diesen Sachverhalt noch ausführlich zu erörtern haben, wenn wir – in einem zweiten Band – der Entwicklungsgeschichte der Psychoanalyse über die Schwelle des 20. Jahrhunderts hinweg folgen werden.

Das Ende einer Illusion.
Von der Ereignisdiagnose zur Erlebnisanalyse

Die Einsicht in die Geschichtlichkeit der psychoanalytischen Erkenntnisse macht auf eine Lücke in unserer Darstellung aufmerksam: Wir sind dem Gang der psychoanalytischen Problem- und Wissenschaftsgeschichte gefolgt, ohne einen Blick an die gesellschaftlichen Bedingungen dieser Prozesse zu wenden. Diese Abstinenz war beabsichtigt, nicht nur, um die Aufmerksamkeit voll auf die »interne« Vor- und Frühgeschichte zu richten, sondern mehr noch, weil die »objektive Geschichte beschädigter Subjektivität« nicht en passant abgehandelt werden kann. Selbst eine so begrenzt und in ihrer Reichweite überschaubar scheinende Frage wie die, weshalb die Hysterie am Ende des letzten Jahrhunderts ausgerechnet in Wien »zu Wort kam«, läßt sich beiläufig nicht einmal skizzieren. Denn natürlich müßte man zuvor das Herauswachsen von Wahn, Besessenheit, Hysterie und »Nervenschwäche« aus den jeweiligen gesellschaftlichen Krisen in Europa durchsichtig gemacht haben; müßte man die gesellschaftliche Bearbeitung der subjektiven Antworten auf die objektiven Erschütterungen und ihre Spuren in den Individuen präzisiert haben; müßte man eine Geschichte der Subjektivität (zumindest seit Descartes) zur Hand haben, usw. Vorläufig – und zumal im Rahmen unseres Vorhabens – können wir allenfalls ein paar Eindrücke sammeln, um den Anschlußpunkt für eine sorgfältige Aufhellung des Zusammenhangs von objektiver Krise und subjektiver Krisenreaktion zu markieren.

In seiner Darstellung der Geschichte der psychoanalytischen Bewegung greift Freud die Zurechnung der Psychoanalyse zum Wiener Milieu auf:

»Das Aperçu lautet, die Psychoanalyse, respektive die Behauptung, die Neurosen führen sich auf Störungen des Sexuallebens zurück, könne nur in einer Stadt wie Wien entstanden sein, in einer Atmosphäre von Sinnlichkeit und Unsittlichkeit, wie sie anderen Städten fremd sei, und stelle einfach das Abbild, sozusagen die theoretische Projektion dieser besonderen Wiener Verhältnisse dar. Nun, ich bin wahrhaftig kein Lokalpatriot, aber diese Theorie ist mir immer ganz besonders unsinnig erschienen, so unsinnig, daß ich manchmal geneigt war, anzunehmen, der Vorwurf des Wienertums sei nur eine euphemistische Vertretung für einen anderen, den man nicht gern öffentlich vorbringen wolle. Wenn die Voraussetzungen die gegensätzlichen wären, dann ließe sich die Sache hören. Angenommen, es gäbe eine Stadt, deren Bewohner sich besondere Einschränkungen in der sexuellen Befriedigung auferlegten und gleichzeitig eine besondere Neigung zu schweren neurotischen Erkrankungen zeigten, dann wäre diese Stadt allerdings der Boden, auf dem ein Beobachter den Einfall bekommen könnte, diese beiden Tatsachen miteinander zu verknüpfen und die eine aus der anderen abzuleiten. Nun trifft keine der beiden Voraussetzungen für Wien zu. Die Wiener sind weder abstinenter noch nervöser als andere Großstädter. Die Geschlechtsbeziehungen sind etwas unbefangener, die Prüderie ist geringer als in den auf ihre Keuschheit stolzen Städten des Westens und Nordens. Diese wienerischen Eigentümlichkeiten müßten den angenommenen Beobachter eher in die Irre führen als ihn über die Verursachung der Neurosen aufklären.« (215)

Gewiß ist Freud darin zuzustimmen, daß die meisten der hierzu vorgebrachten Thesen unsinnig sind; aber ganz so einfach, wie er es gemacht hat, kann man den Zusammenhang zwischen Psychoanalyse und Wiener Milieu nicht abtun. Wenngleich die schlichte Ableitung der Neurose aus den Wiener Sitten absurd ist, so deutet sich doch immerhin eine Osmose zwischen dem innerlichen Chaos der Neurose und der Auflösung der kulturellen Symbole an. Wien war damals die Hauptstadt eines zerfallenden, jedoch seinen Zerfall imperial verleugnenden Reiches, das seinen Platz als Großmacht zu behaupten suchte, aber mit seinen Traditionen, seinen Gesittungsformen und Werten noch so sehr im Mittelalter steckte, daß die nicht standesgemäße Ehe eines Erzherzogs mit einer Gräfin eine Serie von Skandalen und Staatskrisen auslöste, die schließlich zum Mordfall von Sarajewo führten – Wien stand für eine gesellschaftliche Ordnung im

Umbruch von einer fast gänzlich agrarisch orientierten Wirtschaftsweise zu einem Industriestaat, war eine Hauptstadt, die, anders als die übrigen europäischen Hauptstädte, keine Metropole der kapitalistischen Produktion, sondern jener Konsumtion wurde, von der Bucharin seine »politische Ökonomie des Rentners« herleitete, mit der These von der auf Angst gegründeten »subjektivistisch-psychologistischen« Deutung der Wirklichkeit. (216). Bucharins Kritik am Psychologismus der »Österreichischen Schule der Nationalökonomie« läßt die Allgegenwärtigkeit der »Subjektivitätsproblematik« in der österreichisch-ungarischen Gesellschaft jener Epoche erkennen. Fraglos war insbesondere Wien gegen Ende des 19. Jahrhunderts bestimmt von einer Atmosphäre der Problematisierung des subjektiven Erlebens, die ihren Ausdruck nicht von ungefähr im Wiener »Ästhetizismus« und in der Wiener »Décadence« gefunden hat – in den Chiffren einer betont künstlichen Kunst, die ihre Herkunft aus den Erschütterungen der kollektiven Identität, der Auszehrung der kulturellen Normen und der gesellschaftlichen Verbindlichkeiten offen zur Schau stellte.

Empfindung und Ausdruck des Verfalls kultureller Werte und sozialer Konventionen hatten in Wien allerdings eine lange Vorgeschichte. Schon in der Mitte des Jahrhunderts hatte Carl Gutzkow einigermaßen entsetzt auf die Wiener Zustände reagiert:

»In Verbindung mit dieser Wut nach exzentrischen Vergnügungen kann sich auch die Bühne einen großen Teil der Schuld beimessen, zur Verwilderung des Volkscharakters beigetragen zu haben. Die Zweideutigkeit und die Selbstironisierung haben besonders in den Nestroyschen Stücken einen Einfluß auf die untern Klassen ausgeübt, die ihnen zwei der kostbarsten Kleinode des Volkscharakters raubte: sittliche Grundanschauung der Dinge und gläubiges Vertrauen gegen Menschen. Das ist entsetzlich, wie Nestroy, dieser an sich ja höchst talentvolle Darsteller, in seinem Spiel fast noch mehr als in seinen Produktionen dem sittlichen Grundgefühl und der gläubigen Naivetät des Volkes Hohn spricht. Man denke sich die bis zum Giebel gefüllten Theater, besetzt von Handwerkern und ihren Frauen und Töchtern und sehe diese Gestikulationen, diese Mienen, höre diese Späße, dieses Anwitzeln

jeder überlieferten edlen Empfindung, diese zweideutigen Randglossen zu den Motiven von Tugend und Edelmut – es überlief mich kalt, ein ganzes Volk so wiehern, Weiber lachen, Kinder klatschen zu sehen, wenn die Equivoque gezündet hat oder Nestroy, die Achsel zuckend, die Liebesversicherungen einer Frau, die Zärtlichkeiten eines Gatten mit einem satanischen ›O je!‹ oder dergleichen begleitet. Da steht nichts mehr fest, keine Liebe, keine Freundschaft, keine großmütige Hingebung. Die schamlosen gesungenen Couplets (die rechten Cancans, die bei den Franzosen aus der errötenden Sprache in den stummen Tanz verbannt wurden) sagen es ja deutlich, daß ›alles einen Haken hat‹, daß Eigennutz die Triebfeder jeder Handlung ist. Es ist das fürchterlich, eine Bevölkerung solchen blasierten Anschauungen überliefert zu sehen. Aus jedem etwas dunkeln Satze dieser Komiker grübelt sich der Zuschauer Zweideutiges heraus, und will er's nicht sogleich finden, so blinzeln diese unwürdigen Musenpriester mit den Augen, und das Gewieher bricht los, man hat den Witz verstanden.« (217)
Bertha Pappenheim gehörte nicht zu dem ›wiehernden‹ Volk im Parkett des Lebens und auf den Stehrängen der Theater Wiens. Ihr Selbstbewußtsein war sozial verbürgt; sie verständigte sich mit ihrem Arzt in einer den Dienstboten fremden Sprache und in einer Weise, die anderswo als in einer bürgerlichen Privatpraxis des 19. Jahrhunderts keinen Platz gefunden hätte. Gerade deshalb brachte sie die kulturellen Irritationen der Zeit (die eine geschlechtsspezifische Betroffenheit durchaus einschlossen) nicht nur psychophysisch zum Vorschein, sondern zu Wort. Die drei ›Beteiligten‹ am allerersten Ansatz der Psychoanalyse: Breuer, Bertha Pappenheim und Freud, waren Juden, und das bedeutete in Wien damals die zugespitzte Erfahrung sowohl von Eigenständigkeit als auch von Distanz und Ungeborgenheit – ein Phänomen, über das Marthe Robert im Hinblick auf Jacob Freud geschrieben hat: »ein jüdischer Vater, ein unklarer Vater, der [...] auch seinem Sohn das unsichere Schwanken zwischen zweierlei Geschichte, zweierlei Kulturen, zwei unvereinbaren Denkweisen aufbürden mußte« (165). Wohl fällt an keinem der drei Genannten (am wenigsten an Bertha Pappenheim) eine ähnliche Zerrissenheit, ein vergleichbar angespanntes Schwan-

ken zwischen Tradition und Assimilation auf wie an dem jungen Karl Kraus:

»Könnte ein Kulturmensch überhaupt den Drang verspüren, sich politisch zu betätigen, er würde in Österreich stets zwischen den Parteistühlen zu sitzen kommen. [...] Jede Partei treibt ihn der andern zu. Ehrlicher Antisemit, muß er nach den rednerischen Exzessen des Bürgermeisters einer Haupt- und Residenzstadt fanatischer Judenfreund werden; Zionsgläubiger, wird er beim Anblick eines Volkstheaterparketts zum Anhänger des Herrn Bielohlawek. Die nationale Verblödung des Bürgertums treibt ihn in das sozialdemokratische Lager; der Siegesrausch der Nüchternheit, der Dünkel glanzlosester Diktatur stößt ihn wieder ab.« (218)

Indes, es kann nicht bezweifelt werden, daß eine hohe Empfindlichkeit für soziale Irritationen sowohl Breuer als auch Freud ausgezeichnet hat – und auch Bertha Pappenheim, die, wie wir wissen, später eine beachtliche Rolle als Fürsorgerin gespielt hat. Übrigens hat Freud selbst die Besonderheit und Unabhängigkeit seiner Denkweise wiederholt mit seiner Herkunft in Verbindung gebracht.

Jude zu sein bedeutete damals in Wien, einer Minderheit anzugehören, die in sich ein starkes soziales und kulturelles Gefälle aufwies, das von den großbürgerlichen Familien am oberen Ende der Statushierarchie zu den armen Juden aus Polen, Mähren und Galizien, an deren fremdartigem Aussehen Hitler seinen Antisemitismus berauschte, am unteren Ende reichte; dazwischen stand eine lebhafte, unruhige Mittelschicht junger Intellektueller, zu denen Victor Adler (der Führer der österreichischen Sozialdemokratie), Karl Kraus, Schnitzler und auch Breuer und Freud zählten. Judentum in Wien bedeutete die scharfe Pointierung der Spannung zwischen Assimilation und Tradition. Es versteht sich, daß diese Spannung erhöht wurde durch einen Antisemitismus, der zwischen brutaler Offenheit und raffinierter Kaschierung changierte. So gab es schon in den sechziger Jahren des 19. Jahrhunderts ein Bürgerministerium mit jüdischen Ministern; so hatte der Kaiser die Ernennung des Parteiführers Lueger zum Bürgermeister von Wien wegen dessen Antisemitismus dreimal verweigert, desselben Lueger, nach dem heute noch ein Teil der Ringstraße Dr.-Karl-Lueger-Ring heißt, dem die Stadt ein monumentales Denkmal und eine »Dr. Karl Lueger-Gedächtniskirche« gewidmet hat. Zwar hat der damalige Unterrichtsminister von Härtling sich so vieler liberaler Parolen bedient, daß sich die Historiker bis zum heutigen Tage darüber streiten, ob Freuds Judentum eine ausschlaggebende Rolle oder keine Rolle bei der Verzögerung seiner Ernennung zum Professor gespielt habe, zugleich aber ist es eine Tatsache, daß die Fakultätsanträge im Ministerium »verloren gingen«. Mario Erdheim hat den Erfahrungen der »Verunsicherung« bis hin zum Identitätsverlust, der Erfahrung des »sozialen Todes« eine hohe Bedeutung für Freuds Entwicklung zugeschrieben. (219) Es kann kein Zweifel daran bestehen, daß die beschriebenen gesellschaftlichen und kulturellen Konflikte auch Breuer und seine Patientin Bertha Pappenheim betrafen.

Auch die andere gravierende Frage, nämlich weshalb die Psychoanalyse von einer ärztlichen Privatpraxis bürgerlichen Zuschnitts ihren Ausgang genommen hat, kann hier nicht ins Feld der objektiven Bedingungen zurückverfolgt werden. Wir können lediglich zwei Paradoxien damit in Beziehung bringen:
– daß ausgerechnet auf dem Höhepunkt des Trends zur Individualisierung und angesichts der zunehmenden Trennung von Öffentlichkeit und Privatheit die Vereinzelung der Leidenden in einem sozialen Zusammenspiel aufgehoben werden konnte und das Leiden der Patienten als soziales Elend zur Sprache kam;
– daß ausgerechnet zu dem Zeitpunkt, da die ärztliche Machtakkumulation sich aus dem Zusammenfluß dreier Machtpotentiale – der administrativen Macht, den Zugriffen aufs »Innere« der Patienten und der Erhöhung des Heilers zum allwissenden Naturwissenschaftler – erfolgreich organisierte, es zur Umkehrung des Arzt-Patient-Verhältnisses kam und die Freiheit der Selbstdarstellung des Patienten Geltung erlangte.
Beide Paradoxien weisen auf die bürgerliche Arztpraxis in ihrer Verknüpfung mit der naturwissenschaftlichen Forschung

zurück: Der erhöhte Schutz der ärztlichen Diskretion ermöglichte das Geständnis; das naturwissenschaftliche Forschungsinteresse neutralisierte die Erniedrigung des Versagens; soziale Gleichrangigkeit verband sich mit dem – naturwissenschaftlichen – Respekt vor der Eigenart des Untersuchungsgegenstandes. Das gilt für Breuer, aber mehr noch für Freud, bei dem wir die Spannung zwischen der Bereitschaft, sich verstehend auf den Patienten einzulassen, und der Theorieanstrengung genau verfolgen konnten. Seine – naturwissenschaftliche – Theorieanstrengung verhinderte, daß das neue Erkenntnisfeld der Selbstdarstellung des Patienten wieder verödete; sie vermochte die szenische Erfahrung zu einer Theorie der sozialen Verhältnisse im Individuum fortzubilden. Sie sorgte dafür, daß Hermeneutik keine ›Kunst‹ blieb, sondern sich zu einer strengen Methode entwickelte; daß sie schließlich zu einer hermeneutischen Erfahrungswissenschaft, abgegrenzt von allem Hypothesen validierenden Erklären, werden konnte.

Freilich, Freuds naturwissenschaftliche Orientierung hat prekäre Konsequenzen gehabt: Das Beharren auf Naturwissenschaftlichkeit hat bis in die Gegenwart den hermeneutischen Charakter der psychoanalytischen Methode verdeckt. Nicht weniger verhängnisvoll hat sich der »Szientismus« Freuds auf die Einschätzung des psychoanalytischen Erkenntnisgegenstandes ausgewirkt. Sollen wir also diesen »Szientismus« der Gründungsphase bedauern? Besteht nicht, der »Geburtshelfer-Funktion« der naturwissenschaftlichen Denkweise für die Psychoanalyse zum Trotze, ein erhebliches Mißverhältnis zwischen der Art der neuen Erkenntnisse, die das Ergebnis einer »Sinnanalyse« sind, und dem »Physiologismus« der Freudschen Begrifflichkeit? Zweierlei ist dem entgegenzuhalten.

Erstens: Im Kapitel »Sexualität« hatte sich uns unter dem Stichwort der »Leiblichkeit des Sozialen« und der »Sozialität des Leiblichen« die doppelte Perspektive des psychoanalytischen Blicks enthüllt. »Leib« bezeichnet sowohl ein »natürliches« als auch ein »soziales« Geschehen, ohne daß das Erkenntnisinteresse in Physiologie einerseits und Soziologie andererseits aufgelöst werden könnte. Gerade weil sich das kathartische Verfahren mit dem ersten »szenischen« Verstehen und der ersten »szenischen« Deutung auf den Weg einer hermeneutischen Wissenschaft gemacht hat, war die Orientierung an »Natur« wichtig und mußte der Kontakt zu den Naturprozessen, nämlich physiologischen Prozessen, gewährleistet werden. Psychoanalytische Befunde waren als Ausdruck der Spannung zwischen den beiden Sinnsystemen, dem Bewußtsein und dem Unbewußten, »physiologisch« exakt auszuweisen.

Zweitens: Das »Soziale«, um das die neue Wissenschaft kreiste, waren »traumatische« Ereignisse. Die Notierung der Ereignisszenen aber erforderte eine raum-zeitliche, »extensionale« Begrifflichkeit. Die Szenen waren als Ursachenkomplexe so zu vermessen, daß das Maß ihrer »Wirkung« exakt bestimmt werden konnte. Die Verstrebung zwischen den beschädigenden »Vorfällen« und den Leidensprozessen sollte als Ursache-Wirkung-Zusammenhang kenntlich gemacht werden. Soziales Desaster und körperliches Leiden sollten aus ihrer gemeinsamen Wurzel erfaßt werden. Der »Entwurf einer Psychologie« von 1895 (220) hatte sich eben das vorgenommen, in einem gigantischen Versuch, »das Ganze der Psychologie und Hirnphysiologie ineinander zu arbeiten«. (221) Freud, der niemals den Plan aufgab, die Verquickung der psychischen mit den biochemischen Vorgängen im Organismus aufzuhellen, war 1895 noch völlig von der glücklichen Erwartung erfüllt, daß ihm die Erschließung der psychischen Regungen und Strebungen aus neurophysiologischen Impulsen gelingen werde. Um einen Eindruck davon zu vermitteln, wie er damals seelische Prozesse mit neurophysiologischen ineins gesetzt hat, will ich einen Ausschnitt aus seiner Beschreibung der Entstehung des Ich als eines »Komplexes von Neuronen« zitieren:

»So sind wir ganz unerwartet vor das dunkelste Problem gelangt, die Entstehung des ›Ich‹, d. h. eines Komplexes von Neuronen, die ihre Besetzung festhalten, also für kurze Zeiträume ein Komplex konstanten Niveaus sind. Die genetische Behandlung wird die lehrreichste sein. Das Ich besteht ursprünglich aus den Kern-Neuronen, welche die endogene Quantität durch Leitungen empfangen und auf dem Weg zur inneren Veränderung abführen. Das Befriedigungserlebnis hat diesem Kern eine Assoziation verschafft mit einer Wahrnehmung (dem Wunschbild) und einer Bewegungsnachricht (des reflektorischen Anteils der spezifischen Aktion). Im

Wiederholungszustande der Begier, in der Erwartung findet die Erziehung und Entwicklung dieses anfänglichen Ich statt. Es lernt zuerst, daß es nicht die Bewegungsbilder besetzen darf, so daß Abfuhr erfolgt, solange nicht gewisse Bedingungen von Seiten der Wahrnehmung erfüllt sind. Ferner lernt es, daß es die Wunschvorstellung nicht über ein gewisses Maß besetzen darf, weil es sich sonst halluzinatorisch täuschen würde. Wenn es aber diese beiden Schranken respektiert und seine Aufmerksamkeit den neuen Wahrnehmungen zuwendet, hat es Aussicht, die gesuchte Befriedigung zu erreichen. Es ist also klar, die Schranken, welche das Ich hindern, Wunschbild und Bewegungsbild über ein gewisses Maß zu besetzen, sind der Grund einer Aufspeicherung von Quantität (Qἠ) im Ich und nötigen dieses etwa, seine Quantität (Qἠ) bis zu gewissen Grenzen auf die von ihm erreichbaren Neuronen zu übertragen.« (222)

Die Lösung der Aufgabe einer Erklärung der Neurose auf physiologischer Grundlage schien in Sicht. Sie sah folgendermaßen aus: Die Hysterie ist eine Störung der Nerventätigkeit, die auf einen defekten neurophysiologischen Apparat zurückgeht. Der Defekt wiederum ist durch ein frühkindliches Trauma verursacht.

Die »Sexualproblematik« erschien somit im Trauma aufgehoben: als der konkrete Inhalt des Traumas, dessen Ursprung in einer vorzeitigen sexuellen Verführung des Kindes durch den Erwachsenen vermutet wurde. Kurz, die genetische Untersuchung der leib-seelischen Beschädigung schien im infantilen Sexualtrauma als einer unzeitigen, die Entwicklung des neurophysiologischen Apparates störenden Ursache fündig geworden zu sein. Das Sexualtrauma bewirkte die Beschädigung dieses Apparates. Hysterie konnte als traumatische Neurose erklärt werden, als eine Krankheitseinheit, deren Ursache, Verlauf, Symptomatik und psychophysische Dynamik nunmehr durchschaut schienen. Ein beobachtbares hysterisches Symptom ließ sich auf einen bestimmten Krankheitsprozeß zurückführen; dem Krankheitsprozeß schien eine angebbare Ursache, die »Sexualverführung«, zugrunde zu liegen. In Briefen vom 15. und 20. 10. 1895 schrieb Freud an Wilhelm Fließ:

»Dr. Sigmund Freud, 15. 10. 95.
IX. Berggasse 19. ord. 3–5 h.

Liebster Wilhelm!
Toll, nicht wahr, meine Korrespondenz. Ich war zwei Wochen lang im Schreibfieber, glaubte das Geheimnis schon zu haben, jetzt weiß ich, ich hab' es noch nicht, und habe die Sache wieder abgeworfen. Doch hat sich allerlei geklärt oder wenigstens auseinandergelegt. Ich verzage nicht daran. Habe ich Dir das große klinische Geheimnis schon mündlich oder schriftlich mitgeteilt? Die Hysterie ist die Folge eines präsexuellen *Sexualschrecks*. Die Zwangsneurose ist die Folge einer präsexuellen *Sexuallust*, die sich später in *Vorwurf* verwandelt.
›Präsexuell‹ heißt eigentlich vor der Pubertät, vor der Entbindung der Sexualstoffe, die betreffenden Ereignisse wirken erst als *Erinnerungen*. Herzlichst Dein«
[Unterschrift fehlt] (223)

»Liebster Wilhelm! Wien, 20. 10. 95.

[...]
Dein Urteil über die Hysterie-Zwangsneurose Lösung hat mich natürlich wahnsinnig gefreut. Nun höre weiter. In einer fleißigen Nacht der verflossenen Woche, bei jenem Grad von Schmerzbelastung, der für meine Hirntätigkeit das Optimum herstellt, haben sich plötzlich die Schranken gehoben, die Hüllen gesenkt, und man konnte durchschauen vom Neurosendetail bis zu den Bedingungen des Bewußtseins. Es schien alles ineinander zu greifen, das Räderwerk paßte zusammen, man bekam den Eindruck, das Ding sei jetzt wirklich eine Maschine und werde nächstens auch von selber gehen. Die drei Systeme von Neuronen, der freie und gebundene Zustand von Quantität, der Primär- und Sekundärvorgang, die Haupttendenz und die Kompromißtendenz des Nervensystems, die beiden biologischen Regeln der Aufmerksamkeit und der Abwehr, die Qualitäts-, Real- und Denkzeichen, der Zustand der psychosexualen Gruppe – die Sexualitätsbedingungen der Verdrängung, endlich die Bedingungen des

Bewußtseins als Wahrnehmungsfunktion – das alles stimmte und stimmt heute noch! Ich weiß mich vor Vergnügen natürlich nicht zu fassen.« (224)

Doch die Genugtuung hielt nicht vor. Zwei Jahre später, am 21. 9. 1897, muß Freud den Bankrott seiner wunderbar ausgefeilten Theorie anmelden. In einem Brief an Wilhelm Fließ von diesem Tage schreibt er:

»Teurer Wilhelm! Hier bin ich wieder, seit gestern früh, frisch heiter, verarmt, derzeit beschäftigungslos und schreibe Dir zuerst nach hergestellter Wohnbarkeit. Und nun will ich Dir sofort das große Geheimnis anvertrauen, das mir in den letzten Monaten langsam gedämmert hat. Ich glaube an meine Neurotica nicht mehr. Das ist wohl nicht ohne Erklärung verständlich; Du hast ja selbst glaubwürdig gefunden, was ich Dir erzählen konnte. Ich will also historisch beginnen, woher die Motive zum Unglauben gekommen sind. Die fortgesetzten Enttäuschungen bei den Versuchen, meine Analyse zum wirklichen Abschluß zu bringen, das Davonlaufen der eine Zeitlang am besten gepackten Leute, das Ausbleiben der vollen Erfolge, auf die ich gerechnet hatte, die Möglichkeit, mir die partiellen Erfolge anders, auf die gewöhnliche Art zu erklären: dies die erste Gruppe. Dann die Überraschung, daß in sämtlichen Fällen der Vater als pervers beschuldigt werden mußte. [...] die Einsicht in die nicht erwartete Häufigkeit der Hysterie, wo jedesmal dieselbe Bedingung erhalten bleibt, während doch solche Verbreitung der Perversion gegen Kinder wenig wahrscheinlich ist. (Die Perversion muß unermeßlich häufiger sein als die Hysterie, da ja Erkrankung nur eintritt, wo sich die Ereignisse gehäuft haben und ein Abwehr verursachender Faktor hinzugetreten ist.) Dann drittens die sichere Einsicht, daß es im Unbewußten ein Realitätszeichen nicht gibt, so daß man die Wahrheit und die mit Affekt besetzte Fiktion nicht unterscheiden kann. (Demnach blieb die Lösung übrig, daß die sexuelle Phantasie sich regelmäßig des Themas der Eltern bemächtigt.) Viertens die Überlegung, daß in der tiefgehenden Psychose die unbewußte Erinnerung nicht durchdringt, so daß das Geheimnis der Jugenderlebnisse auch im verworrensten Delirium sich nicht verrät. Wenn man sieht, daß das Unbewußte niemals den Widerstand des

Bewußten überwindet, so sinkt auch die Erwartung, daß es in der Kur umgekehrt gehen müßte bis zur völligen Bändigung des Unbewußten durch das Bewußte. Soweit beeinflußt, wurde ich bereit, auf zweierlei zu verzichten, auf die völlige Lösung einer Neurose und auf die sichere Kenntnis ihrer Ätiologie in der Kindheit. Nun weiß ich überhaupt nicht, woran ich bin, denn das theoretische Verständnis der Verdrängung und ihres Kräftespiels ist mir nicht gelungen. Es erscheint wieder diskutierbar, daß erst spätere Erlebnisse den Anstoß zu Phantasien geben, die auf die Kindheit zurückgreifen, und damit gewinnt der Faktor einer hereditären Disposition einen Machtbereich zurück, aus dem ihn zu verdrängen ich mir zur Aufgabe gestellt hatte – im Interesse der Durchleuchtung der Neurose. Wäre ich verstimmt, unklar, ermattet, so wären solche Zweifel wohl als Schwächeerscheinungen zu deuten. Da ich im gegensätzlichen Zustande bin, muß ich sie als Ergebnis ehrlicher und kräftiger intellektueller Arbeit anerkennen und stolz darauf sein, daß ich nach solcher Vertiefung solcher Kritik noch fähig bin. Ob dieser Zweifel nur eine Episode auf dem Fortschreiten zur weiteren Erkenntnis darstellt?« (225)

Diese zu Recht für eine Zäsur in der psychoanalytischen Wissenschaftsgeschichte erachtete Preisgabe der Hypothese vom Sexualtrauma signalisierte zugleich den Zusammenbruch des ersten abgeschlossenen Versuchs, den ›Gegenstand‹ der Psychoanalyse: die Neurose, als Krankheitsgeschehen im Sinne eines Naturprozesses zu erklären. Freud hatte ja mit dem Sexualtrauma alle Bestandteile einer naturwissenschaftlich-medizinischen Theoriebildung beisammen. Stellen wir uns das vollständige Bild nochmals vor Augen: Einer umschriebenen Symptomatologie war formalgenetisch die Störung eines Funktionsgefüges (des neurophysiologischen Apparates) zugeordnet; das aktuelle Trauma (im Erwachsenenalter) und das Funktionsgefüge wurden als ineinandergreifend gedacht. Die Funktionsstörung wiederum konnte zurückgeführt werden auf ein relevantes Ursachenverhältnis, als dessen entscheidender Faktor das infantile Sexualtrauma (die unzeitige Verführung und d. h. die Störung der Entwicklung des Apparates) anzunehmen war. Eben diese glatte Lösung erwies sich als falsch.

Es wäre freilich irrig, zu denken, Freud habe nun Abschied von der naturwissenschaftlichen Betrachtung seines Gegenstandes genommen. Der Kommentator der Fließ-Briefe, Ernst Kris, schreibt zwar: »den Versuch, die Begriffe der Sinnesphysiologie selbst zu benutzen, lehnte Freud in den folgenden Jahren ausdrücklich ab. Er gab den Gedanken auf, Zellen und Phasen oder die heute ihre Stelle einnehmenden Neuronsysteme als [...] psychische Wege zu proklamieren, wenngleich solche Wege in noch nicht angebbarer Weise durch organische Elemente des Nervensystems darstellbar sein müßten«. Doch wie die Formulierung »darstellbar sein müßten« zeigt, handelte es sich bei dieser »psychologischen« Orientierung um einen Notbehelf, ein Provisorium. Kris fährt in seinem Kommentar denn auch fort: Freud »bezeichnete später den Zusammenhang der psychischen mit biochemischen Vorgängen im Organismus immer wieder als ein zu erforschendes Gebiet und wies immer wieder darauf hin, daß die Sprache der Psychoanalyse eine provisorisch gewählte sei, gültig so lange, als sie noch nicht durch die Physiologie ersetzt werden könnte«. (226) Auch Kris erblickt in der dynamisch-funktionellen Argumentation des »Entwurfs« von 1895 das Verbindungsglied zwischen Physiologie und Psychologie. Er schreibt: »Was Freud für die Sprache der Psychoanalyse sagte, galt offenbar auch für ihre Begriffsbildung; die psychischen Instanzen der Psychoanalyse wurden als Organisation beschrieben und wie Organe in der Physiologie durch ihre Funktion charakterisiert, eine Auffassung, die unmittelbar an den ›Entwurf‹ von 1895 anschloß. So ergab sich denn im Modell des psychischen Apparates, mit dessen Erforschung Freud seit seinen Studien über Gehirnanatomie beschäftigt war, endlich die Möglichkeit, den Zusammenhang zwischen physiologischer und psychologischer Betrachtungsweise zu bewahren.« (226)
Die funktional-dynamische Verflüssigung des Organismus-Konzeptes tritt nun in ihrer ganzen Bedeutung und in ihren vielfältigen Nuancen hervor: Methodologische Selbsttäuschung und Umbau der Methode, Wahrung der geltenden Wissenschaftsverfassung und Grundlegung einer neuen Wissenschaft gehen ineinander über – mit dem Ergebnis einer radikalen Wissenschaftsumwälzung. Freud konnte durchaus annehmen, am Programm einer naturwissenschaftlichen Medizin festzuhalten,

während er längst der Vermittlung von Naturprozeß und sozialer Formung nachspürte. Indem er der Hoffnung anhing, auf die Ursachen der Krankheit zu stoßen und deren Gesetzmäßigkeit erklären zu können, entdeckte er den Trieb, den er allerdings biologistisch definierte, der in Wirklichkeit aber nichts anderes ist als die organismische Synthese der gesellschaftlichen Auseinandersetzungen des Menschen mit der Natur, die er selber ist. Freud – und mit ihm das Gros der Psychoanalytiker – verharrte in dem Glauben, an einer »Naturwissenschaft vom Seelischen« zu bauen, obwohl er, wie Binswanger 1956 erkannt hat, »der erste war, der die Hermeneutik auf Erfahrung gegründet« hat. (227) Die Kehre von der Diagnose der traumatisierenden Ereignisse hin zur Erkundung der Phantasie markiert die zweite Geburtsstunde der Psychoanalyse, genauer, sie beendete deren Kindheitsphase. Fortan ist nichts mehr selbstverständlich. In rascher Folge erscheinen nun die recht eigentlich psychoanalytischen Konzeptionen, beginnend mit der *Traumdeutung* 1900. Die Entdeckung der »Phantasie« hat die Psychoanalyse aufs richtige Gleis gestellt. Im Grunde freilich war und ist die Wendung vom Sexualtrauma zur Phantasie, genau besehen, nichts anderes als die endgültige Bestätigung des Rechtes des Patienten auf Selbstdarstellung. Endlich wird erkennbar, daß nicht äußere Ereignisse in ihrer Einwirkung auf die Persönlichkeit zu entziffern sind, sondern daß es von Anfang an darum ging, das Erleben durch den Erlebenden selbst zu Wort kommen zu lassen (ohne daß dabei sein Zusammenhang mit der traumatisierenden Realität in Abrede gestellt würde).

Ist infolge dieser klaren Privilegierung der »subjektiven Erlebnisse« nicht die Forderung unabweisbar geworden, die Freudsche Metapsychologie als eine »physiologistische« Sprache aufzugeben zugunsten einer »neuen Sprache« (228), die sich kommunikations- und handlungstheoretischer Vokabeln bedient, um der Psychoanalyse als einer Sinnanalyse gerecht zu werden? Immerhin stehen jetzt keine »abmeßbaren« Ereignisse mehr, sondern Erlebnisse, d. h. Lebensentwürfe zur Debatte. Mit der These von der »Sexualverführung« ist auch der Anspruch, Ursachen ermitteln, Ereignisse »objektiv« vermessen zu können, gefallen. Psychoanalyse ist im subjektiven Erleben befangen und hat da ihre Aufgabe: subjektive Erlebnisstruktur zu verstehen. Es geht um die Interpretation von Bedeutungen. Müssen wir also die Metapsychologie preisgeben? Keineswegs. Die innere Spannung der psychoanalytischen Begrifflichkeit hat sich mit dem Schritt von der Ereignisdiagnose zur Erlebnisanalyse zwar erhöht. Doch welche Begriffsfiguren der Metapsychologie auch immer fallen müssen, an der Grundstruktur des Freudschen Verfahrens ist festzuhalten. Zwar muß endgültig darauf verzichtet werden, Leiden auf meßbare äußere Ereignisse zurückzuführen. Aber nach wie vor stehen nicht Motive, sondern »szenische« Erfahrungen von Ereignissen, steht Erleben als Realisierung von »szenischen Entwürfen« auf der Tagesordnung der Analyse. Es handelt sich zwar nicht mehr darum, »draußen« Ereignisse zu vermessen, wohl aber darum, »innen« das Erleben so zu sehen, daß der *szenische* Charakter der Lebens*entwürfe* deutlich hervortritt. Erlebnisse müssen deshalb vom Analysanden als Quasi-Ereignisse vorgestellt und sie müssen vom Analytiker in quasi-extensionalen Kategorien notiert werden.

Als die Psychoanalyse mit dem neuen Gegenstand »Erlebnis« aus dem Schatten der Physiologie heraustrat, hat sie sich der Gefahr ausgesetzt, in Psychologie aufgelöst zu werden. »Erleben« jedenfalls scheint eine psychologische Kategorie zu sein, wohlgeeignet, den Blick auf individuelle Erlebnis*prozesse*, Erlebnis*fähigkeiten*, Persönlichkeits*profile* zu lenken. In der psychoanalytischen Arbeit jedoch kommt es darauf an, Erlebnisse als szenisch ausgebreitete *Lebensentwürfe*, in denen »ganz regelmäßig der Andere als Vorbild, als Objekt [...] in Betracht« steht (229), zu erkennen. Lebensentwürfe lassen sich nur in »Szenen« – realen oder phantasierten, realistischen oder fiktiven – und das heißt als Quasi-Ereignisse skizzieren. So – und nur so – läßt sich die Besonderheit der Psychoanalyse vor einer individualisierenden »psychologistischen« Fehldeutung schützen, denn nur so bleibt der eigentümliche Gegenstand der Psychoanalyse im Blickfeld: Interaktionsentwürfe.

Hat das Mißverständnis, Psychoanalyse sei Psychologie, eine relative lange Geschichte mit einer ganzen Kette von Versuchungen (die Adlersche Individualpsychologie und die psychoanalytische Ich-Psychologie sind ihnen weitgehend erlegen), so ist eine andere Gefahr jüngeren Datums: die umstandslose Ein-

verleibung in Soziologie. Diese Tendenz hat, verglichen mit der erstgenannten, einen entgegengesetzten Ansatz. »Erleben« gilt ihr durchaus als soziale Formel, der menschliche Charakter als Gefüge von Handlungsentwürfen, Lebensentwürfen; Körperlichkeit jedoch kennt sie lediglich als Matrize und formbares Material der »objektiven Strukturen«. Das Unbewußte – nun wieder klassifiziert als Block abgespaltener Erlebniskomplexe, deren »Sinn« allein vom Regelsystem bewußten Handelns, Sprechens, Denkens gestiftet werden könne – erscheint erneut als eine *façon de parler*. Muß der psychologistischen Versuchung das Antidotum der quasi-extensionalen Begrifflichkeit entgegengestellt werden, so der soziologisierenden das harte Gebot, die psychoanalytischen Begriffe stets auch als »physiologische« auszuweisen. Insoweit ist das Projekt von 1895 zu erneuern, allerdings nicht in dem Sinne, in dem es begonnen wurde – als Skizze eines erklärungswissenschaftlichen Modells innerhalb der Physiologie –, sondern so, wie es endet: als Netzwerk von Metaphern, die oberhalb von »Physiologie« und »Lebenswelt-Analyse« nach beiden Seiten den Anspruch einer Erfahrungswissenschaft festhalten und das verläßliche Fundament einer – nicht mystifizierenden – Hermeneutik des Leibes bilden. Die Psychoanalyse ist, wie Georges Politzer einmal gesagt hat, »konkrete Erlebniswissenschaft«. (230) Sie bringt zu Bewußtsein, was keiner anderen Wissenschaft in dieser Schärfe bewußt zu machen gelingt: soziales Leid, das den Menschen angetan wurde und das sie selbst nicht mehr auszusprechen vermögen, weil die Verhältnisse sie sprachlos gemacht haben; weil sie ihr Unglück, ihr Elend, die gesellschaftlich hergestellt sind, nur noch erleiden, jedoch nicht mehr erkennen können.
Es führt kein Weg zurück zur »Untersuchung« des Patienten anstelle der Interpretation seiner Phantasien. Worauf es ankommt, ist, nicht lediglich die Realität, in welcher der Patient lebt, ernst zu nehmen, sondern auch und gleichermaßen seine Phantasien – jene Phantasien, in die der Einspruch gegen die Ordnung der Herrschaft sich zurückgezogen hat.

Quellenverzeichnis

(1) Sigmund Freud, »›Psychoanalyse‹ und ›Libidotheorie‹«, *Gesammelte Werke (GW)* XIII, London 1940, S. 211.
(2) Frank Sulloway, *Freud. Biologe der Seele*, Köln-Löwenich 1982.
(3) Donald Fleming, zit. nach *Der Spiegel* vom 12. 5. 1980, S. 215.
(4) Robert Merton, »The Ambivalence of Scientists«, in: ders., *Sociological Ambivalence and other Essays*, New York 1976, S. 32–35.
(5) Frank Sulloway, a.a.O., S. 634.
(6) Sigmund Freud, »Zur Geschichte der psychoanalytischen Bewegung«, *GW* X, London 1946, S. 60.
(7) Frank Sulloway, a.a.O., S. 678.
(8) Henry F. Ellenberger, *Die Entdeckung des Unbewußten*, Bern/Stuttgart/Wien 1973, 2 Bde., S. 761.
(9) Alice Miller, *Das Drama des begabten Kindes*, Frankfurt am Main 1979.
(10) *Programmheft des 15. Internationalen Kongresses für Individualpsychologie, Wien, 2.–6. August 1982*, S. 1: Begrüßungsrede des Präsidenten Dr. Erwin Ringel.
(11) Sigmund Freud, »›Psychoanalyse‹ und ›Libidotheorie‹«, *GW* XIII, a.a.O., S. 223.
(12) Johannes Cremerius, »Die Bedeutung des Dissidenten für die Psychoanalyse«, in: *Psyche* 6/1982, S. 484.
(13) Frank Sulloway, a.a.O., S. 485.
(14) Sigmund Freud, *Selbstdarstellung, GW* XIV, London 1948, S. 35.
(15) Sigmund Freud, *Studien über Hysterie, GW* I, London 1952, S. 312.
(16) Michel Foucault, *Wahnsinn und Gesellschaft*, Frankfurt am Main 1969, S. 28.
(17) Ebda., S. 28 f.
(18) Winifred Barbara Maher, Brendan Maher, »The ship of fools«, in: *American Psychologist*, July 1982, Vol. 37, Nr. 7, S. 756–761.
(19) Klaus Dörner, *Bürger und Irre. Zur Sozialgeschichte und Wissenschaftssoziologie der Psychiatrie*, Frankfurt am Main 1969, S. 29.
(20) Thomas Hobbes, *Lehre vom Menschen*, Leipzig 1949, zit. nach Dörner, a.a.O., S. 30.
(21) Klaus Dörner, *Bürger und Irre*, a.a.O., S. 30.
(22) Ebda., S. 27.
(23) Ebda., S. 28.
(24) Michel Foucault, *Wahnsinn und Gesellschaft*, a.a.O., S. 71 f.
(25) Ebda., S. 72 f.
(26) Ebda., S. 110.

(27) Ebda., S. 100 f.
(28) Ebda., S. 110 f.
(29) Ebda., S. 150 f.
(30) Ebda., S. 151.
(31) Ebda., S. 150.
(32) Ebda., S. 85 f.
(33) Ebda., S. 87 f.
(34) Louis Michel Musquinet de la Pagne, Bicêtre réformé. Etablissement d'une discipline, Paris 1784, S. 22; zit. nach Foucault, a.a.O., S. 88.
(35) Michel Foucault, *Wahnsinn und Gesellschaft*, a.a.O., S. 482.
(36) Ebda., S. 482 f.
(37) Karl Marx, »Über die Lage der Geisteskranken in England«, in: *New York Daily Tribune* vom 20. 8. 1858, Nr. 12, S. 537.
(38) F. O. Funcke, *Reisebilder und Heimatklänge*, 3. Reihe, Bremen 1873, zit. nach Dörner, a.a.O., S. 292.
(39) Klaus Dörner, *Bürger und Irre*, a.a.O., S. 180.
(40) Michel Foucault, *Wahnsinn und Gesellschaft*, a.a.O., S. 527.
(41) Ebda., S. 428.
(42) Ebda., S. 531.
(43) Ebda., S. 533.
(44) Klaus Dörner, a.a.O., S. 182 f.
(45) Ebda., S. 184.
(46) Sigmund Freud, »Charcot«, *GW* I, S. 30.
(47) Ebda., S. 21 f.
(48) Josef Amann, *Über den Einfluß der weiblichen Geschlechtskrankheiten auf das Nervensystem mit besonderer Berücksichtigung des Wesens und der Erscheinungen der Hysterie*, Erlangen 1874, S. 66.
(49) Ebda., S. 66 f.
(50) Ebda., S. 68 f.
(51) Becker, Bovenschen, Brackert u. a., *Aus der Zeit der Verzweiflung. Zur Genese und Aktualität des Hexenbildes*, Frankfurt am Main 1977.
(52) Ebda., S. 285.
(53) Claudia Honegger (Hrsg.), *Die Hexen der Neuzeit. Studien zur Sozialgeschichte eines kulturellen Deutungsmusters*, Frankfurt am Main 1978, S. 137.
(54) Gunnar Heinsohn, Rolf Knieper, Otto Steiger, *Menschenproduktion. Allgemeine Bevölkerungstheorie der Neuzeit*, Frankfurt am Main 1979, S. 58.
(55) Jules Michelet, *Die Hexe* (herausgegeben von Traugott König), München 1974, S. 22.
(56) Rudolf Leubuscher, *Der Wahnsinn in den vier letzten Jahrhunderten, nach dem Französischen des Calmeil*, Halle 1848, S. 19.
(57) Vgl. W. G. Soldan, H. Heppe, *Geschichte der Hexenprozesse* I und II, 3. Aufl., Hanau 1911, Bd. II, S. 5 ff.
(58) Vgl. W. Niess, *Hexenprozesse in der Grafschaft Büdingen*, Büdingen 1982, S. 213 ff.

(59) Rudolf Leubuscher, *Der Wahnsinn in den vier letzten Jahrzehnten*, a.a.O., S. 148.
(60) Ebda., S. 75.
(61) Ebda., S. 178.
(62) Ebda., S. 181.
(63) Ebda., S. 189 ff.
(64) Ebda., S. 192.
(65) Jules Michelet, *Die Hexe*, a.a.O., S. 128 ff.
(66) Ebda., S. 131.
(67) Friederich von Spee, *Cautio Criminalis*, München 1982, S. XV.
(68) Rudolf Leubuscher, *Der Wahnsinn in den letzten vier Jahrzehnten*, a.a.O., S. 80.
(69) Ebda., S. 122.
(70) Hippolyte Bernheim, *Neue Studien über Hypnotismus, Suggestion und Psychotherapie* (übers. v. S. Freud), Leipzig und Wien 1892, S. 12 f.
(71) Ebda., S. 96 f.
(72) Ebda., S. 102.
(73) Ebda., S. 104.
(74) Ebda.
(75) Ebda., S. 106 f.
(76) Ebda., S. 128 f.
(77) Ebda., S. 114 f.
(78) Ebda., S. 265.
(79) Virey, »Magnétisme Animal«, in: *Dictionnaire des Sciences Médicales*, Paris 1818, Bd. 29, S. 495 und S. 547, zit. nach Ellenberger, a.a.O., S. 268.
(80) Henry F. Ellenberger, *Die Entdeckung des Unbewußten*, a.a.O., S. 126.
(81) Ebda., S. 126 f.
(82) Ebda., S. 113.
(83) Josef Amann, *Über den Einfluß der weiblichen Geschlechtskrankheiten . . .*, a.a.O., S. 73.
(84) Sigmund Freud, »Zur Geschichte der psychoanalytischen Bewegung«, *GW* X, London 1946, S. 50 f.
(85) Ebda., S. 51.
(86) Moritz Benedikt, *Nervenpathologie und Elektrotherapie*, Leipzig 1874, S. X f.
(87) Henry F. Ellenberger, *Die Entdeckung . . .*, a.a.O., S. 137.
(88) Ebda., S. 138 f.
(89) Ebda., S. 140.
(90) Ebda., S. 144 f.
(91) Ebda., S. 152.
(92) Ebda., S. 147.
(93) Ebda., S. 157.
(94) Ebda., S. 154.
(95) Ebda., S. 152 f.
(96) Rainer Maria Rilke, *Die Aufzeichnungen des Malte Laurids Brigge*, Frankfurt am Main o. J., S. 50 ff.

(97) Michel Foucault, *Wahnsinn und Gesellschaft*, a.a.O., S. 533.
(98) Ebda., S. 534 f.
(99) Ebda., S. 535.
(100) Sigmund Freud, »Charcot«, *GW* I, S. 21.
(101) Ebda., S. 33 f.
(102) Henry F. Ellenberger, *Die Entdeckung des Unbewußten*, a.a.O., S. 460.
(103) Leopold Löwenfeld, *Die moderne Behandlung der Nervenschwäche (Neurasthenie), der Hysterie und verwandter Leiden*, o. O., 1887, S. 2 f.
(104) Ernest Jones, *Das Leben und Werk von Sigmund Freud*, Bd. 1, Bern und Stuttgart 1960, S. 304.
(105) Leopold Löwenfeld, *Die moderne Behandlung der Nervenschwäche* ..., a.a.O., S. 1.
(106) Ebda., S. 7.
(107) Ebda., S. 8.
(108) Ebda., S. 13.
(109) Ebda.
(110) Ebda., S. 37.
(111) M. H. Romberg, *Lehrbuch der Nervenkrankheiten des Menschen*, Berlin 1840 und 1846, S. 461 f.
(112) Leopold Löwenfeld, *Die moderne Behandlung der Nervenschwäche* ..., a.a.O., S. 35 f.
(113) Ebda., S. 106 ff.
(114) Ebda., S. 98 f.
(115) Sigmund Freud, in: *Wiener medizinische Wochenschrift* Nr. 26, Wien 1888, S. 138.
(116) W. Mitchell, *Die Behandlung gewisser Formen von Neurasthenie und Hysterie*, Berlin 1887, S. 82–85.
(117) Henry F. Ellenberger, *Die Entdeckung des Unbewußten*, a.a.O., S. 560.
(118) Ebda., S. 555 f.
(119) Sigmund Freud, *Der Wahn und die Träume in W. Jensens ›Gradiva‹*, *GW* VII, S. 81.
(120) Sigmund Freud, »Das Interesse an der Psychoanalyse«, *GW* VIII, S. 399.
(121) Sigmund Freud, »Zur Geschichte der psychoanalytischen Bewegung«, *GW* X, S. 72.
(122) Sigmund Freud, *Selbstdarstellung*, *GW* XIV, S. 37.
(123) Ernest Jones, *Das Leben und Werk von Sigmund Freud*, a.a.O., S. 254.
(124) Sigmund Freud, »Josef Breuer«, *GW* XIV, S. 563.
(125) Pierre Janet, zit. nach Ellenberger, a.a.O., S. 492 ff.
(126) Sigmund Freud, *Über Psychoanalyse*, *GW* VIII, S. 17 f.
(127) Sigmund Freud, *Selbstdarstellung*, *GW* XIV, S. 56.
(128) Ebda.
(129) Josef Breuer, Sigmund Freud, *Studien über Hysterie*, Frankfurt am Main 1970, S. 20.

(130) Ernest Jones, *Das Leben und Werk von Sigmund Freud*, a.a.O., Bd. I, S. 266 ff.
(131) Sigmund Freud, »Ratschläge für den Arzt bei der psychoanalytischen Behandlung«, *GW* VIII, S. 377.
(132) Ebda.
(133) Ernest Jones, a.a.O., S. 266, Anmerkung 7.
(134) Ebda., S. 289, Anmerkung 65.
(135) Lucy Freeman, *Die Geschichte der Anna O. Der Fall, der Sigmund Freud zur Psychoanalyse führte*, München o. J. Englische Originalausgabe 1972, S. 210.
(136) Leopold Löwenfeld, a.a.O., S. 36.
(137) Karl Binding und Alfred Hoche, *Die Freigabe der Vernichtung ›lebensunwerten Lebens‹*, Leipzig 1920.
(138) Alexander Mitscherlich und F. Mielke, *Medizin ohne Menschlichkeit*, überarbeitete Neuausgabe Frankfurt am Main 1978.
(139) Leonhard Schwartz, *Die Neurosen und die dynamische Psychologie von Pierre Janet*, Basel 1951.
(140) A. Hirschmüller, »Physiologie und Psychoanalyse im Leben und Werk Josef Breuers«, in: *Jahrbuch der Psychoanalyse*, Beiheft 4, Bern 1978, S. 51.
(141) Sigmund Freud, *Studien über Hysterie*, *GW* I, S. 227.
(142) Sigmund Freud, »Zur Geschichte der psychoanalytischen Bewegung«, *GW* X, S. 47.
(143) A. Hirschmüller, a.a.O., S. 264.
(144) Ebda., S. 263 f.
(145) Ebda., S. 141.
(146) Lucy Freeman, *Die Geschichte der Anna O. . . .*, a.a.O., S. 61.
(147) Helmut Dahmer, *Libido und Gesellschaft. Studien über Freud und die Freudsche Linke*, Frankfurt am Main 1973, S. 36.
(148) A. Hirschmüller, a.a.O., S. 239 f.
(149) Ebda., S. 143.
(150) Ernst Hammerschlag, zit. nach Freeman, a.a.O., S. 230.
(151) Sigmund Freud, Brief an Arnold Zweig, zit. nach Freeman, a.a.O., S. 209.
(152) Sigmund Freud, *Vorlesungen zur Einführung in die Psychoanalyse*, *GW* XI, S. 271.
(153) Ulrike Prokop, »Die Melancholie der Cornelia Goethe«, in: *Feministische Studien* I/1983.
(154) Georg Witkowski, *Cornelia, die Schwester Goethes*, Frankfurt 1903, S. 97; zit. nach Ulrike Prokop (unveröff. Manuskript).
(155) Sigmund Freud, *Selbstdarstellung*, *GW* XIV, S. 52.
(156) Siegfried Bernfeld, Suzanne Cassirer Bernfeld, *Bausteine der Freud-Biographie*, Frankfurt am Main 1981, S. 73 f.
(157) Sigmund Freud, *Vorlesungen zur Einführung in die Psychoanalyse*, *GW* XI, S. 452 f.
(158) Siegfried Bernfeld, Suzanne Cassirer Bernfeld, a.a.O., S. 141.
(159) Ebda., S. 73.
(160) Sigmund Freud, *Studien über Hysterie*, *GW* I, S. 112 f.

(161) Ebda., S. 113.
(162) Ebda., S. 113 ff.
(163) Josef Breuer, Sigmund Freud, *Studien über Hysterie* a.a.O., S. 51.
(164) Ernest Jones, *Das Leben und Werk von Sigmund Freud*, a.a.O., S. 289.
(165) Marthe Robert, *Sigmund Freud – zwischen Moses und Ödipus*, München 1975, S. 15.
(166) Sigmund Freud, *Die Traumdeutung, GW* II/III, S. VII f.
(167) Sigmund Freud, »Aus der Geschichte einer infantilen Neurose«, *GW* XII, S. 109.
(168) Sigmund Freud, *Die Traumdeutung, GW* II/III, S. VIII.
(169) Josef Breuer, Sigmund Freud, *Studien über Hysterie*, a.a.O., S. 135.
(170) Sigmund Freud, *Studien über Hysterie, GW* I, S. 176–179.
(171) Sigmund Freud, »Konstruktionen in der Analyse«, *GW* XVI, S. 45.
(172) Sigmund Freud, »On Psycho-Analysis«, *GW* XIV, S. 301.
(173) Siegfried Bernfeld, Suzanne Cassirer Bernfeld, *Bausteine der Freud-Biographie*, a.a.O., S. 123.
(174) Sigmund Freud, »Vorwort« zu *Poliklinische Vorträge von Charcot* (Übersetzung von Freud), 2 Bde., Wien 1892–1894, S. IV f.
(175) Sigmund Freud, »Charcot«, *GW* I, S. 23 f.
(176) Jean Martin Charcot, »Hysterie mit großen Anfällen. Krankenvorstellung Nr. 2 aus der Poliklinik vom 17. Januar 1880.« Siehe *Poliklinische Vorträge von Charcot*, a.a.O., S. 104–107.
(177) Siehe Freuds Fußnote in: *Poliklinische Vorträge von Charcot*, a.a.O., S. 104 f.
(178) Sigmund Freud, »Vorwort« zu *Poliklinische Vorträge von Charcot*, a.a.O., S. V.
(179) Ernest Jones, *Das Leben und Werk . . .*, a.a.O., S. 255.
(180) Helmut Dahmer, *Libido und Gesellschaft*, a.a.O., S. 41.
(181) Ludwig Binswanger, *Erinnerung an Freud*, Bern 1956.
(182) Zit. nach Ellenberger, a.a.O., S. 494.
(183) Josef Breuer, Sigmund Freud, *Studien über Hysterie*, a.a.O., S. 8.
(184) Karl Jaspers, *Allgemeine Psychopathologie*, 5. Aufl., Berlin 1948, S. 336.
(185) Josef Breuer, Sigmund Freud, *Studien über Hysterie*, a.a.O., S. 9 f.
(186) Ebda., S. 11 f.
(187) Ebda., S. 11.
(188) Ebda.
(189) Ebda., S. 13.
(190) Sigmund Freud, »Einige Bemerkungen über den Begriff des Unbewußten in der Psychoanalyse«, *GW* VIII, S. 431 ff.; *Studien über Hysterie, GW* I, S. 121; *Die Traumdeutung, GW* II/III, S. 153; *Vorlesungen zur Einführung in die Psychoanalyse, GW* XI, S. 286.
(191) Sigmund Freud, *Vorlesungen zur Einführung . . .*, *GW* XI, S. 101 f.
(192) Ebda., S. 264.
(193) Sigmund Freud, »Formulierungen über die zwei Prinzipien des psychischen Geschehens«, *GW* VIII, S. 233.

(194) Sigmund Freud, *Vorlesungen zur Einführung* . . ., GW XI, S. 286.
(195) Hippolyte Bernheim, *Die Suggestion und ihre Heilwirkung*, Leipzig 1888, S. 31.
(196) Sigmund Freud, *Vorlesungen zur Einführung in die Psychoanalyse*, GW XI, S. 264.
(197) Sigmund Freud, »Zur Geschichte der psychoanalytischen Bewegung«, GW X, S. 59 f.
(198) Ebda., S. 52.
(199) Ebda., S. 52 f.
(200) Frank Sulloway, *Freud. Biologe der Seele*, a.a.O., S. 212.
(201) Arthur Schnitzler, *Das erzählerische Werk*, Bd. 1, Frankfurt am Main 1961, S. 256–261.
(202) Ludwig Marcuse, *Sigmund Freud*, Reinbek 1959, S. 11.
(203) Sigmund Freud, *Aus den Anfängen der Psychoanalyse, 1887–1902; Briefe an Wilhelm Fließ*, Frankfurt am Main 1962, S. 189.
(204) Sigmund Freud, »Ratschläge für den Arzt bei der psychoanalytischen Behandlung«, GW VIII, S. 384.
(205) Sigmund Freud, »Die Sexualität in der Ätiologie der Neurosen«, GW I, S. 492 f.
(206) Sigmund Freud, *Vorlesungen zur Einführung in die Psychoanalyse*, GW XI, S. 271.
(207) Sigmund Freud, »Ein Fall von hypnotischer Heilung . . .«, GW I, S. 15.
(208) Sigmund Freud, »Zur Kritik der Angstneurose«, GW I, S. 357 f.
(209) Sigmund Freud, »Die psychogene Sehstörung in psychoanalytischer Auffassung«, GW VIII, S. 97 f.
(210) Sigmund Freud, *Massenpsychologie und Ich-Analyse*, GW XIII, S. 98 f.
(211) Sigmund Freud, »Über ›wilde‹ Psychoanalyse«, GW VIII, S. 120.
(212) Ludwig Binswanger, *Ausgewählte Aufsätze und Vorträge*, Bern 1947.
(213) Sigmund Freud, *Vorlesungen zur Einführung in die Psychoanalyse*, GW XI, S. 264.
(214) Jules Michelet, *Die Hexe*, a.a.O., S. 127.
(215) Sigmund Freud, »Zur Geschichte der psychoanalytischen Bewegung«, GW X, S. 80 f.
(216) Nikolaj J. Bucharin, *Die politische Ökonomie des Rentners*, Berlin 1926.
(217) Carl Gutzkow, »Wiener Eindrücke« (1845), in: *Gutzkows Werke. Auswahl in 12 Teilen. Elfter Teil. Aufsätze zur Kultur- und Zeitgeschichte. Reiseeindrücke*. Hrsg. von Reinhold Genschel. Berlin, Leipzig, Wien, Stuttgart, o. J., S. 234 f.
(218) Zit. nach: Nike Wagner, *Geist und Geschlecht. Karl Kraus und die Erotik der Wiener Moderne*, Frankfurt am Main 1982, S. 19.
(219) Mario Erdheim, *Die gesellschaftliche Produktion von Unbewußtheit. Eine Einführung in den ethnopsychoanalytischen Prozeß*, Frankfurt am Main 1982.
(220) Sigmund Freud, »Entwurf einer Psychologie«, in: *Aus den Anfängen der Psychoanalyse*, a.a.O., S. 297 ff.

(221) Ernst Kris, Einleitung zu S. Freud, *Aus den Anfängen* ..., a.a.O., S. 46.
(222) Sigmund Freud, *Aus den Anfängen der Psychoanalyse*, 1887–1902, a.a.O., S. 368.
(223) Ebda., S. 113.
(224) Ebda., S. 115.
(225) Ebda., S. 186.
(226) Ebda., S. 46.
(227) Ludwig Binswanger, *Erinnerungen an Freud*, Bern 1956, S. 91.
(228) Roy Schafer, *Eine neue Sprache für die Psychoanalyse* (1976), dt. Stuttgart 1982.
(229) Sigmund Freud, »Traum und Telepathie«, *GW* XIII, S. 173.
(230) Georges Politzer, *Kritik der Grundlagen der Psychologie*, Frankfurt am Main 1977.